Tim Spier · Markus Klein · Ulrich von Alemann
Hanna Hoffmann · Annika Laux · Alexandra Nonnenmacher
Katharina Rohrbach (Hrsg.)

Parteimitglieder in Deutschland

Tim Spier · Markus Klein
Ulrich von Alemann
Hanna Hoffmann · Annika Laux
Alexandra Nonnenmacher
Katharina Rohrbach (Hrsg.)

Parteimitglieder in Deutschland

Bibliografische Information der Deutschen Nationalbibliothek
Die Deutsche Nationalbibliothek verzeichnet diese Publikation in der
Deutschen Nationalbibliografie; detaillierte bibliografische Daten sind im Internet über
<http://dnb.d-nb.de> abrufbar.

1. Auflage 2011

Alle Rechte vorbehalten
© VS Verlag für Sozialwissenschaften | Springer Fachmedien Wiesbaden GmbH 2011
Lektorat: Frank Schindler | Verena Metzger

VS Verlag für Sozialwissenschaften ist eine Marke von Springer Fachmedien.
Springer Fachmedien ist Teil der Fachverlagsgruppe Springer Science+Business Media.
www.vs-verlag.de

Das Werk einschließlich aller seiner Teile ist urheberrechtlich geschützt. Jede Verwertung außerhalb der engen Grenzen des Urheberrechtsgesetzes ist ohne Zustimmung des Verlags unzulässig und strafbar. Das gilt insbesondere für Vervielfältigungen, Übersetzungen, Mikroverfilmungen und die Einspeicherung und Verarbeitung in elektronischen Systemen.

Die Wiedergabe von Gebrauchsnamen, Handelsnamen, Warenbezeichnungen usw. in diesem Werk berechtigt auch ohne besondere Kennzeichnung nicht zu der Annahme, dass solche Namen im Sinne der Warenzeichen- und Markenschutz-Gesetzgebung als frei zu betrachten wären und daher von jedermann benutzt werden dürften.

Umschlaggestaltung: KünkelLopka Medienentwicklung, Heidelberg
Umschlagbild: Verena Metzger
Druck und buchbinderische Verarbeitung: Ten Brink, Meppel
Gedruckt auf säurefreiem und chlorfrei gebleichtem Papier
Printed in the Netherlands

ISBN 978-3-531-14042-1

Inhaltsverzeichnis

Vorwort 7

1. *Markus Klein/Ulrich von Alemann*
   Warum braucht die Demokratie Parteien? 9

2. *Markus Klein/Ulrich von Alemann/Tim Spier*
   Warum brauchen Parteien Mitglieder? 19

3. *Markus Klein*
   Was wissen wir über die Mitglieder der Parteien? 31

4. *Markus Klein*
   Wie sind die Parteien gesellschaftlich verwurzelt? 39

5. *Annika Laux*
   Was motiviert Parteimitglieder zum Beitritt? 61

6. *Hanna Hoffmann*
   Warum werden Bürger Mitglied in einer Partei? 79

7. *Tim Spier*
   Wie aktiv sind die Mitglieder der Parteien? 97

8. *Tim Spier*
   Welche politischen Einstellungen haben die Mitglieder der Parteien? 121

9. *Alexandra Nonnenmacher*
   Wie zufrieden sind die Mitglieder der Parteien? 139

10. *Annika Laux*
    Was wünschen sich die Mitglieder von ihren Parteien? 157

11. *Katharina Rohrbach*
    Warum treten Mitglieder aus Parteien aus?... 177

12. *Markus Klein/Tim Spier*
    Welche Zukunft hat das innerparteiliche Engagement der Bürger?......... 203

Verzeichnis der Autoren.. 215

Vorwort

Die mediale Aufregung zu Beginn jeden Jahres, wenn die Parteien ihre aktuellen Mitgliederzahlen bekanntgeben, wird immer mehr zum Ritual. Seit Jahren schon verlieren die Volksparteien kontinuierlich an Menschen, die sich in ihnen engagieren. Und jedes Jahr scheint das Totenglöckchen der Parteiendemokratie erneut zu läuten, wenn die Zeitungen den neuesten Stand der Dinge berichten. Zur Erklärung der Ursachen hierfür wird zumeist pauschal auf die Diskussion um Politikverdrossenheit im Allgemeinen und Parteiverdrossenheit im Besonderen abgestellt. Steht eine Partei aufgrund von Wahlniederlagen oder innerparteilichen Konflikten im Fokus des öffentlichen Interesses, so wird der Mitgliederschwund auch gerne als Quittung für diese spezifischen Probleme aufgefasst. Der Blick auf die komplexen Hintergründe des Rückgangs und Wandels parteipolitischer Partizipation in Deutschland tritt dabei zumeist in den Hintergrund.

Ein Grund hierfür ist der Mangel an zuverlässigen Daten über die deutschen Parteimitglieder. Das Wissen über die Menschen, die sich in den Parteien engagieren, beschränkt sich im Wesentlichen auf die Informationen, die man aus den Mitgliederkarteien entnehmen kann: Man kennt ihre Zahl, ihr Geschlecht und ihr Alter. Schon weitergehende Angaben zur Sozialstruktur der Mitglieder sind kaum verfügbar. Ihre Einstellungen und Werte, die Motive ihres Beitritts oder gar ihres Austritts, ihre Zufriedenheit und ihr innerparteiliches Wirken, all dies kann man bestenfalls vermuten. Um das Wissen über die deutschen Parteimitglieder zu erweitern, hat unser Team von Wissenschaftlern an den Universitäten Düsseldorf und Hannover in der ersten Jahreshälfte 2009 gut 9.000 Mitglieder der im Deutschen Bundestag vertretenen Parteien postalisch und weitere 2.400 Bürger mit und ohne Parteibuch telefonisch befragt. Mit diesem Band stellen wir nun erstmals die Ergebnisse der Studie einem breiteren Publikum vor.

Das Projekt „Deutsche Parteimitgliederstudie 2009" wurde dankenswerterweise großzügig von der Deutschen Forschungsgemeinschaft (DFG) durch eine Sachbeihilfe (GZ AL 171/4-1 und KL 1385/1-1) gefördert. Es ist unsere feste Überzeugung, dass die Ergebnisse von mit öffentlichen Mitteln unterstützten Studien zeitnah und verständlich der Öffentlichkeit präsentiert werden sollten. Hier steht die Wissenschaft in einer Bringschuld gegenüber der Gesellschaft, die sie finanziert. Wir haben uns bemüht, einen Band vorzulegen, der Themen von öffentlichem wie fachwissenschaftlichem Interesse anspricht und diskutiert. Dieser Band soll aber kein reines Fachbuch sein, sondern ist vielmehr ausdrücklich für politisch interessierte Bürger und die politische Bildungsarbeit konzipiert. Für die Stellen, an denen es uns dennoch nicht gelungen ist, fachwissenschaftlichen Jargon und komplexere statistische Verfahren zu vermeiden, bitten wir schon jetzt um Nachsicht.

Ein großes wissenschaftliches Projekt ruht immer auf vielen Schultern. Unser erster Dank gilt an dieser Stelle vor allem Prof. Dr. Wilhelm Bürklin. Er hat uns nicht nur die Daten seiner Potsdamer Parteimitgliederstudie aus dem Jahr 1998 – der ersten bundesweit repräsentativen Parteimitgliederstudie überhaupt – für zeitliche Vergleiche zur Verfügung gestellt. Vielmehr hat er das Projekt von Anfang an mit großem Einsatz beratend begleitet und auch an vielen unserer Projekttreffen aktiv teilgenommen. Den wissenschaftlichen Mitarbeitern Philipp Erbentraut und Jens Walther ist zu danken, dass sie bei den Versandaktionen in Berlin, Rheinbach und München geholfen haben. Darüber hinaus haben eine ganze Reihe von wissenschaftlichen und studentischen Hilfskräften in den verschiedenen Stadien des Projektes mitgewirkt: Lisa Czeczinski, Michael Dürr, Sabrina Herrmann, Jérome Hördemann, Silke Jensen, Yvonne Lüdecke, David Petersen, Nico Pilot, Yannick Poullie, Martin Puppe, Daniel Rieger, Julia Roßmann, Toni Schell, Martin Schmidt, Kendra Schoppmann, Frederik Springer, Michael Stahl, Evamaria Stankewitz, Henning Steinhöfel, Philipp Tacer und Jan Weise sei an dieser Stelle für ihre engagierte Mitarbeit gedankt.

Ohne die Kooperationsbereitschaft der im Deutschen Bundestag vertretenen Parteien, deren Mitglieder im Rahmen der Deutschen Parteimitgliederstudie 2009 befragt wurden, wäre unser Projekt nicht zu realisieren gewesen. Die damaligen Geschäftsführer bzw. Mitgliederbeauftragten haben dankenswerterweise mit einem persönlichen Anschreiben für die Teilnahme an unserer Studie geworben. Dietmar Bartsch, Hans-Jürgen Beerfeltz, Frank Niebuhr, Dorothea Staiger, Kajo Wasserhövel und Markus Zorzi sei für diese wichtige, weil Vertrauen für unsere Befragung schaffende, Maßnahme gedankt. Darüber hinaus haben in den Geschäftsstellen der Parteien insbesondere Gerd Buddin, Werner Bumeder, Volker Edeling, Jens Hartung, Carola Lemke, Thomas Lemke, Helmut Metzner, Oliver Murmann, Christian Roelen, Tanju Tügel und Gerhard Wortmann an der Realisierung mitgewirkt. Ihnen und den vielen helfenden Händen, die wir hier nicht alle nennen können, möchten wir unseren Dank aussprechen. Schließlich: Ohne die engagierte Teilnahme der insgesamt über 11.000 Befragten der Studie wäre es uns nicht möglich gewesen, dieses Buch vorzulegen. Ihnen sei, stellvertretend für alle Parteimitglieder in Deutschland, dieser Band gewidmet.

Düsseldorf und Hannover, im März 2011

Tim Spier, Markus Klein, Ulrich von Alemann, Hanna Hoffmann, Annika Laux, Alexandra Nonnenmacher und Katharina Rohrbach

1. Warum braucht die Demokratie Parteien?

Markus Klein/Ulrich von Alemann

Bedenkt man die öffentliche Diskussion, die in Deutschland in den letzten Jahren über die politischen Parteien geführt wurde, dann kann der Eindruck entstehen, als sei mit Parteien kein Staat mehr zu machen. In der Bevölkerung grassiert eine weitreichende Unzufriedenheit und Verdrossenheit mit der Politik, die sich nicht zuletzt an den Parteien und deren führenden Repräsentanten festmacht. Diese Parteienverdrossenheit in der Bevölkerung wurde auch von den gesellschaftlichen Eliten aufgegriffen. Unvergessen sind in diesem Zusammenhang die Äußerungen des Ex-Bundespräsidenten Richard von Weizsäcker, der im Gespräch mit zwei Journalisten der Wochenzeitschrift „Die ZEIT" den Parteien Machtversessenheit in Bezug auf die Erringung formaler Einflusspositionen und Machtvergessenheit in Hinblick auf die mit diesen Positionen verbundene Führungs- und Gestaltungsaufgabe vorwarf (Weizsäcker 1992).

Aber auch im Rahmen der gegenwärtigen Diskussion über die Notwendigkeit einer grundlegenden Modernisierung von Staat und Gesellschaft scheinen allzu oft die politischen Parteien diejenigen Akteure zu sein, an deren Immobilität, Starrheit und Selbstbezogenheit eine grundlegende Modernisierungspolitik scheitert. Die öffentliche Diskussion über die politischen Parteien hat streckenweise derart kritische Züge angenommen, dass auch die Frage, wozu die Demokratie Parteien denn überhaupt braucht, nicht mehr länger unzulässig erscheint. Die Wissenschaft hat dabei in der Öffentlichkeit nur wenig zur Ehrenrettung der Parteien beigetragen. Im Gegenteil: Prominente Wissenschaftler wie Erwin K. Scheuch (1992) oder Hans Herbert von Arnim (1993, 2009) haben sich nachgerade zu öffentlichen Anwälten der Kritik an den politischen Parteien gemacht. Die empirische Partizipationsforschung hat zudem bereits früh einen grundlegenden Bedürfniswandel in der Bevölkerung diagnostiziert: Nicht verfasste Formen politischer Beteiligung hätten demnach im Zuge einer so genannten partizipatorischen Revolution gegenüber den konventionellen Formen der Beteiligung innerhalb der etablierten Institutionen des politischen Systems deutlich an Bedeutung verloren (Barnes/Kaase et al 1979).

Vor diesem Hintergrund scheint die Diagnose des CDU-Politikers Jürgen Rüttgers, der die Parteien im Titel eines von ihm verfassten Buches als „Dinosaurier der Demokratie" (1993) bezeichnet hat, nicht übertrieben zu sein. Wenn dieses Urteil zutreffen sollte, wenn die Parteien also wirklich aussterben, dann stellt sich unmittelbar die Frage, warum es sinnvoll ist, sich im Rahmen dieses Buches noch einmal genauer mit ihnen und ihren Mitgliedern zu befassen. Handelt es sich bei der vorliegenden Arbeit also womöglich um eine Art kulturhistorische Abhandlung, die nachfolgenden Generationen einen Eindruck davon vermitteln will, was es mit dem einstmals existierenden Phänomen der politischen Partei eigentlich auf sich hatte? Die Auskunft geben will über die Frage, was Menschen dereinst bewegte, sich in Organisationen wie den politischen Parteien zu engagieren, bevor diese zusammen mit der repräsentativen parlamentarischen Demokratie im Zuge der partizipatorischen Revolution gänzlich von der politischen Bühne verdrängt wurden?

Eine solche – zugegebenermaßen überspitzte – halb fatalistische, halb polemische Sicht entspricht dem Ziel unseres Buches aber keineswegs. Im Gegenteil: Wir vertreten die Auffassung, dass die Demokratie in modernen Massengesellschaften ohne politische Parteien überhaupt nicht denkbar, geschweige denn praktizierbar ist. Wenn überhaupt von einer Krise des Parteienstaates die Rede sein kann, dann aus unserer Sicht nur deshalb, weil die politischen Parteien vor der Notwendigkeit stehen, sich an den gesellschaftlichen Wandel anzupassen, nicht aber weil das Phänomen „Partei" an sich überholt wäre.

Auch wenn das eigentliche Anliegen dieses Buches darin besteht, die Ergebnisse der Deutschen Parteimitgliederstudie 2009 zu dokumentieren, kann in einer ersten Hinführung nicht darauf verzichtet werden, über die Aufgaben der Parteien zu sprechen, die diese in modernen Demokratien zu erfüllen haben. Erst dadurch wird es möglich, theoretische Fragen zu formulieren, die anhand der empirischen Daten aus der Parteimitgliederbefragung zu beantworten sind, um nicht bei der bloßen Datenbeschreibung stehen zu bleiben. Dieses einleitende Kapitel handelt daher von der so einfachen und doch so komplizierten Frage, warum die Demokratie Parteien braucht. Die Antwort darauf gibt uns die Maßstäbe an die Hand, die wir im Folgenden benötigen werden, um die Befunde der Parteimitgliederbefragung angemessen interpretieren und einordnen zu können. Eine derart allgemein gehaltene Hinführung zu unserem Untersuchungsgegenstand erfüllt darüber hinaus aber auch die Funktion, dieses Buch allgemein verständlich zu halten, es also auch für einen außerwissenschaftlichen Leserkreis nachvollziehbar und interessant zu gestalten. Dies haben wir uns vorgenommen, weil die Ergebnisse einer mit öffentlichen Mitteln geförderten Untersuchung der Mitgliedschaften der bundesdeutschen Parteien in einer auch der breiten Öffentlichkeit verständlichen Form publiziert werden sollten. Die Wissenschaft hat unserer Ansicht nach eine Bringschuld gegenüber der Gesellschaft, die sie finanziert.

1. Warum braucht die Demokratie Parteien?

Die allgemeinste und wohl auch grundlegendste Definition der Aufgaben politischer Parteien in der bundesdeutschen Demokratie enthält das Grundgesetz. In Artikel 21 Absatz 1 heißt es hier: „Die Parteien wirken bei der politischen Willensbildung des Volkes mit". Was mit dieser Mitwirkung der politischen Parteien bei der Willensbildung des Volkes konkret gemeint ist, wird deutlich, wenn man zusätzlich Artikel 20 des Grundgesetzes heranzieht. Dort heißt es in Absatz 2: „Alle Staatsgewalt geht vom Volke aus. Sie wird vom Volke in Wahlen und Abstimmungen und durch besondere Organe der Gesetzgebung, der vollziehenden Gewalt und der Rechtsprechung ausgeübt". Das Demokratiemodell des Grundgesetzes ist folglich nicht die *unmittelbare* oder *direkte* Demokratie, die bereits aus rein praktischen Gründen einer Massengesellschaft nicht angemessen erscheint. Ist es doch schlicht nicht möglich, das gesamte Staatsvolk für jede einzelne politische Sachentscheidung zusammenzurufen und per Abstimmung entscheiden zu lassen. Das Demokratiemodell des Grundgesetzes ist vielmehr die *mittelbare* oder *repräsentative* Demokratie.

In diesem Demokratiemodell delegieren die Bürger ihre Entscheidungsvollmacht auf politische Repräsentanten, die dann in einem zweiten Schritt über die einzelnen zur Entscheidung anstehenden Sachfragen abstimmen. Der Ort dieser Abstimmung ist das Parlament; die Repräsentanten der Bürger sind die von ihnen in dieses Parlament gewählten Abgeordneten. Die Bundesrepublik Deutschland ist folglich eine repräsentative parlamentarische Demokratie, die aufgrund der hervorgehobenen Stellung, die das Grundgesetz den Parteien einräumt, auch als parteienstaatliche Demokratie charakterisiert werden kann. Damit wird anerkannt, dass die Abgeordneten sich in der Regel als Vertreter politischer Parteien zur Wahl stellen, die Abgeordneten des Parlaments sich nach Maßgabe ihrer Parteizugehörigkeit zu Fraktionen zusammenschließen und die die Regierungskoalition bildenden Fraktionen des Parlaments zusammen mit den Regierungsmitgliedern eine operative Einheit bilden. Die politischen Parteien sind im Demokratiemodell des Grundgesetzes folglich der Mittler zwischen dem Volk und der Sphäre des Staates. In § 1 des Parteiengesetzes heißt es, die Parteien hätten die Aufgabe, „für eine ständige lebendige Verbindung zwischen dem Volk und den Staatsorganen zu sorgen". Diese Aufgabenbeschreibung hat Heinrich Oberreuter zu folgender treffender Charakterisierung politischer Parteien veranlasst: Die Parteien „wurzeln (...) mit den Füßen in der Gesellschaft, reichen aber mit dem Kopf in den Staat" (Oberreuter 1990: 24).

Die aus dem Grundgesetz und dem Parteiengesetz entnommenen Aussagen über die Aufgaben politischer Parteien in der bundesdeutschen Demokratie sind einerseits zwar sehr grundlegend und weitreichend, gleichzeitig aber auch sehr abstrakt. So bleibt zunächst offen, was die politischen Parteien eigentlich im Einzelnen konkret tun, wenn sie an der politischen Willensbildung des Volkes

„mitwirken". In der Politikwissenschaft hat es hierzu eine Reihe von detaillierten Funktionskatalogen gegeben. Im Folgenden soll einer dieser Vorschläge exemplarisch dargestellt werden. Dieser wurde von Ulrich von Alemann entwickelt und unterscheidet insgesamt sieben Funktionen politischer Parteien (von Alemann/Erbentraut/Walther 2010: 216f): Partizipation, Transmission, Selektion, Integration, Sozialisation, Selbstregulation und Legitimation.

- Mit der *Partizipationsfunktion* wird die Tatsache beschrieben, dass Mitgliedern politischer Parteien größere Beteiligungsmöglichkeiten offen stehen, als Bürgern, die nicht in politischen Parteien organisiert sind. Während sich die Beteiligungsmöglichkeiten der Nicht-Mitglieder in der Teilnahme an den regelmäßig stattfindenden Parlamentswahlen weitgehend erschöpfen, haben Parteimitglieder darüber hinaus die Möglichkeit, auf die Nominierung von Kandidaten für öffentliche Ämter und die Formulierung von Politikinhalten Einfluss zu nehmen. Eine wichtige Funktion politischer Parteien besteht demzufolge darin, interessierten Bürgern erweiterte Einflussmöglichkeiten auf den Prozess der politischen Willensbildung zu eröffnen.

- Die *Transmissionsfunktion* politischer Parteien bezeichnet im Wesentlichen deren Aufgaben im Rahmen der Aggregation, Artikulation und Repräsentation sozialer Interessen. Das heißt auf Deutsch: Die Parteien bündeln die Interessen der unterschiedlichen Gruppen in unserer pluralistischen Gesellschaft, geben ihnen eine Stimme und vertreten sie in Öffentlichkeit und Parlament. Parteien sind in dieser Perspektive Gestalt gewordener Ausdruck der Existenz unterschiedlicher gesellschaftlicher Interessengruppen und deren ideologischer und programmatischer Forderungen. In den Programmen unterschiedlicher politischer Parteien verdichten sich so gesellschaftliche Interessengegensätze zu unterschiedlichen politischen Entwürfen, die in Wahlkämpfen miteinander konkurrieren und am Wahltag zur Abstimmung stehen. Jeder dieser unterschiedlichen Politikentwürfe hat dabei – so er denn genug Rückhalt in der Wählerschaft findet – prinzipiell die Chance, Eingang in die staatliche Willensbildung zu finden.

- Die *Selektionsfunktion* verweist darauf, dass der Zugang zu politischen Ämtern in der Bundesrepublik Deutschland nahezu exklusiv über politische Parteien vermittelt ist. Ihnen kommt daher die Aufgabe der Auswahl, der Auslese und der Rekrutierung politischer Eliten zu. Daraus folgt im Umkehrschluss aber auch, dass politische Parteien interessierten Bürgern Zugangsmöglichkeiten zu öffentlichen Ämtern und Mandaten eröffnen.

- Die *Integrationsfunktion* politischer Parteien besteht in deren Beitrag zum gesellschaftlichen Zusammenhalt. Sie resultiert aus der Summe der drei bisher genannten Parteifunktionen, also der Partizipations-, der Transmissions- und der Selektionsfunktion. Die von den politischen Parteien eröffneten Partizipations- und Karrieremöglichkeiten binden die Bürger in das politische System ein, während gleichzeitig die Transmissionsfunktion politischer Parteien zu einer Verknüpfung und Bündelung der Interessen unterschiedlicher gesellschaftlicher Gruppen und damit zu deren Einbindung in das gesellschaftliche Gesamtsystem beiträgt.

- Eine weitere wichtige Funktion politischer Parteien ist ihre *Sozialisationsfunktion*. Durch die Mitarbeit in politischen Parteien können demokratische Verfahrensweisen und Strukturen erlernt werden. Parteien sind in dieser Perspektive eine Art „Schule der Demokratie", in der nicht zuletzt auch Personen herangebildet werden, die zur Übernahme und kompetenten Ausübung öffentlicher Mandate und Ämter befähigt sind. Effektives politisches Handeln muss gelernt werden und *learning by doing* in der Gemeinde oder im Stadtrat ist sicherlich nachhaltiger als die politische Bildung in Schulen und Volkshochschulkursen.

- Eine oftmals vernachlässigte Funktion politischer Parteien ist ihre *Selbstregulationsfunktion*. Parteien sind komplexe Gebilde mit einer Reihe von organisatorischen Teilgliederungen und ideologischen Binnendifferenzierungen, die in der Regel ein gewisses Eigenleben entwickeln. Ein Teil der Kapazitäten politischer Parteien wird folglich durch ihre Beschäftigung mit sich selbst absorbiert. Darüber hinaus wird mit der expliziten Berücksichtigung der Selbstregulationsfunktion aber auch der Blick auf die Tatsache freigemacht, dass Parteien oftmals Eigeninteressen entfalten, die ihnen im Rahmen der Verfassungsordnung zunächst nicht zugeschrieben wurden und die normativ häufig als unerwünscht betrachtet werden. Dies gilt nicht zuletzt immer dann, wenn die Parteien die ihnen vom Grundgesetz zugeschriebenen Einflusssphären überschreiten und andere gesellschaftliche Teilsysteme (wie etwa die öffentlich-rechtlichen Medien, die Justiz oder öffentliche Unternehmen) zu kolonialisieren versuchen.

- Die *Legitimationsfunktion* politischer Parteien besteht schließlich darin, dass sie durch ihr Wirken potenziell zur Legitimation des politischen Systems und damit zu dessen Stabilisierung beitragen. Dies gilt vor allem mit Bezug auf die Partizipations-, Transmissions-, Selektions-, Integrations- und Sozialisationsfunktion politischer Parteien. Indem die Parteien den Bürgern

Einflussmöglichkeiten auf die staatliche Willensbildung eröffnen, tragen sie dazu bei, das Gesamtsystem als demokratisch auszuweisen. Ihre Selbstregulationsfunktion spielt hierbei eine Ausnahmerolle: Immer dann, wenn die Bürger den Eindruck entwickeln, dass die politischen Parteien ihre Eigeninteressen in den Vordergrund stellen und ihre anderen Funktionen nicht mehr zuverlässig erfüllen, kann das Wirken politischer Parteien auch zur De-Legitimierung des politischen Systems beitragen.

Vor dem Hintergrund dieser sieben Funktionen, die politische Parteien in modernen repräsentativen Demokratien erfüllen, soll nun noch einmal die vermeintliche Krise des Parteienstaates genauer in den Blick genommen werden. Dabei zeigt sich, dass vieles von dem, was an den politischen Parteien in den letzten Jahren und Jahrzehnten kritisiert wurde, nichts mit deren genuinen Aufgaben zu tun hat. Fälle von Ämterpatronage, illegaler Parteienfinanzierung und Korruption sind und bleiben Regelverletzungen, die nicht notwendig zum Wesen der Parteiendemokratie gehören, sondern durch die geeignete Setzung von Rahmenbedingungen und Kontrollmechanismen verhindert werden müssen. Diese Grenzüberschreitungen von Parteien und Parteipolitikern sind bedauerlich und hier nicht etwa schulterzuckend zu entschuldigen. Sie aber zum Anlass zu nehmen, die Parteiendemokratie insgesamt infrage zu stellen, hieße das Kind mit dem Bade auszuschütten. Dieser Aspekt der Kritik an den politischen Parteien soll daher im weiteren Fortgang dieses Buches auch nicht weiter thematisiert und vertieft werden.

Ebenfalls nicht Gegenstand dieses Buches ist das von Klaus von Beyme (1993) in die Diskussion eingeführte Konzept der politischen Klasse im Parteienstaat. Diesem Begriff liegt die Vorstellung zu Grunde, dass die in den Parteien aktiven Berufspolitiker eine eigenständige gesellschaftliche Interessengruppe bilden, die sich abschotte, den Staat (aus)nutze und vorrangig ihre eigenen Gruppeninteressen befriedige. Exemplarisch festmachen lasse sich dies an der Regelung der Politikerbesoldung und der staatlichen Parteienfinanzierung. Die im Bundestag vertretenen Parteien, die über diese Fragen entscheiden müssen, handelten dabei gewissermaßen als Interessenvertreter in eigener Sache und bildeten Koalitionen zu Lasten der Allgemeinheit. Problematisch sei dies, da immer dort, wo Parteien in Angelegenheiten entscheiden, die ihre eigenen Interessen berühren, keine institutionalisierte Opposition mehr vorhanden sei. Allerdings darf nicht übersehen werden, dass die Medien als kritische Öffentlichkeit oftmals dazu beitragen, dass allzu überzogene Ansprüche der politischen Parteien aufgedeckt, an den Pranger gestellt und im Anschluss daran auch korrigiert werden. Auch wird die Regelungskompetenz in Bezug auf die Parteien unmittelbar betreffende Fragen immer häufiger auf überparteiliche Expertenkommissionen

1. Warum braucht die Demokratie Parteien?

übertragen (z. B. Kommission unabhängiger Sachverständiger zu Fragen der Parteienfinanzierung). Schließlich und endlich findet das selbstbezogene Handeln der politischen Klasse nicht selten seine Grenzen in der Rechtsprechung des Bundesverfassungsgerichts.

Von großem Interesse für dieses Buch sind hingegen all diejenigen Ursachen der Krise des Parteienstaates, die mit einer gewandelten Bedürfnisstruktur der Wähler sowie der aktuellen und potenziellen Mitglieder der Parteien zu tun haben. In diesem Zusammenhang stehen also Faktoren im Blickfeld, die dazu führen, dass die Parteien ihre eigentlichen politischen Funktionen, die sie im Rahmen der bundesdeutschen Demokratie zu erfüllen haben, nicht mehr hinreichend wahrnehmen können. So mag die oben bereits angesprochene partizipatorische Revolution dazu geführt haben, dass Parteien ihre Partizipationsfunktion in den Augen der Bürger nicht mehr in angemessener Weise erfüllen. Denn wenn sich die Bürger in zunehmendem Maße direkte Einflussmöglichkeiten auf einzelne Sachentscheidungen und Sachfragen wünschen, dann ist die Mitarbeit in politischen Parteien eine Beteiligungsform, die dieses Bedürfnis nur sehr indirekt erfüllt.

Darüber hinaus mag der gesellschaftliche Wandel dazu geführt haben, dass politische Parteien auch die Transmissionsfunktion nur noch in sehr unvollkommener Art und Weise erfüllen. Haben sich doch die traditionellen sozialen Milieus, aus denen die politischen Parteien dereinst hervorgegangen waren und aus denen sich auch ihre Mitgliedschaft schwerpunktmäßig rekrutierte, im Zuge des sozialen Wandels sukzessive aufgelöst. Der soziologische Fachbegriff für diese Entwicklung ist der Begriff der Individualisierung, mit dem die Herauslösung des Individuums aus althergebrachten sozialen Kollektivbezügen wie Klasse und Schicht bezeichnet wird (Beck 1986). Mit der Individualisierung geht eine Atomisierung von Soziallagen einher und damit verbunden auch eine starke Fragmentierung von gesellschaftlichen und sozialen Interessenlagen. Vor diesem Hintergrund sollte es für die politischen Parteien immer schwerer werden, kohärente politisch-ideologische Deutungsangebote zu entwickeln, die größere Teile der Bevölkerung ansprechen. Anders formuliert: Angesichts einer steigenden Heterogenität und Vielfalt sozialer Interessenlagen wird es für die politischen Parteien immer schwieriger, die gesellschaftlichen Interessengegensätze auf eine kleine Zahl rivalisierender Politikentwürfe hin zu verdichten. In dem Maße, in dem ihnen dies misslingt, sollte gleichzeitig auch ihre Attraktivität und Bindungskraft für die Bürger sinken.

Wenn es den Parteien in den Augen der Bürger aber nicht länger gelingt, die Partizipations- und die Transmissionsfunktion zu erfüllen, dann wird auch die Zielerreichung hinsichtlich anderer Aufgaben fraglich: Denn wenn die Mitarbeit in politischen Parteien das Partizipationsbedürfnis der Menschen nicht mehr befriedigen kann und wenn die politischen Parteien den Bürgern nicht länger identifikationswürdige Politikentwürfe bereitstellen, dann wird selbstverständlich auch fraglich, inwieweit sie weiterhin zur gesellschaftlichen Integration und zur Legitimation des politischen Systems beitragen können. Auch wird die von den Parteien geleistete politische Sozialisation ihrer Mitglieder nicht länger sonderlich hoch bewertet werden, wenn die Bürger die Parteien insgesamt als wenig leistungsfähig wahrnehmen. Als einzig verbliebene Funktion politischer Parteien mag dann ihre Funktion bei der Selektion politischer Eliten übrig bleiben. Dies wiederum kann eine Sichtweise auf die politischen Parteien begünstigen, die diese als Kartelle von Karrieristen interpretiert, für die die Eigeninteressen ihrer Mitglieder im Vordergrund stehen.

Im Zentrum unseres Buches steht deshalb die Frage, inwieweit es den politischen Parteien unter den heutigen gesellschaftlichen Veränderungsprozessen gelingt, ihre Hauptaufgabe in der repräsentativen parlamentarischen Demokratie der Bundesrepublik Deutschland zu erfüllen: Eine lebendige Verbindung herzustellen zwischen dem Staatsvolk und den politischen Eliten. Im Blickpunkt des Interesses werden dabei die Mitglieder der Parteien stehen. Warum zur Beurteilung der Aufgabenerfüllung der politischen Parteien eine Analyse ihrer Mitgliedschaften angeraten erscheint, ist vielleicht noch nicht unmittelbar nachvollziehbar. Deshalb soll im nächsten Kapitel gezeigt werden, warum Parteien Mitglieder brauchen und welche Rolle diese bei der Erfüllung der Aufgaben der Parteien in der Demokratie spielen.

Literatur

Alemann, Ulrich von/Erbentraut, Philipp/Walther, Jens (2010): Das Parteiensystem der Bundesrepublik Deutschland. 4. Auflage. Wiesbaden
Arnim, Hans Herbert von (2009): Volksparteien ohne Volk. Das Versagen der Politik. München
Arnim, Hans Herbert von (1993): Der Staat als Beute. Wie Politiker in eigener Sache Gesetze machen. München
Barnes, Samuel/Kaase, Max et al. (1979): Political Action. Mass Participation in Five Western Democracies. Beverly Hills/London
Beck, Ulrich (1986): Risikogesellschaft. Auf dem Weg in eine andere Moderne. Frankfurt (Main)
Beyme, Klaus von (1993): Die politische Klasse im Parteienstaat. Frankfurt (Main)
Broder, David S. (1972): The party's over. The Failure of Politics in America. New York
Oberreuter, Heinrich (1990): Politische Parteien: Stellung und Funktion im Verfassungssystem der Bundesrepublik. In: Mintzel, Alf/Oberreuter, Heinrich (Hrsg.): Parteien in der Bundesrepublik Deutschland. Bonn, S. 15-40

Rüttgers, Jürgen (1993): Dinosaurier der Demokratie. Wege aus der Parteienkrise und Politikverdrossenheit. Hamburg

Scheuch, Erwin K./Scheuch, Ute (1992): Cliquen, Klüngel und Karrieren. Über den Verfall politischer Parteien. Reinbek

Weizsäcker, Richard von (1992): Richard von Weizsäcker im Gespräch mit Gunter Hofmann und Werner A. Perger. Frankfurt (Main)

2. Warum brauchen Parteien Mitglieder?

Markus Klein/Ulrich von Alemann/Tim Spier

Dass politische Parteien Mitglieder brauchen, um ihre Funktionen innerhalb der Demokratie angemessen erfüllen zu können, ist eine weit verbreitete Überzeugung. Dies erklärt, warum der in den letzten Jahren bei fast allen deutschen Parteien zu beobachtende Mitgliederrückgang (vgl. Abbildung 2.1) in der Regel als krisenhaftes Phänomen interpretiert wird. Dies gilt vor allem für die Berichterstattung der Massenmedien. Aber auch in mancher wissenschaftlicher Publikation wird er als eines der augenfälligsten empirischen Symptome der Krise des Parteiendemokratie gedeutet (Jesse 2006; Kleinert 2007; Mielke 2007).

Abbildung 2.1: Entwicklung der Mitgliederzahl der deutschen Parteien 1970-2009

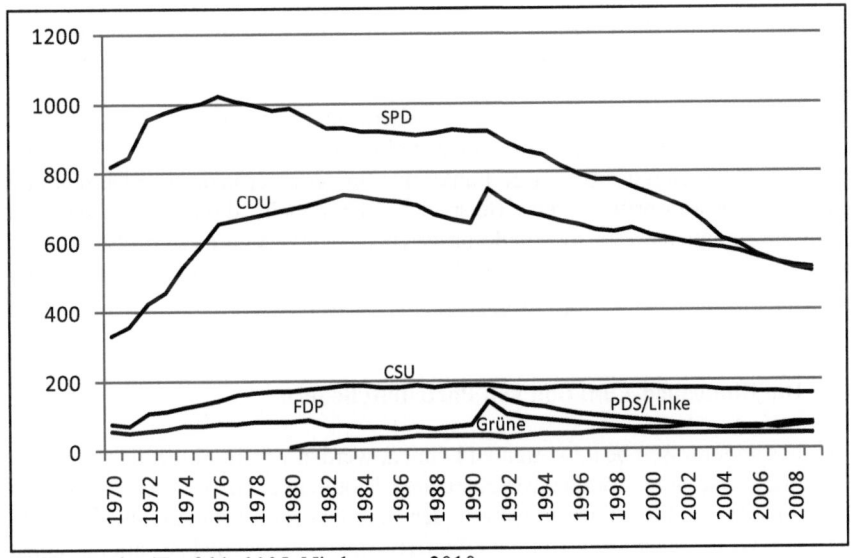

Quelle: Recker/Tenfelde 2005; Niedermayer 2010.

Eine solche Interpretation ist aber keinesfalls zwingend: Zunächst besteht kein unmittelbarer Grund zu der Annahme, dass der Grad der Funktionserfüllung politischer Parteien umso höher ist, je mehr Mitglieder sie in ihren Reihen haben. Auch könnte der Rückgang der Mitgliederzahlen der deutschen Parteien in einer längerfristigen Perspektive als Prozess der Normalisierung gedeutet werden, da sich ihre Mitgliederzahlen gegenwärtig auf dem Niveau wiedereinpendeln, das sie bereits vor vierzig Jahren aufwiesen. Der Anstieg der Mitgliederzahlen der deutschen Parteien in den 1970er Jahren müsste dann als ein Ausnahmephänomen interpretiert werden, das der außergewöhnlich starken politischen Mobilisierung der Bevölkerung während dieses Zeitraums geschuldet war (Wiesendahl 2006: 32ff). Nicht nur die Folgen des politisch einflussreichen Jahres 1968, sondern auch die polarisierte Konkurrenzsituation zwischen dem sozialliberalen und dem christlich-konservativen Lager in der Bundesrepublik der 1970er Jahre sorgten damals für eine wahre Mitgliederschwemme in den deutschen Parteien. Als wirklich krisenhaft mag der heutige Mitgliederrückgang möglicherweise erst dann gewertet werden, wenn ihre Mitgliederzahlen ein Niveau unterschreiten, das zur Aufrechterhaltung ihrer Funktionsfähigkeit unbedingt notwendig ist. Ob eine solche kritische Größe der Mitgliederbasis politischer Parteien tatsächlich existiert und wo sie gegebenenfalls zu verorten ist, wurde bislang allerdings nicht eindeutig beantwortet.

Es ist aber auch eine noch sehr viel radikalere Position bezüglich der Frage nach der notwendigen Mitgliederzahl politischer Parteien möglich: Richtet man beispielsweise den Blick in die Vereinigten Staaten von Amerika, dann zeigt sich, dass die politischen Parteien dort formale Mitgliedschaften mit regelmäßigen Beitragszahlungen oder gar Parteibüchern überhaupt nicht kennen (Lösche 2007: 313). Gleichwohl wird man nicht unbesehen behaupten können, dass die politischen Parteien der USA ihre Funktionen in der amerikanischen Demokratie nicht angemessen erfüllen. Das Beispiel zeigt vielmehr, dass es auch Parteien ohne eine nennenswerte Mitgliederbasis geben kann. Vor diesem Hintergrund drängt sich dann aber die im Titel dieses Kapitels gestellte Frage auf, warum Parteien eigentlich überhaupt Mitglieder brauchen.

1 Die Bindeglied-Funktion von Parteimitgliedern

Um dies angemessen beantworten zu können, werden wir im Folgenden zunächst detailliert ausführen, welche verschiedenen Möglichkeiten politischen Parteien offen stehen, um ihre Hauptaufgabe in der Demokratie zu erfüllen. Diese besteht – wie im vorangegangenen Kapitel erläutert – darin, Bindeglied zu sein zwischen der Gesellschaft auf der einen Seite und den politischen Eliten auf der anderen Seite. Anders formuliert: Politische Parteien sollen dazu beitragen, dass das Regierungshandeln der politischen Eliten in Einklang steht mit den politischen

2. Warum brauchen Parteien Mitglieder?

Präferenzen der Bevölkerung. Diese Funktion kann man anschaulich formulieren als das Herstellen einer „ständige[n] lebendige[n] Verbindung zwischen dem Volk und den Staatsorganen", wie es das deutsche Parteiengesetz ausdrückt (§ 1 Abs. 2 PartG). In einer eher wissenschaftlichen Terminologie bezeichnet man diese Funktion auch als die *Linkage-Funktion* politischer Parteien (Lawson 1980; Poguntke 2000).

Auf welche Art und Weise aber binden in einer repräsentativen Demokratie politische Parteien die Entscheidungen der herrschenden Eliten an die Präferenzen der Bevölkerung zurück? Der hier wirkende Mechanismus ist ein sehr einfacher: Parteien streben in aller Regel nach der Erringung politischer Macht. Um formale Machtposition in der Sphäre der staatlichen Willensbildung erlangen zu können, müssen Parteien möglichst viele Wählerstimmen auf sich vereinigen. Sie werden aber nur dann eine für den Machterwerb hinreichend große Zahl von Wählerstimmen erhalten, wenn sie mit ihrem programmatisch-politischen Angebot die Präferenzen maßgeblicher Segmente der Bevölkerung angemessen abdecken. Die Parteien haben im Rahmen der repräsentativen Demokratie folglich einen unmittelbaren Anreiz, sich an den politischen Wünschen der Bevölkerung zu orientieren.

Abbildung 2.2: Unterschiedliche Varianten des Linkage

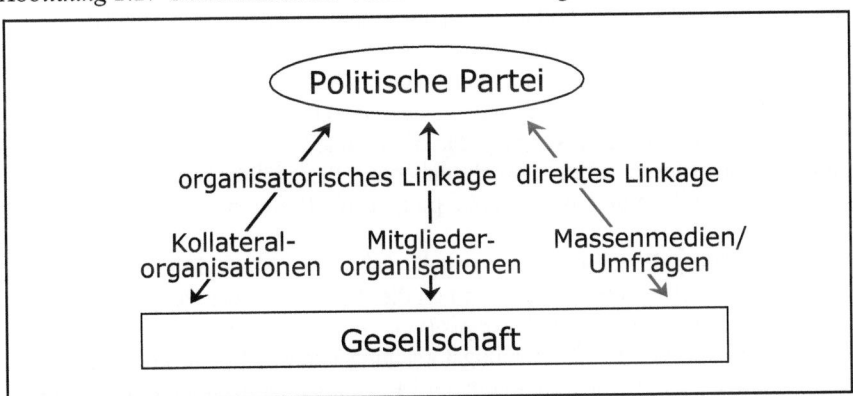

Quelle: Eigene Darstellung in Anlehnung an Poguntke 2000: 32.

Der hierfür notwendige Abgleich des politischen Handelns der Parteien mit den Präferenzen der Bevölkerung kann dabei auf sehr unterschiedliche Weise geschehen. Eine Möglichkeit besteht dabei in der Schaffung eines sogenannten *direkten Linkages* (vgl. Abbildung 2.2). Die handelnden Akteure in den politischen Parteien informieren sich dabei vermittels der Berichterstattung der Massenmedien und der Ergebnisse repräsentativer Meinungsumfragen über die politischen Präferenzen und Problemsichten in der Bevölkerung. Sie gestalten daraufhin ein politisches Angebot, von dem sie glauben, dass sie mit ihm die Präferenzen großer Teile der Bevölkerung angemessen bedienen. Die Parteien kommunizieren ihr politisches Angebot dann im Rahmen von professionellen Wahlkampagnen sowie über die Berichterstattung der Massenmedien, in der Hoffnung, bei der nächsten anstehenden Parlamentswahl die für den Machterwerb notwendige Unterstützung der Wähler zu erhalten. Dieses Modell einer politischen Partei wird in der politikwissenschaftlichen Literatur gerne als „professionalisierte Wählerpartei" bezeichnet (von Beyme 2000: 35; Panebianco 1988: 262ff).

Im Rahmen einer solchen Strategie sind Parteimitglieder nicht unbedingt notwendig: Parteien können als autonome Agenturen zur Erlangung politischer Macht betrieben werden, die mit einer kleinen Zahl von hauptamtlichen Mitarbeitern auskommen. Verlässt sich eine Partei ausschließlich auf das direkte Linkage zur Bevölkerung, dann geht sie damit aber bestimmte Risiken ein. Zum einen ist festzuhalten, dass das Instrumentarium der Umfrageforschung nicht differenziert genug ist, um die politischen Präferenzen der Bevölkerung in der nötigen Tiefenschärfe und mit hinreichender Detailliertheit erfassen zu können. Zum zweiten ist die systematische Erforschung der öffentlichen Meinung vermittels demoskopischer Methoden mit einem hohen finanziellen Aufwand verbunden. Auch die Beobachtung der Berichterstattung der Massenmedien ist ein mögliches, aber aller Wahrscheinlichkeit nach nicht hinreichendes Instrument zur Erfassung der politischen Präferenzen der Bevölkerung. Dies gilt nicht zuletzt deshalb, da die Berichterstattung der Massenmedien eigenen Selektions- und Wichtigkeitskriterien folgt, die nicht unbedingt dazu führen, dass die Inhalte der Medienberichterstattung die wahren politischen Präferenzen der Bevölkerung widerspiegeln.

Neben dem direkten Linkage besteht eine zweite Strategie zur Rückbindung des politischen Handelns der Parteien an die Präferenzen der Bevölkerung in der Schaffung *organisatorischer Linkages* (vgl. Abbildung 2.2). Diese Strategie war in früheren Zeiten, als die Meinungsforschung noch nicht zur Verfügung stand und das gesellschaftliche Subsystem der Massenmedien noch nicht derart ausdifferenziert wie heutzutage war, weitgehend ohne Alternative. Die Parteien waren im Rahmen dieser Strategie um die „Schaffung organisatorisch vermittelter, möglichst dauerhafter Bindungen zu relevanten Wählersegmenten" bemüht (Poguntke 2000: 26). Eine große Bedeutung kam dabei den sogenannten Kollateralorganisationen zu. Damit sind gesellschaftliche Organisationen gemeint, deren politische Ziele mit denjenigen der Partei weitgehend in Einklang stehen. Die Partei setzt sich dann im politischen Prozess für die Verwirklichung der Interes-

2. Warum brauchen Parteien Mitglieder?

senpositionen dieser Organisationen ein. Umgekehrt sorgen deren Führungseliten dafür, dass die Partei von den Mitgliedern dieser Organisationen bei Wahlen mit einer gewissen Verlässlichkeit unterstützt wird. Solche Kollateralorganisationen haben für die deutschen Parteien in der Vergangenheit deshalb eine große Rolle gespielt, weil sich die Parteien historisch entlang grundlegender gesellschaftlicher Spannungslinien, den sogenannten Cleavages, herausgebildet hatten und dabei dauerhafte Repräsentationskoalitionen mit bestimmten gesellschaftlichen Gruppen und deren Organisationen eingegangen waren (Lipset/Rokkan 1967). So entstand beispielsweise die Sozialdemokratie im Zuge der industriellen Revolution und bezog dabei im Rahmen des Konflikts zwischen Kapital und Arbeit Position für die lohnabhängig Beschäftigten. Die Gewerkschaften waren damit die natürlichen Verbündeten der Sozialdemokratie. Die Gewerkschaftsführer vermittelten den sozialdemokratischen Parteieliten die Interessenlage ihrer Mitglieder, die diese dann zur Grundlage ihres politischen Handelns machten. Ähnliche Beziehungen entwickelten sich zwischen dem Zentrum und später den Unionsparteien und der katholischen Kirche.

Der Vorteil eines über gesellschaftliche Kollateralorganisationen vermittelten organisatorischen Linkages besteht für die politischen Parteien darin, dass diese Organisationen effektive Vermittlungsinstanzen bei der Selektion und Aggregation von Bevölkerungsinteressen darstellen. Die Interessenlagen von für die Parteien erreichbaren Wählersegmenten werden durch Kollateralorganisationen sehr viel zuverlässiger und exakter an die Parteien übermittelt, als dies im Rahmen des direkten Linkages möglich ist. Ein weiterer Vorteil besteht für die politischen Parteien darin, dass sie über die Kooperation mit Kollateralorganisationen nicht einzelne Wähler umwerben müssen, sondern ganze Wählerblöcke für sich gewinnen können. Damit verbunden ist auch eine höhere Verlässlichkeit der erreichbaren Stimmenanteile über die Zeit, da die beschriebenen Kooperationen mit bestimmten gesellschaftlichen Organisationen langfristig angelegt sind und nicht beliebig aufgekündigt werden können.

Problematisch an der Kooperation mit Kollateralorganisationen ist, dass diese Kooperationen nur solange Erfolg versprechend sind, wie es den Führungsgruppen gesellschaftlicher Organisationen gelingt, die Mitglieder ihrer Organisation auf ein entsprechendes Wahlverhalten zu verpflichten. Sinkt die innere Bindungskraft gesellschaftlicher Großgruppen und Organisationen, dann können Kollateralorganisationen ihre Funktion bei der Herstellung eines organisatorischen Linkages der Parteien zu relevanten Wählersegmenten auch nicht länger erfüllen. Darüber hinaus ist eine solche Strategie für die Parteien aber auch nur dann sinnvoll, wenn durch die Kooperation mit wenigen, große Bevölkerungssegmente umfassenden Organisationen maßgebliche Teile der Wählerschaft für eine Partei mobilisiert werden können. Im Zuge der steigenden gesellschaftlichen Differenzierung, der Auflösung traditioneller sozialer Milieus, der steigenden Heterogenität sozialer Kategorien und der sich ausbreitenden Individualisierung werden aber beide Voraussetzungen zunehmend fragwürdig. Beispielhaft sei hier wiederum die Sozialdemokratie erwähnt: Solange die lohnabhängig beschäftigten Arbeiter einen großen Teil der Bevölkerung ausmachen, ist die primäre Fokussierung auf die Kooperation mit den Gewerkschaften eine rationale Strategie. Sinkt hingegen der Bevölkerungsanteil der Arbeiter und sinken außerdem die Mitgliederzahlen der Gewerkschaften sowie deren innere Verpflichtungskraft für das Wahlverhalten ihrer Mitglieder, dann ist dieses organisatorische Linkage nicht mehr sonderlich Erfolg versprechend.

Eine weitere Strategie zum Aufbau eines organisatorischen Linkage besteht darin, Angehörige der Kernwählerschaft direkt in die Partei einzubinden, in dem sie als Mitglieder geworben werden (vgl. Abbildung 2.2). In diesem Fall wird nicht der Umweg über Kollateralorganisationen gewählt, sondern die organisatorische Verbindung zur eigenen Anhängerschaft direkt und unmittelbar hergestellt. Im Zuge der innerparteilichen Willensbildung werden die politischen Präferenzen der Parteianhänger dann ohne Umwege an die parteipolitischen Eliten vermittelt, sodass diese in der Programmatik und dem politischen Handeln der Partei angemessen berücksichtigt werden können. Die Herstellung und Ausweitung eines solchen direkten organisatorischen Linkage zur Kernwählerschaft erscheint vor dem Hintergrund der eben beschriebenen schwindenden Effektivität der Kooperation mit gesellschaftlichen Kollateralorganisationen durchaus sinnvoll und erstrebenswert. In der politikwissenschaftlichen Forschung wird dieses Modell einer politischen Partei auch als „Mitgliederpartei" bezeichnet (Wiesendahl 2006).

2   Parteimitglieder als Ressource von Mitgliederparteien

Mitgliederparteien in diesem Sinn zeichnen sich nicht nur durch eine bestimmte Anzahl von Mitgliedern aus. Vielmehr handelt es sich bei Mitgliederparteien um Parteien, die ihre Mitglieder aktiv als Ressource nutzen und in ihrer Organisationsstruktur auf die Mitwirkung ihrer Mitglieder ausgerichtet sind (Scarrow 1996: 20; Wiesendahl 2006: 20ff). Eine breite Mitgliederbasis ist für politische Parteien insofern weit mehr als nur eine effektive Möglichkeit in die Bevölkerung „hineinzuhorchen" und deren politischen Präferenzen angemessen zu erfassen. Vielmehr erfüllen Mitglieder aus der Sicht der Parteiführungen eine ganze Reihe von Aufgaben, die im Folgenden herausgearbeitet werden sollen.

Zunächst sind Mitglieder für Parteien eine gewichtige finanzielle Ressource. Nicht nur über ihre Mitgliedsbeiträge tragen sie einen Teil zur Finanzierung

2. Warum brauchen Parteien Mitglieder?

der Parteiarbeit bei, sondern darüber hinaus auch durch freiwillige Spenden und durch die bei allen Bundestagsparteien üblichen Abgaben von Mandatsträgern aus ihren Diäten (kritisch dazu: von Alemann/Erbentraut/Walther 2010: 111). Allein die Mitgliedsbeiträge machen bei den deutschen Parteien zwischen 20 und 40 Prozent der Einnahmen aus, wobei traditionell die mitgliederstarken Volksparteien SPD und CDU einen relativ hohen Anteil von rund 30 Prozent aufweisen, die Linke sogar einen von rund 40 Prozent (Deutscher Bundestag 2010). Die Finanzierung der Parteien durch Mitglieder ist nicht nur wünschenswert, sondern auch eine Voraussetzung der ergänzenden staatlichen Parteienfinanzierung: Als sogenannte „relative Obergrenze" der Parteienfinanzierung gilt nach § 18 Abs. 5 PartG der Grundsatz, dass die staatliche Finanzierung der einzelnen Parteien ihre jährlichen selbsterwirtschafteten Einnahmen nicht übersteigen darf. Die Mitgliedsbeiträge machen bei den meisten Parteien den größten Teil der Eigenfinanzierung aus. Auch diese rechtliche Regelung ist letztendlich Ausdruck des normativen Anspruches einer starken Verwurzelung der Parteien in der Gesellschaft. Rein staatlich finanzierte Parteien sind nach geltender Rechtslage in Deutschland jedenfalls nicht möglich.

Darüber hinaus bilden die Mitglieder einer Partei einen Pool von möglichen Kandidaten zur Besetzung von Ämtern und Mandaten auf allen Ebenen des politischen Systems. Allein die Zahl der Mandate, die in Deutschland zu vergeben sind, ist schon groß: Neben 99 Sitzen im Europäischen Parlament und derzeit 622 Sitzen im Bundestag, gilt es weiterhin rund 1.850 Landtags- und ca. 200.000 Kommunalmandate zu besetzen.[1] Diese Zahl ist so groß, dass nicht nur kleine Parteien auf der kommunalen Ebene Probleme haben, in mitgliederschwachen Gebieten eine ausreichende Zahl von Kandidaten für die Wahllisten zu gewinnen. Hinzu kommt die parteiinterne Organisationsstruktur mit Orts-, Kreis-, Landes- und Bundesvorständen, jeweils mit einer ganzen Reihe von Posten. Vor diesem Hintergrund ist es mehr als verständlich, dass die kleineren im Bundestag vertretenen Parteien nicht überall eine durchgängige Organisationsstruktur auf der Gemeindeebene besitzen. Insgesamt müssen die deutschen Parteien schon allein wegen der großen Zahl von zu besetzenden Ämtern und Mandaten eine möglichst breite Mitgliederbasis vorhalten.

Weiterhin gilt, dass Parteimitglieder einen unverzichtbaren Beitrag im Rahmen der politischen Mobilisierung leisten. Auch wenn sich moderne Gesellschaften in zunehmendem Maße zu Mediendemokratien entwickeln, so ist doch die Beeinflussung, die sich im interpersonalen Kontakt zwischen Menschen vollzieht, bei weitem stärker und einflussreicher als diejenige, die von passiv konsumierten Medieninhalten ausgeht. Mitglieder, die im alltäglichen Leben

---

[1] Eigene Berechnung auf Grundlage der Angaben der Landeswahlleiter (Stand: Januar 2011).

aktiv und überzeugend für die Positionen ihrer Partei werben, müssen auch weiterhin als wichtiges und wirkmächtiges Instrument zur Verbreiterung der Wählerbasis einer Partei betrachtet werden. Auch ist das ehrenamtliche Engagement der Parteimitglieder im Rahmen des Wahlkampfes nicht zu unterschätzen. Vom Plakate kleben bis hin zur Organisation und Durchführung von Informationsveranstaltungen reicht das ehrenamtlich erbrachte Leistungsspektrum der Mitgliederorganisation, das andernfalls teuer auf dem Markt für Dienstleistungen eingekauft werden müsste. Eine große Zahl von Mitgliedern kann schließlich auch in der öffentlichen Wahrnehmung eine entscheidende Stärke politischer Parteien ausmachen. So mögen diejenigen Parteien für überzeugender und legitimer gehalten werden, die sich auf eine große Zahl von Mitgliedern stützen können. Ein umfangreicher Mitgliederapparat kann somit förderlich für das Image einer Partei sein.

Es soll an dieser Stelle nicht verschwiegen werden, dass in den letzten Jahren die Notwendigkeit einer breiten Mitgliederbasis politischer Parteien verschiedentlich in Frage gestellt wurde: Demnach beschränkt eine ausgeprägte Mitgliederorganisation die ideologische Mobilität und Anpassungsfähigkeit von Parteien (May 1973; Bartolini 1983). Sie könnten nicht flexibel auf veränderte gesellschaftliche Interessenlagen reagieren, da sie von ihrer Mitgliederbasis her ideologisch-programmatischen Restriktionen unterworfen seien. Darüber hinaus gelte, dass im Zuge der Ausweitung der staatlichen Parteienfinanzierung Parteimitglieder als Ressource zur Stärkung der Kampfkraft politischer Parteien zunehmend an Bedeutung verlören. Auch ohne die Einnahmen aus Mitgliedsbeiträgen und auch ohne ehrenamtliche Leistungen der Mitglieder könnten Parteien effektive Wahlkämpfe betreiben (Mair/Bartolini 2001). Zudem gelte in modernen Mediendemokratien, dass es für Parteien zunehmend wichtiger werde, Eingang in die Berichterstattung der Massenmedien, insbesondere aber des Fernsehens zu finden und das eigene personelle und programmatische Angebot dort überzeugend zu präsentieren, statt eine große Mitgliedschaft aufzuweisen und den damit verbundenen aufwendigen Parteiapparat zu unterhalten.

Wie auch immer man die letztgenannten Argumente für und gegen Parteimitglieder relativ zueinander gewichten mag: Zur Erfüllung einiger wichtiger Funktionen politischer Parteien bleiben Mitglieder im Rahmen der bundesdeutschen Verfassungsordnung letztlich unverzichtbar – die Rede ist in erster Linie von ihrer Partizipations- und der Legitimationsfunktion. „Die Parteien sind die wichtigsten Organisationen zur zielgerichteten demokratischen Beeinflussung der staatlichen Herrschaft, insbesondere durch Teilnahme an Wahlen und Beschickung der Parlamente mit eigenen Vertretern. Angesichts der tragenden Rolle, die die Parteien im demokratischen politischen Prozess haben, werden sie selbst vom demokratischen Grundpostulat erfasst. Auch sie müssen durch die

Bürger beeinflussbar sein und erhalten aus dieser internen demokratischen Gestaltung erst ihre Legitimation" (Morlok 2001: 11). Eine demokratische Binnenstruktur politischer Parteien ist ohne entsprechende Mitgliederbasis aber kaum vorstellbar. Darüber hinaus erfüllen die Mitgliederorganisationen der Parteien außerdem die Funktion, den Zugang zu politischen Spitzenämtern für alle Mitglieder der Gesellschaft prinzipiell offen zu halten. Politische Parteien können den Bürgern schließlich auch nur dann Einflussmöglichkeiten auf die staatliche Willensbildung eröffnen, die über die bloße Teilnahme an Parlamentswahlen hinausgehen, wenn sie für deren Mitgliedschaft und Mitarbeit prinzipiell offen sind. All diese Überlegungen haben sich auch in der Rechtsprechung des Bundesverfassungsgerichts zu den deutschen Parteien niedergeschlagen. Insbesondere in den verschiedenen Urteilen des Verfassungsgerichts zur Parteienfinanzierung wurde wiederholt betont, dass es sich bei Parteien um freiwillig gebildete Zusammenschlüsse von Bürgern handelt, die im gesellschaftlichen Bereich wurzeln und nicht der Sphäre des Staates zugerechnet werden dürften. Daraus folge unter anderem, dass die Parteien „nicht nur politisch, sondern auch wirtschaftlich und organisatorisch auf die Zustimmung der Bürger angewiesen bleiben" (Kommission unabhängiger Sachverständiger zu Fragen der Parteienfinanzierung 2001: 46) müssten.

3   Fazit

Als vorläufiges Fazit können wir folglich festhalten, dass die politischen Parteien – zumindest in der bundesdeutschen Verfassungsordnung – Mitglieder brauchen, um die ihnen zugedachten Funktionen tatsächlich erfüllen zu können. Daraus folgt allerdings nicht notwendigerweise, dass der zu Beginn dieses Kapitels thematisierte Mitgliederrückgang der Parteien per se als Krisensymptom zu bewerten ist. Wichtiger für die Bewertung der Aufgabenerfüllung der Parteien im Rahmen des politischen Systems der Bundesrepublik Deutschland sind vielmehr ganz andere Fragen: Stehen die politischen Parteien wirklich allen interessierten Bürgern offen, oder gibt es Barrieren, die bestimmte Bevölkerungsgruppen von der Mitgliedschaft und der Mitarbeit in politischen Parteien abhalten? Und wenn es solche Barrieren gibt: Sind diese dann den Parteien zuzuschreiben, d. h. können sie durch geeignete organisatorische Reformen beseitigt werden, oder liegen die Partizipationsbarrieren womöglich in den betroffenen Bürgern selbst? Wie aktiv sind die Mitglieder der Parteien? Nehmen sie die Möglichkeiten der innerparteilichen Partizipation in breitem Umfang wahr? Wodurch unterscheiden sich aktive von inaktiven Parteimitgliedern? Was hindert Parteimitglieder daran, innerparteilich aktiv zu werden? Welche Anreize sind geeignet, um passive Bürger zur Mitgliedschaft in Parteien und inaktive Mitglieder zur innerparteilichen Partizipation zu bewegen? Diese Fragen werden in den Kapiteln unseres Buches adressiert.

Literatur

Alemann, Ulrich von/Erbentraut, Philipp/Walther, Jens (2010): Das Parteiensystem der Bundesrepublik Deutschland. 4. Auflage. Wiesbaden

Bartolini, Stefano (1983): The Membership of Mass Parties. The Social Democratic Experience, 1889-1978. In: Daalder, Hans/Mair, Peter (Hrsg.): Western European Party Systems. Continuity and Change. London, S. 177-220

Beyme, Klaus von (2000): Parteien im Wandel. Von den Volksparteien zu den professionalisierten Wählerparteien. Wiesbaden

Deutscher Bundestag (2010): Bekanntmachung von Rechenschaftsberichten politischer Parteien für das Kalenderjahr 2008. Bundestagsdrucksache 17/630. Berlin

Jesse, Eckhard (2006): Die Volksparteien in der Krise. In: Das Parlament vom 25.9.2006, S. 8

Kleinert, Hubert (2007): Abstieg der Parteiendemokratie. In: Aus Politik und Zeitgeschichte, Bd. 57, H. 35-36, S. 3-11

Kommission unabhängiger Sachverständiger zu Fragen der Parteienfinanzierung (2001): Empfehlungen für Änderungen im Recht der Parteienfinanzierung. Berlin

Lawson, Kay (1980): Political Parties and Linkage. In: Lawson, Kay (Hrsg.): Political Parties and Linkage. A Comparative Perspective. New Haven/London, S. 3-24

Lipset, Seymour M./Rokkan, Stein (1967): Cleavage Structures, Party Systems and Voter Alignments. In: Lipset, Seymour M./Rokkan, Stein (Hrsg.): Party Systems and Voters Alignments. Cross-National Perspectives. New York, S. 1-64

Lösche, Peter (2007): Die politischen Parteien. In: Jäger, Wolfgang/Haas, Christoph M./Welz, Wolfgang (Hrsg.): Regierungssystem der USA. 3. Auflage. München/Wien, S. 289-325

Mair, Peter/Bartolini, Stefano (2001): Challenges to Contemporary Political Parties. In: Diamon, Laisy/Gunther, Richard (Hrsg.): Political Parties and Democracy. Baltimore/London, S. 327-343

May, John D. (1973): Opinion Structure of Political Parties. The Special Law of Curvilinear Disparity. In: Political Studies, Bd. 21, H. 2, S. 135-151

Mielke, Gerd (2007): Auf verlorenem Posten? Parteien in der Bürgergesellschaft. In: Forschungsjournal Neue Soziale Bewegungen, Bd. 20, H. 4, S. 63-71

Morlok, Martin (2001): Gutachten. Erstellt im Auftrag der Parteienfinanzierungskommission des Bundespräsidenten zum Thema Vorschläge zur Neuregelung des Rechts der Parteienfinanzierung. Hagen

Niedermayer, Oskar (2010): Die Entwicklung der Parteimitgliedschaften von 1990 bis 2009. In: Zeitschrift für Parlamentsfragen, Bd. 41, H. 2, S. 421-437

Panebianco, Angelo (1988): Political Parties. Organization and Power. New York u. a.

Poguntke, Thomas (2000): Parteiorganisation im Wandel. Gesellschaftliche Verankerung und organisatorische Anpassung im europäischen Vergleich. Wiesbaden

Recker, Marie-Luise/ Tenfelde, Klaus (Gesamtherausgeber) (2005): Handbuch zur Statistik der Parlamente und Parteien in den westlichen Besatzungszonen und in der Bundesrepublik Deutschland. 4 Teilbände (hier: Band 2-4). Düsseldorf

Scarrow, Susan E. (1996): Parties and their Members. Organizing for Victory in Britain and Germany. Oxford

Wiesendahl, Elmar (2006): Mitgliederparteien am Ende? Eine Kritik der Niedergangsdiskussion. Wiesbaden

3. Was wissen wir über die Mitglieder der Parteien?

Markus Klein

In den beiden vorangegangenen Kapiteln sollte deutlich geworden sein, dass um zu beantworten, inwieweit die deutschen Parteien die ihnen zugedachten Aufgaben zu erfüllen in der Lage sind, eine detaillierte Untersuchung der sozialstrukturellen Zusammensetzung, der Einstellungen und Motive sowie der Aktivitätsmuster ihrer Mitgliederbasis notwendig ist. Vor diesem Hintergrund stellt sich unmittelbar die Frage, was wir über die Mitglieder der deutschen Parteien eigentlich wissen, und aus welchen Quellen dieses Wissen stammt. Relativ problemlos zugänglich sind – zumindest seit den 1960er Jahren – Informationen über die Mitgliederzahlen, da diese von den Parteien seit dieser Zeit jährlich veröffentlicht werden. Die Grundlage dieser Zahlen bilden die Mitgliederkarteien der Parteien. Diese erfassen in der Regel auch einige weitere Informationen, wie z. B. die aktuelle Adresse, das Geschlecht und das Geburtsjahr der Mitglieder. Einfache Analysen zur Regional-, Geschlechts- und Altersverteilung können folglich bereits auf der Grundlage der Mitgliederkarteien der Parteien erstellt werden. Damit ist das Informationspotenzial dieser Datenquelle aber bereits weitgehend erschöpft: Angaben zur beruflichen Stellung beispielsweise werden zwar teilweise beim Parteibeitritt erfragt, danach aber nicht mehr systematisch aktualisiert. Entsprechend kann die sozialstrukturelle Zusammensetzung der Parteimitgliedschaften auf der Grundlage der Mitgliederkarteien der Parteien nur sehr eingeschränkt untersucht werden.

Soll die sozialstrukturelle Zusammensetzung der Parteien folglich differenziert analysiert werden, oder ist man gar an den Einstellungen, Motiven und Aktivitätsmustern der Parteimitglieder interessiert, so sind die Daten aus den Mitgliederkarteien ungeeignet. In diesen Fällen muss auf Befragungen von Parteimitgliedern zurückgegriffen werden. Solche wurden in der Bundesrepublik Deutschland in der Vergangenheit verschiedentlich durchgeführt. Allerdings handelte es sich in der Regel um Erhebungen unter den Mitgliedern nur einer Partei, nicht aber unter den Mitgliedern aller relevanten deutschen Parteien (Falke 1982; Niedermayer 1989; Bürklin/Neu/Veen 1997; Chapra/Wittich 2001; Neu 2007). Die Befragung der Mitglieder einzelner Parteien – so interessant ihre Ergebnisse im Einzelfall auch sein mögen – kann aber keinen Aufschluss darüber geben, inwieweit die Parteien insgesamt ihre Aufgaben in der bundesdeutschen Demokratie angemessen erfüllen. Stellt man beispielsweise bei einer Befragung der Mitglieder der FDP fest, dass Arbeiter in ihrer Mitgliedschaft unterrepräsentiert sind, dann wird man daraus kein Problem der bundesdeutschen Demokratie ableiten wollen, da die FDP nicht primär an der Vertretung der Interessen der Arbeiterschaft interessiert ist. Würde man hingegen im Rahmen einer Befragung der Mitglieder *aller* deutschen Parteien feststellen, dass Arbeiter in den deutschen Parteien insgesamt unterrepräsentiert sind, dann könnte dies sehr wohl ein grundlegendes Repräsentationsproblem dieser Bevölkerungsgruppe reflektieren.

Bei den wenigen empirischen Studien, in deren Rahmen die Mitglieder mehrerer Parteien vergleichend befragt wurden, handelte es sich in aller Regel nicht um bundesweit repräsentative Studien, sondern um solche, die auf einzelne Bundesländer (Patzelt/Algasinger 1996; Boll/Holtmann 1999) oder gar Städte (Greven 1987; Walter-Rogg/Gabriel 2004) beschränkt waren. Die Generalisierbarkeit ihrer Ergebnisse für die bundesdeutsche Demokratie im Ganzen ist folglich überaus fraglich. Erschwerend kommt hinzu, dass nicht immer alle relevanten Parteien berücksichtigt wurden (Greven 1987).

Die in diesem Buch berichteten empirischen Analysen hingegen beruhen auf den beiden einzigen bisher durchgeführten Studien, die die Mitgliedschaften aller im Deutschen Bundestag vertretenen Parteien im Rahmen einer bundesweit repräsentativen Befragung erfassen. Im Jahr 1998 wurde unter der Leitung von Wilhelm Bürklin (Universität Potsdam) die „Potsdamer Parteimitgliederstudie" durchgeführt (Biehl 2005). Elf Jahre später folgte unter der Leitung von Ulrich von Alemann (Universität Düsseldorf) und Markus Klein (Universität Hannover) die „Deutsche Parteimitgliederstudie 2009". Letztgenannte Studie war dabei gezielt als Fortschreibung der Potsdamer Studie angelegt. Um die Daten miteinander vergleichen und belastbare Aussagen über den Wandel der deutschen Parteimitglieder zwischen 1998 und 2009 treffen zu können, wurde zum einen der Fragebogen der Potsdamer Studie weitgehend übernommen und zum anderen das methodische Vorgehen bei der Datenerhebung repliziert.

So wurden die Stichproben im Rahmen beider Studien aus den zentralen Mitgliederkarteien in den Bundesgeschäftsstellen der Parteien gezogen. Es standen für die Datenerhebung also jeweils aktuelle und vollständige Informationen über die Parteimitglieder zur Verfügung. Bei den bundesweit aktiven Parteien CDU, SPD, FDP und Bündnis 90/Die Grünen wurden in beiden Studien jeweils 3.000 Mitglieder zufällig aus der Mitgliederkartei ausgewählt. Um auch aussagekräftige Vergleiche zwischen den beiden Landesteilen vornehmen zu können, wurden dabei jeweils 2.000 Mitglieder aus West- und 1.000 Mitglieder aus Ostdeutschland berücksichtigt. Ostdeutsche waren im Ergebnis in der Stichprobe im Verhältnis zu ihrem Anteil an der Mitgliedschaft dieser Parteien überproportional vertreten. In der empirischen Sozialforschung bezeichnet man ein solches

3. Was wissen wir über die Mitglieder der Parteien? 33

Vorgehen als „disproportionale Schichtung" der Stichprobe. Da die CSU als bayerische Regionalpartei fungiert und keine Mitglieder aus den neuen Bundesländern berücksichtigt werden mussten, wurden für diese Partei zu beiden Zeitpunkten nur 2.000 Mitglieder in der Stichprobe berücksichtigt. Etwas komplizierter verhält es sich im Falle der PDS und der Linken:[1] 1998 wurden 2.000 Mitglieder aus der Kartei der PDS zufällig gezogen. Da die PDS zu diesem Zeitpunkt eine ostdeutsche Regionalpartei darstellte, fanden westdeutsche Mitglieder keine gesonderte Berücksichtigung. Im Jahr 2009 hingegen wurden 2.000 ostdeutsche und 1.000 westdeutsche Mitglieder genommen, da die Linke den Schwerpunkt ihrer Mitgliedschaft noch immer in den neuen Bundesländern hat. Insgesamt wurden 1998 also 16.000 und 2009 sogar 17.000 Mitglieder zufällig aus den Karteien der sechs im Bundestag vertretenen Parteien ausgewählt.

Die Befragung selbst wurde zu beiden Zeitpunkten schriftlich durchgeführt. Um die Vergleichbarkeit der Ergebnisse zu gewährleisten, wurde der Beginn der Feldzeit der Deutschen Parteimitgliederstudie 2009 so gewählt, dass er in einem zur Potsdamer Studie des Jahres 1998 vergleichbaren Stadium der politischen Mobilisierung vor der jeweils nächstfolgenden Bundestagswahl lag (der Abstand zur Wahl betrug 1998 acht und 2009 sechs Monate). Gleichwohl ist hervorzuheben, dass das politische Klima zum Zeitpunkt der Durchführung der Deutschen Parteimitgliederstudie 2009 für einige der untersuchten Parteien eher ungünstig war. Dies gilt insbesondere für die CSU, die sich aufgrund der verlorenen Landtagswahl des Jahres 2008 und der darauf folgenden innerparteilichen Veränderungen in einem ausgeprägten Zustand der Unruhe befand. Die auf Bundesebene regierende Große Koalition dürfte auch unter den Mitgliedern der CDU und der SPD für einige Unzufriedenheit gesorgt haben. Im Falle der SPD mag außerdem noch die Unzufriedenheit der Mitgliedschaft mit der Agenda-Politik Gerhard Schröders zu spüren gewesen sein. Eher positiv dürfte das Klima hingegen für die Linke gewesen sein: Nach dem im Jahr 2007 erfolgreich durchgeführten Zusammenschluss von Linkspartei.PDS und WASG zur Linken schaffte die neue Partei bei allen westdeutschen Landtagswahlen mit Ausnahme Bayerns den Sprung in die Landtage. Sie konnte außerdem einen großen Strom von Neumitgliedern verzeichnen und gewann zwischen 2007 und 2009 im Saldo rund 7.000 Mitglieder hinzu.

Der Versand der Fragebögen erfolgte zu beiden Zeitpunkten direkt aus den Parteizentralen. Der Rücklauf sollte an die Universität Potsdam (1998) bzw. die Universität Düsseldorf (2009) gerichtet werden. Dadurch war es möglich, den Befragten ihre Anonymität glaubhaft zusichern zu können. Beide Befragungen wurden gemäß der Vorgaben der *Total-Design-Method* (TDM) zur Administrati-

---

[1] In den Abbildungen dieses Bandes werden die PDS und die nach der Fusion 2007 entstandene Partei „Die Linke" einheitlich als „Linke" bezeichnet.

on von Umfragen (Dillman 1978) in mehreren Stufen durchgeführt: Zunächst wurde jeweils ein Anschreiben verschickt, in dessen Rahmen die ausgewählten Parteimitglieder über die Studie und ihre Inhalte informiert wurden. Eine Woche später erfolgte dann der Versand des eigentlichen Fragebogens sowie eines Rückumschlags, der einen kostenlosen Rückversand desselben ermöglichte. Nochmals eine Woche später wurde ein kombiniertes Dank- und Erinnerungsschreiben versandt, das die Befragten, die noch nicht geantwortet hatten, an das Ausfüllen des Fragebogens erinnern sollte, und sich bei denjenigen Befragten, die ihn bereits zurückgeschickt hatten, bedankte. Wiederum zwei Wochen später wurde dann all denjenigen Befragten, die bislang nicht geantwortet hatten, ein neuer Fragebogen samt Rückumschlag mit der Bitte um Beantwortung und Rücksendung zugesandt. Schließlich wurde zwei Wochen später ein weiteres kombiniertes Dank- und Erinnerungsschreiben versandt. Insgesamt wurden die in die Stichprobe gezogenen Mitglieder also bis zu fünf Mal angeschrieben, um eine möglichst hohe Rücklaufquote zu erzielen.

Abbildung 3.1: Rücklaufquoten nach befragten Parteimitgliedschaften

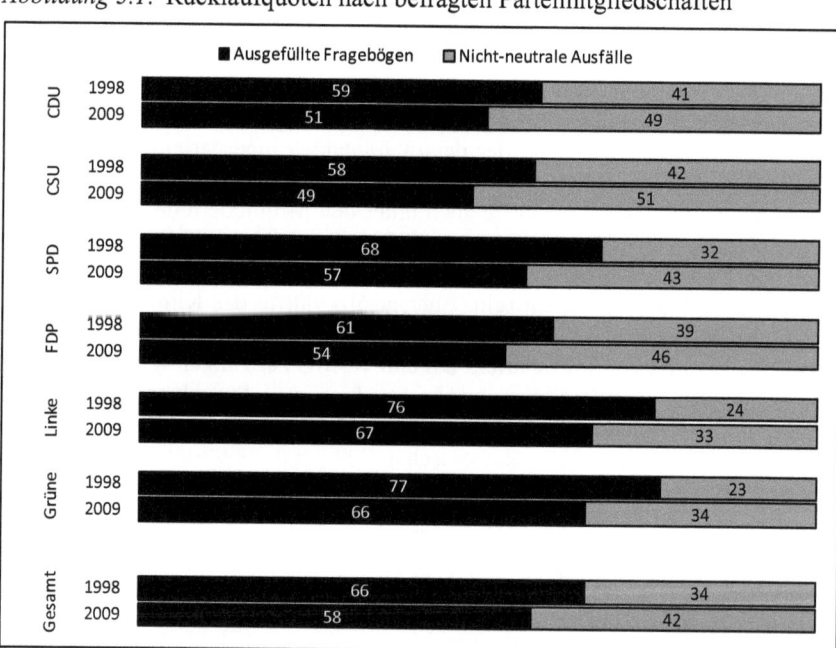

Quelle: Potsdamer Parteimitgliederstudie 1998, Deutsche Parteimitgliederstudie 2009.

3. Was wissen wir über die Mitglieder der Parteien?

In Abbildung 3.1 sind die Rücklaufquoten der Potsdamer Parteimitgliederstudie 1998 sowie der Deutschen Parteimitgliederstudie 2009 grafisch dargestellt. Der Rücklauf kann insgesamt als sehr gut bezeichnet werden: 1998 beteiligten sich 66 Prozent der angeschriebenen Parteimitglieder an der Befragung, 2009 immerhin noch 58. Die Rücklaufquote variierte dabei zu beiden Zeitpunkten erheblich zwischen den verschiedenen Parteien: Am höchsten war der Rücklauf jeweils bei Bündnis 90/Die Grünen und der PDS bzw. der Linken. Dahinter folgten die SPD und die FDP, während die beiden Unionsparteien das „Rücklaufschlusslicht" bildeten.

Abbildung 3.2: Die Zusammensetzung der Parteimitgliedschaften nach west- und ostdeutschen Mitgliedern (gewichtete Daten)

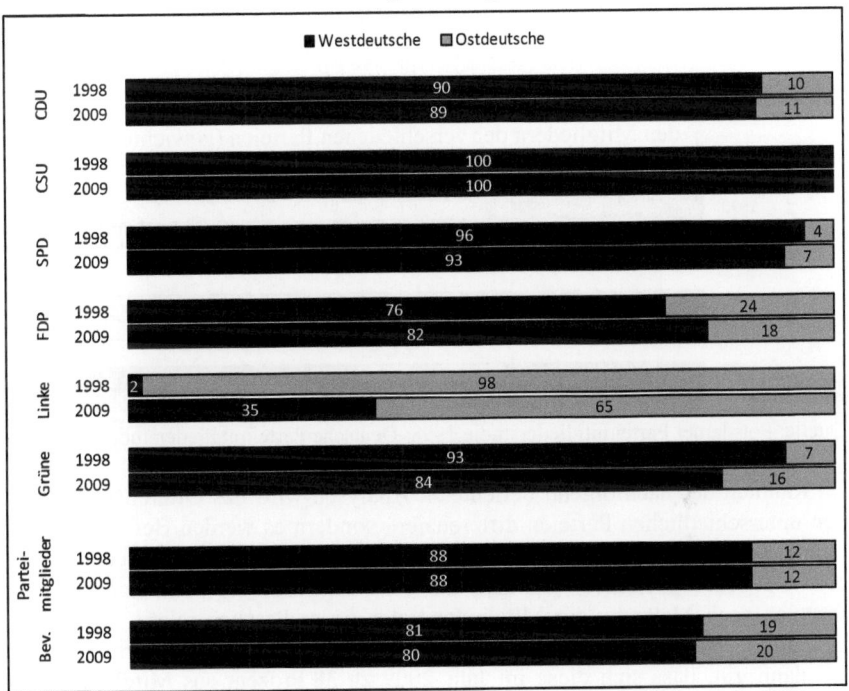

Quelle: Potsdamer Parteimitgliederstudie 1998, Deutsche Parteimitgliederstudie 2009.

Aufgrund der disproportional geschichteten Bruttostichproben entspricht das Verhältnis zwischen west- und ostdeutschen Befragten in den sechs letztlich realisierten Stichproben nicht den realen Verteilungen innerhalb der Mitgliedschaften der jeweiligen Parteien. Dies ist unproblematisch, solange man west-

und ostdeutsche Mitglieder getrennt voneinander analysiert. Für die Zwecke gesamtdeutscher Auswertungen musste allerdings eine Gewichtungsvariable gebildet werden, die die Zusammensetzung der Stichproben an die reale Verteilung west- und ostdeutscher Mitglieder in den Mitgliedschaften der einzelnen untersuchten Parteien angleicht. So beträgt 2009 der Anteil der Ostdeutschen unter den befragten SPD-Mitgliedern nach der Gewichtung nur 7 Prozent, während er unter den befragten Mitgliedern der Linken immerhin 65 Prozent ausmacht (vgl. Abbildung 3.2). Verzichtet man auf die Unterscheidung nach den verschiedenen Parteien, dann zeigt sich, dass von den deutschen Parteimitgliedern insgesamt nur 12 Prozent Ostdeutsche sind. Angesichts eines Bevölkerungsanteils der Ostdeutschen von 20 Prozent, sind sie unter den Parteimitgliedern damit erkennbar unterrepräsentiert. Zwischen 1998 und 2009 hat sich diesbezüglich auch keine Angleichung ergeben, der Anteil der ostdeutschen Parteimitglieder stagniert vielmehr.

Abbildung 3.3: Die Zusammensetzung der Parteimitglieder insgesamt aus den Mitgliedern der verschiedenen Parteien (gewichtete Daten)

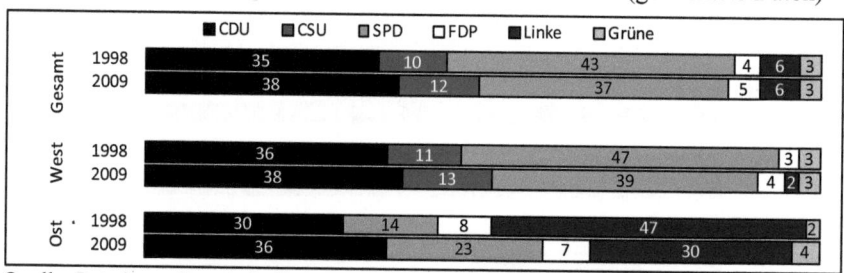

Quelle: Potsdamer Parteimitgliederstudie 1998, Deutsche Parteimitgliederstudie 2009.

Im Rahmen der nachfolgend berichteten Analysen wird des Öfteren nicht nach den unterschiedlichen Parteien differenziert, sondern es werden Befunde für die bundesdeutschen Parteimitglieder insgesamt berichtet. Für diese Zwecke wurde eine Gewichtungsvariable gebildet, die die Mitglieder der sechs untersuchten Parteien nach Maßgabe der Mitgliederstärke dieser Parteien relativ zueinander gewichtet. Wenn im Folgenden von den deutschen Parteimitgliedern die Rede ist, dann gilt, dass sich diese im Jahr 2009 zu 38 Prozent aus Mitgliedern der CDU, zu 12 Prozent aus Mitgliedern der CSU, zu 37 Prozent aus Mitgliedern der SPD, zu 5 Prozent aus Mitgliedern der FDP, zu 3 Prozent aus Mitgliedern von Bündnis 90/Die Grünen und zu 6 Prozent aus Mitgliedern der Linken zusammensetzen (vgl. Abbildung 3.3). Gravierende Unterschiede bestehen dabei allerdings zwischen West- und Ostdeutschland: Während die Mitglieder der Linken

3. Was wissen wir über die Mitglieder der Parteien?

in Westdeutschland nur 2 Prozent der gesamten Parteimitglieder ausmachen, beträgt ihr Anteil in den neuen Bundesländern immerhin 30 Prozent. Gleichzeitig ist aber auch zu konstatieren, dass sich die Zusammensetzung der ostdeutschen Parteimitglieder in den letzten 11 Jahren deutlich verändert hat: So gehörte 1998 noch fast jedes zweite ostdeutsche Parteimitglied der PDS an.

Parallel zur Befragung der Parteimitglieder wurde sowohl im Rahmen der Potsdamer Parteimitgliederstudie 1998 als auch im Rahmen der Deutschen Parteimitgliederstudie 2009 außerdem eine repräsentative Bevölkerungsumfrage durchgeführt. Die Feldzeiten dieser Befragungen lagen dabei parallel zu denjenigen der schriftlichen Mitgliederbefragungen. Die begleitenden Bevölkerungsumfragen sollten es in erster Linie ermöglichen, die Parteimitglieder mit der Gesamtbevölkerung vergleichen zu können. Inwieweit nämlich die Mitgliedschaften der Parteien ihre jeweilige Wähler- bzw. Anhängerschaften repräsentieren, kann nur dann untersucht werden, wenn entsprechende (zeitgleich mit identischen Instrumenten erhobene) Vergleichsinformationen über die Bevölkerung vorliegen. Auch waren sie notwendig, um diejenigen Mechanismen aufdecken zu können, die Menschen zur Partizipation in politischen Parteien bewegen. Die Einflussfaktoren des Parteibeitritts können nur dann angemessen analysiert werden, wenn Daten über Mitglieder und Nicht-Mitglieder vorliegen, auf deren Grundlage ein Erklärungsmodell der Parteimitgliedschaft überhaupt erst geschätzt werden kann.

Die begleitenden Bevölkerungsbefragungen unterscheiden sich zwischen 1998 und 2009 allerdings deutlich: 1998 waren Parteimitglieder unter den insgesamt 1.912 Befragten nur entsprechend ihres Bevölkerungsanteils vertreten. Für die empirische Analyse standen daher nur 92 Parteimitglieder zur Verfügung, was für differenzierte empirische Analysen eine deutlich zu kleine Fallzahl ist. Auch wurde nicht danach gefragt, ob die Befragten früher einmal in einer politischen Partei Mitglied gewesen sind. Dies hätte die ergänzende Erforschung der Austrittsmotive ehemaliger Parteimitglieder ermöglicht. Im Rahmen der begleitenden Bevölkerungsbefragung der Deutschen Parteimitgliederstudie 2009 wurde daher versucht, durch eine disproportionale Schichtung der Stichprobe das Analysepotenzial zu erhöhen: Es wurden 800 Nicht-Parteimitglieder, 800 ehemalige sowie 800 aktuelle Parteimitglieder befragt. Da kein Verzeichnis ehemaliger Parteimitglieder existiert (in den Adressdatenbanken der Parteien sind diese – wenn überhaupt – nur unsystematisch erfasst), mussten diese im Rahmen von vorgeschalteten Screening-Interviews ermittelt werden. Vergleichbares gilt für die aktuellen Parteimitglieder, da die Stichprobenziehung in diesem Fall ohne Zugriff auf die Mitgliederverzeichnisse der Parteien erfolgen musste. Die hohe Zahl hierfür notwendiger Screening-Interviews war zu vertretbaren Kosten nur im Rahmen einer telefonischen Befragung möglich. Die Bevölkerungsbefragung des Jahres 1998 hingegen war noch als mündliche Befragung durchgeführt worden. Aus diesen und anderen Gründen ist der Vergleich der beiden Bevölkerungsumfragen aus den Jahren 1998 und 2009 daher leider nur sehr eingeschränkt möglich.

Literatur

Biehl, Heiko (2005): Parteimitglieder im Wandel. Partizipation und Repräsentation. Wiesbaden

Boll, Bernhard/Holtmann, Everhard (Hrsg.) (2001): Parteien und Parteimitglieder in der Region. Sozialprofil, Einstellungen, innerparteiliches Leben und Wahlentscheidung in einem ostdeutschen Bundesland – Das Beispiel Sachsen-Anhalt. Wiesbaden

Bürklin, Wilhelm/Neu, Viola/Veen, Hans-Joachim (1997): Die Mitglieder der CDU. Interne Studien, Bd. 148. Sankt Augustin

Chrapa, Michael/Wittich, Dietmar (2001): Die Mitgliedschaft, der große Lümmel. Forschungsbericht zur Mitgliederbefragung der PDS 2000. Berlin/Halle

Dillman, Don A. (1978): Mail and Telephone Surveys. The Total Design Method. New York

Falke, Wolfgang (1982): Die Mitglieder der CDU. Eine empirische Studie zum Verhältnis von Mitglieder- und Organisationsstruktur der CDU 1971-1977. Berlin

Greven, Michael Thomas (1987): Parteimitglieder. Ein empirischer Essay über das politische Alltagsbewußtsein in Parteien. Opladen

Neu, Viola (2007): Die Mitglieder der CDU. Eine Umfrage der Konrad-Adenauer-Stiftung. Sankt Augustin/Berlin

Niedermayer, Oskar (1989): Innerparteiliche Partizipation. Opladen

Patzelt, Werner J./Algasinger, Karin (1996): Das Parteiensystem Sachsens. In: Niedermayer, Oskar (Hrsg.): Intermediäre Strukturen in Ostdeutschland. Opladen, S. 237-262

Walter-Rogg, Melanie/Gabriel, Oscar W. (Hrsg.) (2004): Parteien, Parteieliten und Mitglieder in einer Großstadt. Wiesbaden

4. Wie sind die Parteien gesellschaftlich verwurzelt?

Markus Klein

Die politischen Parteien in Deutschland haben eine eigentümliche Zwittergestalt. Auf der einen Seite sind sie frei gebildete gesellschaftliche Vereinigungen, auf der anderen Seite im Grundgesetz explizit vorgesehene Akteure im Bereich der politischen Willensbildung. Die Parteien erfüllen für die bundesdeutsche Demokratie folglich eine unverzichtbare Funktion, sie sind aber gleichwohl keine Staatsorgane. Die weiter oben schon einmal zitierte Metapher von Heinrich Oberreuter ist sehr gut geeignet, die Rolle der politischen Parteien zu veranschaulichen: Die Parteien „wurzeln (...) mit den Füßen in der Gesellschaft, reichen aber mit dem Kopf in den Staat" (Oberreuter 1990: 24). Politische Parteien erfüllen also die Funktion, den Bereich der gesellschaftlichen Willensbildung mit dem der staatlichen Willensbildung eng zu verzahnen. Diese Funktion können sie aber nur dann erfüllen, wenn sie – um in Oberreuters Bild zu bleiben – tiefe und tragfähige Wurzeln in der Gesellschaft schlagen. Nur dann nämlich, wenn es den Parteien gelingt, die Problemsichten und Anliegen der Bevölkerung in angemessener Form in sich aufzunehmen und durch die Kanäle der innerparteilichen Willensbildung an die parteipolitischen Eliten in Parlament und Regierung weiterzuleiten, kann die Demokratie insgesamt zur Blüte gelangen.

In diesem Kapitel soll daher der Frage nachgegangen werden, wie die politischen Parteien in der bundesdeutschen Gesellschaft verwurzelt sind. Konkret wird empirisch untersucht werden, wie die verschiedenen sozialen Gruppen unter den Mitgliedern der Parteien repräsentiert sind. Dabei ist zu beachten, dass die Qualität der gesellschaftlichen Verwurzelung der deutschen Parteien natürlich nicht daran festgemacht werden kann, dass alle sozialen Gruppen in allen politischen Parteien entsprechend ihres Bevölkerungsanteils vertreten sind. Da die verschiedenen Parteien die Interessen unterschiedlicher Bevölkerungsgruppen vertreten, kann dies kein angemessener Maßstab sein. So werden beispielsweise Arbeiter unter den Mitgliedern der FDP im Vergleich zu ihrem Bevölkerungsanteil stark unterrepräsentiert sein. Dies ist aber darauf zurückzuführen, dass die FDP wirtschaftspolitisch in erster Linie die Interessen des selbständigen Mittelstands, der Freiberufler und der leitenden Angestellten vertritt. Die Unterrepräsentanz der Arbeiter unter den Mitgliedern der FDP bedeutet also folglich nicht, dass Arbeiter systematisch von der Mitgliedschaft in politischen Parteien abgehalten werden, sondern nur, dass sich die FDP als Partei nicht vorrangig den Interessen der Arbeiterschaft angenommen hat.

Problematischer wäre hingegen, wenn die Arbeiter unter den deutschen Parteimitgliedern insgesamt stark unterrepräsentiert wären. Dies könnte dann darauf hindeuten, dass die politischen Bedürfnisse dieser Bevölkerungsgruppe geringere Chancen haben, über die vertikalen Kanäle der parteienstaatlichen Demokratie in den relevanten Arenen der staatlichen Willensbildung Gehör zu finden. Problematisch wäre darüber hinaus, wenn die Arbeiter in den Mitgliedschaften aller relevanten politischen Parteien stark unterrepräsentiert wären. Dann wäre nämlich fraglich, ob überhaupt eine Partei glaubhaft für sich in Anspruch nehmen kann, die Interessen dieser größenmäßig immer noch wichtigen Bevölkerungsgruppe in der politischen Arena zu vertreten.

Den theoretischen Hintergrund der in diesem Kapitel berichteten empirischen Analysen bilden zwei Theorien: Die Ressourcentheorie der politischen Partizipation (Verba/Nie 1972) sowie die oben bereits skizzierte Cleavage-Theorie (Lipset/Rokkan 1967). Die Ressourcentheorie geht von der Annahme aus, dass politische Partizipation gewisse Fertigkeiten und Fähigkeiten verlangt, über die die Bürger in sehr unterschiedlichem Maße verfügen. So verlangt beispielsweise die aktive Mitarbeit in Parteien die Fähigkeit zur Argumentation und öffentlichen Rede, die Kenntnis grundlegender politischer Zusammenhänge und Rechte sowie praktische Fähigkeiten bei der Organisation, Durchführung und gegebenenfalls Leitung von Versammlungen und Veranstaltungen. Diese seien bei Personen mit einer hohen Bildung und einer leitenden beruflichen Stellung aber mit einer deutlich höheren Wahrscheinlichkeit vorhanden als bei Menschen mit einfacher Bildung und einer wenig anspruchsvollen Berufstätigkeit. Die Ressourcentheorie ermöglicht im Ergebnis die Formulierung von Erwartungen bezüglich der Frage, welche sozialen Gruppen sich in den politischen Parteien beteiligen und welche nicht. Sie kann also mögliche Unterschiede in der Zusammensetzung der Bevölkerung auf der einen Seite und der Parteimitgliedschaften auf der anderen Seite erklären. So kann vor dem Hintergrund der Ressourcentheorie beispielsweise erwartet werden, dass Hochgebildete, Personen mit einem hohen sozio-ökonomischen Status sowie im öffentlichen Dienst Beschäftigte mit einer größeren Wahrscheinlichkeit einer politischen Partei beitreten, weil sie über die für eine intensive politische Partizipation notwendigen Ressourcen verfügen.

Die Cleavage-Theorie hingegen ermöglicht die Formulierung von Erwartungen bezüglich der Frage, in welcher spezifischen Art und Weise sich die soziale Komposition der Mitgliedschaften der verschiedenen Parteien voneinander unterscheidet. So kann beispielsweise vor dem Hintergrund des Wissens um die Existenz des sozio-ökonomischen Cleavages angenommen werden, dass Arbeiter

4. Wie sind die Parteien gesellschaftlich verwurzelt?

unter den Mitgliedern der SPD stärker vertreten sind als unter den Mitgliedern der Unionsparteien und der FDP. Des Weiteren bildet der konfessionelle Cleavage die Grundlage für die Erwartung, dass Kirchenmitglieder, insbesondere aber Katholiken, unter den Mitgliedern der Unionsparteien stärker vertreten sind als unter den Mitgliedern der anderen Parteien.

Im Zusammenhang mit diesen beiden Theorieansätzen darf allerdings nicht übersehen werden, dass sie sich bezüglich einiger sozialstruktureller Variablen in ihren Vorhersagen überlagern. So sollten beispielsweise Arbeiter aus der Sicht der Ressourcentheorie unter den Parteimitgliedern im Vergleich zur Bevölkerung unterrepräsentiert sein. Gleichzeitig aber sollte aus der Sicht der Cleavage-Theorie gelten, dass diejenigen Arbeiter, die sich parteipolitisch organisieren, dies mit einer größeren Wahrscheinlichkeit in einer sozialdemokratischen oder sozialistischen Partei tun.

Generell ist allerdings festzuhalten, dass sich die im Bereich des Wählerverhaltens wiederholt behauptete rückläufige Verhaltensrelevanz sozio-politischer Cleavages (vgl. zuerst Dalton 1984) auch in der Mitgliederstruktur der politischen Parteien niederschlagen sollte. Vor diesem Hintergrund wird in der parteiensoziologischen Literatur häufig die Erwartung einer fortschreitenden Angleichung der sozialstrukturellen Zusammensetzung der Mitgliedschaften der Parteien formuliert. Unabhängig von ihrer konkreten politischen Ausrichtung würden alle Parteien zunehmend Parteimitglieder des gleichen „neuen Typs" rekrutieren, nämlich männliche Akademiker aus der Mittelschicht mit einer Beschäftigung als Angestellter oder Beamter im öffentlichen Dienst (besonders pointiert Biehl 2004).

Um die eben beschriebenen Zusammenhänge möglichst umfassend abbilden zu können, werden wir bei den im Rahmen dieses Kapitels berichteten empirischen Analysen verschiedener wichtiger sozialstruktureller Variablen immer mehrere Vergleiche anstellen: Zum einen werden wir die Zusammensetzung der Mitgliedschaften der Parteien untereinander vergleichen, um einen Eindruck davon zu bekommen, welche Bevölkerungsgruppen sie jeweils in besonderer Weise repräsentieren. Außerdem werden wir die Zusammensetzung der deutschen Parteimitglieder insgesamt betrachten und sie mit der Gesamtbevölkerung vergleichen, um mögliche systematische Repräsentationsdefizite einzelner sozialer Gruppen aufdecken zu können. Diese beiden Vergleiche werden wir in einem ersten Schritt jeweils unter Verwendung der Daten aus der Deutschen Parteimitgliederstudie 2009 vornehmen. Um auch Entwicklungstendenzen über die Zeit untersuchen zu können, werden wir schließlich in einem zweiten Schritt die Ergebnisse der Deutschen Parteimitgliederstudie 2009 mit denen der Potsdamer Parteimitgliederstudie aus dem Jahr 1998 vergleichen. Abschließend richten wir dann den Blick auf die Neumitglieder, um den behaupteten Angleichungstendenzen in den Rekrutierungsmustern der Parteien nachgehen zu können. Auch in diesem Fall werden die Daten beider Parteimitgliederstudien berichtet.

1 Die sozialstrukturelle Zusammensetzung der Parteimitgliedschaften

Das erste Merkmal, bezüglich dessen wir die Zusammensetzung der Parteimitgliedschaften vergleichend untersuchen, ist das Geschlecht (vgl. Abbildung 4.1). Hierbei zeigt sich zunächst, dass im Jahr 2009 der Frauenanteil unter den Mitgliedern von Bündnis 90/Die Grünen und der Linkspartei mit 38 bzw. 35 Prozent am höchsten liegt. Am geringsten ist er in der CSU, dort beträgt er nur 18 Prozent. In der CDU und der FDP liegt der Frauenanteil jeweils ungefähr bei einem Viertel, während er in der SPD knapp 30 Prozent beträgt. Generell aber gilt, dass Frauen in jeder einzelnen Partei einen deutlich geringeren Anteil als in der Gesamtbevölkerung (54 Prozent) stellen. Auch unter allen deutschen Parteimitgliedern machen sie nur 27 Prozent aus. Frauen sind damit innerhalb der bundesdeutschen Parteien deutlich unterrepräsentiert.

Dass Frauen unter den Mitgliedern der deutschen Parteien unterrepräsentiert sind, ist allerdings kein völlig überraschender Befund: Ganz unabhängig davon, welche Partizipationsformen man untersucht und in welchen Ländern man dies tut, zeigt sich in aller Regel, dass Frauen sich seltener politisch beteiligen als Männer. Dieser Befund stellt damit schon beinahe so etwas dar wie ein ehernes Gesetz der empirischen Partizipationsforschung. Die möglichen Erklärungen für dieses Phänomen sind vielfältig: In der Regel wird auf das geringere politische Interesse von Frauen verwiesen, das wiederum auf geschlechtsspezifische Sozialisationsprozesse in Kindheit und Jugend zurückgeführt wird. Als weiterer Grund wird angeführt, dass die Realität der geschlechtsspezifischen innerfamiliären Arbeitsteilung Frauen weniger Zeit für ein politisches Engagement lasse. Schließlich und endlich sei die Realität in politischen Parteien von männlichen Mustern der Selbstdurchsetzung und Konfliktaustragung geprägt, die Frauen ein innerparteiliches Engagement wenig attraktiv erscheinen ließen.

Die hier untersuchten Parteien haben das Problem der Unterrepräsentation von Frauen unter ihren Mitgliedern seit längerem erkannt. Bis auf die FDP haben sie mittlerweile alle institutionelle Mechanismen etabliert (Frauenquorum oder -quote), die dazu führen sollen, dass weibliche Mitglieder zumindest unter den Amts- und Mandatsträgern eine bestimmte Mindestrepräsentanz erreichen. Mit der Einführung solcher Regelungen steigen für Frauen die Anreize für einen Parteibeitritt, da sie mit einer größeren Wahrscheinlichkeit davon ausgehen können, dass ihr innerparteiliches Engagement in entsprechende Ämter und Mandate mündet. Vor diesem Hintergrund kann es denn auch nicht überraschen, dass der

4. Wie sind die Parteien gesellschaftlich verwurzelt? 43

Frauenanteil unter den Mitgliedern von Bündnis 90/Die Grünen besonders hoch ist, da diese Partei sehr weitreichende institutionelle Vorkehrungen für die Gleichstellung weiblicher Parteimitglieder getroffen hat. Darüber hinaus ist dies aber natürlich auch auf die Tatsache zurückzuführen, dass die Frauenbewegung in der Gründungsphase der Partei sehr enge personelle und institutionelle Verbindungen zu Bündnis 90/Die Grünen besaß, die sich auch in der Programmatik der grünen Partei niedergeschlagen haben.

Abbildung 4.1: Zusammensetzung von Parteimitgliedschaften und Bevölkerung bezüglich des Geschlechts (1998 und 2009)

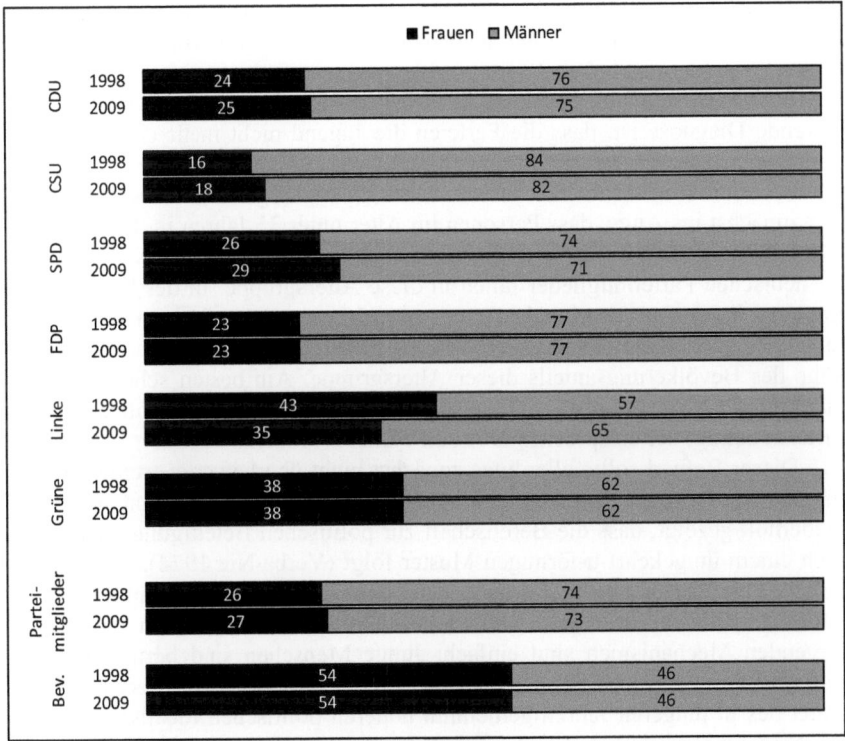

Quelle: Potsdamer Parteimitgliederstudie 1998, Deutsche Parteimitgliederstudie 2009.

Ernüchternd ist in diesem Zusammenhang allerdings ein Blick auf die zeitliche Entwicklung: So ist der Anteil der Frauen unter den deutschen Parteimitgliedern zwischen 1998 und 2009 gerade einmal um einen Prozentpunkt von 26 auf 27 Prozent angestiegen. Ein kaum anderes Bild zeigt sich bei den Mitgliedschaften der einzelnen Parteien. Bei Bündnis90/Die Grünen und der FDP ist der Frauenanteil konstant geblieben, während er sich bei CDU, CSU und SPD geringfügig erhöht hat. Die deutlichste Veränderung hat sich bei der Linkspartei ergeben: Im Vergleich zur Potsdamer Parteimitgliederstudie des Jahres 1998 (die sich naturgemäß noch auf die PDS bezog) ist der Frauenanteil von 43 auf 35 Prozent gesunken. Der hohe Frauenanteil der PDS im Jahr 1998 ist dabei vermutlich auf deren Wurzeln in der untergegangenen DDR zurückzuführen: Die politische Beteiligung von Frauen wurde dort staatlich gefördert und forciert, da die Behauptung, dass in der DDR die Gleichberechtigung der Frau weitgehend hergestellt sei, zu den zentralen Selbstlegitimationsmustern des staatssozialistischen Systems gehörte (Gast 1973). Nach der Verschmelzung der PDS mit der WASG scheint sich der Frauenanteil nun tendenziell an die Verhältnisse bei den übrigen Parteien angepasst zu haben.

Eine in der aktuellen Diskussion über die politischen Parteien häufig anzutreffende Diagnose ist, dass die Parteien die Jugend nicht mehr erreichen würden. Es ist daher interessant zu untersuchen, wie die verschiedenen Altersgruppen unter den Mitgliedern der Parteien vertreten sind (vgl. Abbildung 4.2). Dabei fällt zunächst ins Auge, dass Personen im Alter unter 35 Jahren in den Mitgliedschaften der deutschen Parteien deutlich unterrepräsentiert sind. Nur 8 Prozent der deutschen Parteimitglieder fallen in diese Altersgruppe. In der Bevölkerung hingegen ist der entsprechende Anteil mit 25 Prozent gut dreimal so groß. In keiner einzigen Partei kommt der Anteil der unter 35jährigen auch nur in die Nähe des Bevölkerungsanteils dieser Altersgruppe. Am besten schneiden noch Bündnis 90/Grünen und die FDP mit 15 bzw. 13 Prozent ab. In allen anderen Parteien beträgt der entsprechende Anteil 7 oder 8 Prozent.

Dieser Befund sollte allerdings zunächst nicht überbewertet werden: In der empirischen Partizipationsforschung hat sich in den letzten Jahrzehnten nämlich wiederholt gezeigt, dass die Bereitschaft zur politischen Beteiligung altersspezifisch einem umgekehrt u-förmigen Muster folgt (Verba/Nie 1972): Sie ist demzufolge in jungen Jahren eher gering, steigt dann zur Lebensmitte hin an, um mit weiter steigendem Alter wieder abzufallen. Die sich hinter diesem Muster verbergenden Mechanismen sind einfach: Junge Menschen sind beruflich, sozial und familiär noch nicht etabliert und investieren ihre Zeit und Energie – ungeachtet des in jüngeren Jahren gemeinhin höheren politischen Idealismus – folglich eher in politikferne Lebensbereiche. Zur Lebensmitte hin sind die Menschen dann mit einer hohen Wahrscheinlichkeit beruflich und sozial etabliert und verfügen damit über die notwendigen Ressourcen für ein politisches Engagement. Im höheren Alter mögen dann gesundheitliche Einschränkungen, eine nachlassende geistige Beweglichkeit sowie sich lebenszyklisch verändernde Prioritätensetzungen dazu führen, dass sich die Menschen wieder aus der Politik zurückzie-

4. Wie sind die Parteien gesellschaftlich verwurzelt?

hen. Vor dem Hintergrund dieses Musters ist die Unterrepräsentation junger Menschen in den politischen Parteien dann aber als eher normal zu bewerten. Anders als das eben beschriebene kurvenförmige Muster der altersspezifischen Beteiligungsbereitschaft eigentlich erwarten lassen würde, sind ältere Menschen unter den deutschen Parteimitgliedern allerdings keineswegs unterrepräsentiert. Ganz im Gegenteil: Der Anteil der über 65jährigen liegt unter den deutschen Parteimitgliedern mit 40 Prozent um 15 Prozentpunkte höher als in der Gesamtbevölkerung. Die im Alter rückläufige Beteiligungsbereitschaft der Parteimitglieder scheint sich folglich nicht in einem Parteiaustritt niederzuschlagen, sondern eher in rückläufigen innerparteilichen Aktivitäten bei gleichzeitiger Aufrechterhaltung der formalen Mitgliedschaft.

Abbildung 4.2: Zusammensetzung von Parteimitgliedschaften und Bevölkerung bezüglich des Alters (1998 und 2009)

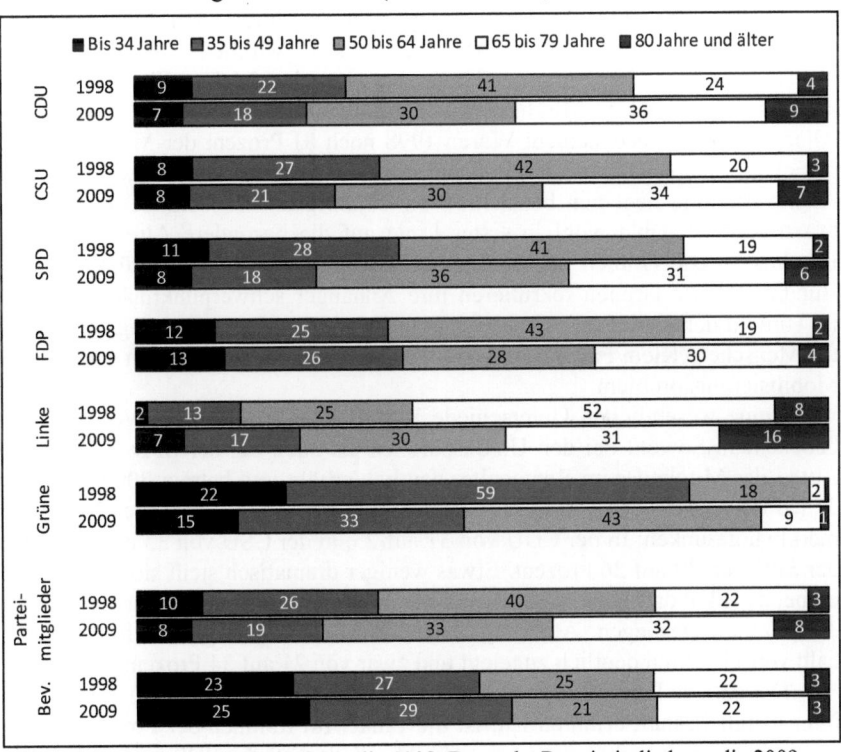

Quelle: Potsdamer Parteimitgliederstudie 1998, Deutsche Parteimitgliederstudie 2009.

Die gesamte Dramatik in der Entwicklung der Altersstruktur der deutschen Parteimitgliedschaften zeigt sich allerdings erst im Rahmen eines Vergleichs der Ergebnisse der Deutschen Parteimitgliederstudie 2009 mit denen der Potsdamer Studie aus dem Jahr 1998: Zum einen ist der Anteil der jüngeren Parteimitglieder über die Zeit leicht rückläufig. Für die unter 35jährigen sinkt er von 10 auf 8 Prozent und für die unter 50jährigen gar von 36 auf 27 Prozent (letztgenannte Prozentzahlen ergeben sich dabei durch Addition der Anteile der beiden jüngsten Altersgruppen). Das lebenszyklische Muster der Bereitschaft zur Partizipation scheint folglich von einer tendenziell sinkenden Bereitschaft junger Menschen zur Mitgliedschaft in politischen Parteien überlagert zu werden. Zum anderen steigt der Anteil der älteren Menschen in den deutschen Parteien deutlich an: Waren 1998 erst 25 Prozent der deutschen Parteimitglieder über 65 Jahre, so sind es elf Jahre später bereits 40 Prozent. Der Anteil der Mitglieder, die mindestens 80 Jahre alt sind, hat sich im gleichen Zeitraum von 3 auf 8 Prozent erhöht.

Im Parteienvergleich lassen sich dabei interessante Unterschiede beobachten: Über die mit deutlichem Abstand jüngsten Mitglieder verfügen Bündnis90/Die Grünen. 2009 sind nur 10 Prozent älter als 65 Jahre. Gleichzeitig lässt sich aber auch bei den Mitgliedern von Bündnis 90/Die Grünen ein deutlicher Alterungsprozess beobachten: Waren 1998 noch 81 Prozent der Mitglieder jünger als 50 Jahre, so sind es 2009 nur noch 48 Prozent. Der Schwerpunkt der Altersverteilung liegt nun bei den 50 bis 64jährigen. Die Veränderung der Altersstruktur ist dabei wohl in erster Linie auf die besondere Attraktivität von Bündnis 90/Die Grünen bei bestimmten Generationseinheiten zurückzuführen: Bündnis 90/Die Grünen rekrutieren ihre Anhänger schwerpunktmäßig aus den im Umfeld der Studenten-, Umwelt-, Frauen- und Friedensbewegung sozialisierten Menschen (Klein/Falter 2003). Bei jüngeren Generationen haben auch sie ein Mobilisierungsproblem.

Keine wesentlichen Unterschiede lassen sich zwischen den Volksparteien beobachten: Sowohl bei den Unionsparteien als auch bei der SPD hat sich der Anteil der Mitglieder im Rentenalter deutlich erhöht und beträgt 2009 zwischen 37 (SPD) und 45 (CSU) Prozent. Gleichzeitig ist der Anteil der unter 50jährigen merklich gesunken: In der CDU von 31 auf 25, in der CSU von 35 auf 29 und in der SPD von 39 auf 26 Prozent. Etwas weniger dramatisch stellt sich die Situation bei der FDP dar. Hier ist der Anteil der unter 50jährigen sogar geringfügig auf 39 Prozent angestiegen. Allerdings haben die über 65jährigen auch hier innerhalb von 11 Jahren deutlich zugelegt und zwar von 21 auf 34 Prozent.

Die einzige Partei, die zwischen 1998 und 2009 eine merkliche Verjüngung ihrer Mitgliedschaft erfahren hat, ist die Linke. Im Rahmen der Potsdamer Parteimitgliederstudie 1998 erwies sich die Mitgliedschaft der PDS im Vergleich zu allen anderen Parteien als deutlich überaltert. 60 Prozent waren 65 Jahre oder

4. Wie sind die Parteien gesellschaftlich verwurzelt?

älter. Hier spiegelte sich aller Wahrscheinlichkeit nach die Tatsache wieder, dass sich die Mitgliedschaft der PDS zum damaligen Zeitpunkt schwerpunktmäßig aus der Generation rekrutierte, die im untergegangenen DDR-System die einfachen und mittleren Funktionsträger stellte. Der Zusammenschluss mit der WASG im Jahr 2007 führte der nunmehr als Linke firmierenden Partei eine größere Zahl jüngerer Mitglieder zu. Gleichwohl ist die Linke aber auch noch 2009 die deutsche Partei mit der ältesten Mitgliedschaft: 47 Prozent ihrer Mitglieder sind 65 Jahre oder älter.

Abbildung 4.3: Zusammensetzung von Parteimitgliedschaften und Bevölkerung bezüglich der formalen Bildung (1998 und 2009)

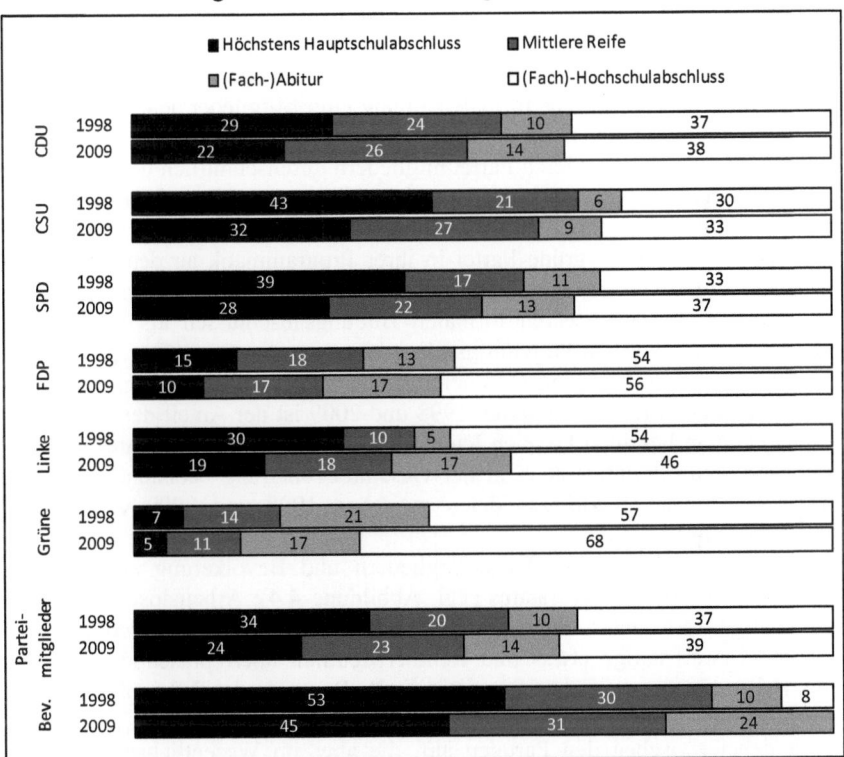

Quelle: Potsdamer Parteimitgliederstudie 1998, Deutsche Parteimitgliederstudie 2009.

Sehr deutliche Unterschiede zwischen der Verteilung in der Bevölkerung und unter den Parteimitgliedern ergeben sich bezüglich eines Merkmals, dem aus

Sicht der Ressourcentheorie der politischen Partizipation eine zentrale Bedeutung zukommt: Die Rede ist von der formalen Bildung und den mit ihr verbundenen Fähigkeiten und Qualifikationen (vgl. Abbildung 4.3). Diese erhöhen die Wahrscheinlichkeit einer Mitgliedschaft in politischen Parteien in entscheidender Weise. Während im Jahr 2009 nur 24 Prozent der Bevölkerung ein (Fach-)Abitur erworben haben, liegt dieser Anteil unter den deutschen Parteimitgliedern bei 53 Prozent. 39 Prozent der deutschen Parteimitglieder können sogar auf ein abgeschlossenes (Fach-)Hochschulstudium verweisen. Für die Bevölkerung lässt sich dieser Anteil aus unserer Befragung leider nicht ermitteln, da das Vorliegen eines (Fach-)Hochschulabschlusses in der Bevölkerungsumfrage des Jahres 2009 nicht separat abgefragt wurde.

Bei Bündnis 90/Die Grünen und der FDP liegt der Anteil der Personen mit abgeschlossener Hochschulausbildung besonders hoch, nämlich bei 68 bzw. 56 Prozent. Allerdings unterscheiden sich bei diesen beiden Parteien die Gründe für die überproportional hohe formale Bildung ihrer Mitglieder deutlich. Im Falle der FDP-Mitglieder reflektiert der hohe Anteil an Studierten nicht zuletzt auch deren im Vergleich zu anderen Parteimitgliedern durchschnittlich höheren sozialen Status. Bei Bündnis 90/Die Grünen kann er in erster Linie auf deren Wurzeln in der Studentenbewegung der 1960er Jahre zurückgeführt werden sowie auf die Tatsache, dass sich die grüne Partei in ihrer Programmatik an den in höheren Bildungsgruppen stärker verwurzelten postmaterialistischen Werten orientiert.

Personen mit niedrigeren formalen Bildungsabschlüssen als dem Abitur sind unter den deutschen Parteimitgliedern hingegen deutlich unterrepräsentiert. Mit 59 bzw. 50 Prozent sind sie noch am stärksten unter den Mitgliedern von CSU und SPD vertreten. Zwischen 1998 und 2009 ist der Anteil der Niedriggebildeten zudem bei allen Parteien leicht gesunken. Eine vergleichbare Entwicklung lässt sich allerdings auch in der Gesamtbevölkerung beobachten, wo der Anteil der formal Niedriggebildeten zwischen 1998 und 2009 von 83 auf 76 Prozent sinkt.

Unterschiede zwischen Parteimitgliedern und Bevölkerung ergeben sich auch bezüglich des Erwerbsstatus (vgl. Abbildung 4.4): Arbeitslose und Nicht-Berufstätige sind unter den Parteimitgliedern geringfügig unterrepräsentiert, während Erwerbstätige etwas und Rentner deutlich überrepräsentiert sind. So sind 43 Prozent der deutschen Parteimitglieder Rentner oder Pensionäre im Vergleich zu nur 29 Prozent in der Gesamtbevölkerung. Deutliche Unterschiede treten dabei zwischen den Parteien auf, die aber im Wesentlichen die unterschiedliche Alterszusammensetzung der Parteimitgliedschaften reflektieren: So beträgt der Anteil der Ruheständler bei Bündnis 90/Die Grünen nur 13 Prozent, während er bei der Linken immerhin 53 Prozent erreicht. Die Volksparteien liegen bei Werten zwischen 42 (CSU) und 45 (CDU) Prozent.

4. Wie sind die Parteien gesellschaftlich verwurzelt?

Die Entwicklung zwischen 1998 und 2009 ist bei allen Parteien durch einen merklichen Anstieg des Anteils der im Ruhestand befindlichen Mitglieder geprägt. Dies spiegelt in erster Linie die sich verändernde Alterszusammensetzung der Mitgliedschaften wieder. Die Ausnahme bildet hierbei erneut die Linke. Im Vergleich zur PDS-Mitgliedschaft im Jahr 1998 ist der Anteil der Rentner und Pensionäre von 70 auf 53 Prozent gesunken. Gleichzeitig aber weist die Mitgliedschaft der heutigen Linken unter allen Parteien den höchsten Anteil an Ruheständlern (53 Prozent) und den geringsten Anteil an Erwerbstätigen (34 Prozent) auf.

Abbildung 4.4: Zusammensetzung von Parteimitgliedschaften und Bevölkerung bezüglich des Erwerbsstatus (1998 und 2009)

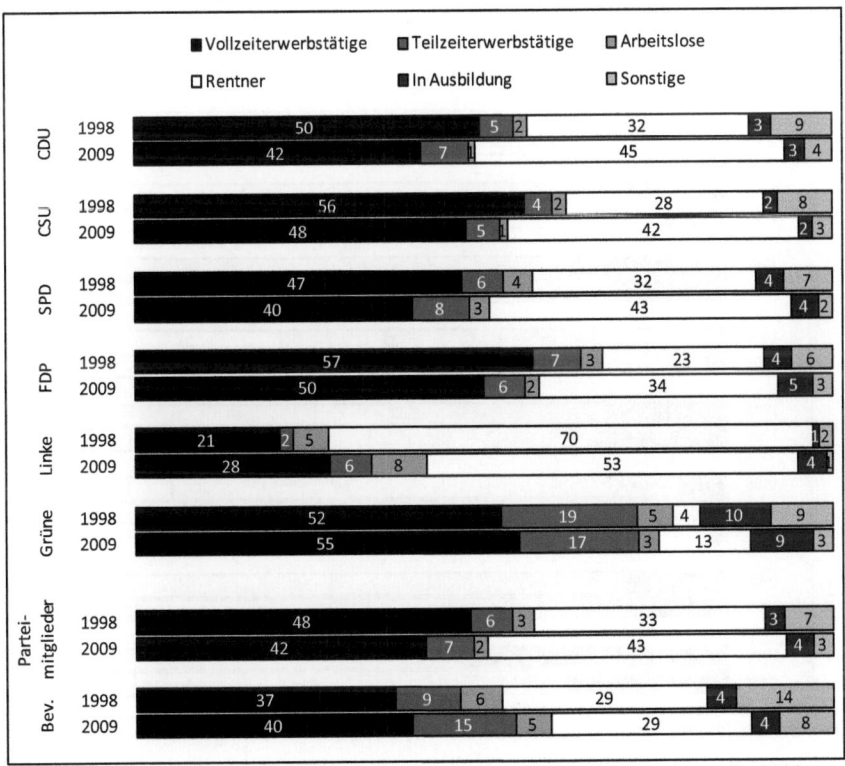

Quelle: Potsdamer Parteimitgliederstudie 1998, Deutsche Parteimitgliederstudie 2009.

In einem weiteren Analyseschritt haben wir uns auf die Gruppe der Erwerbstätigen konzentriert und deren berufliche Stellung untersucht. Dabei stand die Frage im Vordergrund, inwieweit sich die im Rahmen des traditionellen sozio-ökonomischen Cleavages relevanten Zuordnungen von bestimmten Berufsgruppen zu den verschiedenen Parteien auch heute noch nachweisen lassen bzw. wie weit die im Zuge der Diskussion über das Parteimitglied „neuen Typs" behaupteten sozialstrukturellen Nivellierungstendenzen bereits fortgeschritten sind.

Abbildung 4.5: Zusammensetzung von Parteimitgliedschaften und Bevölkerung bezüglich der beruflichen Stellung (nur Erwerbstätige) (1998 und 2009)

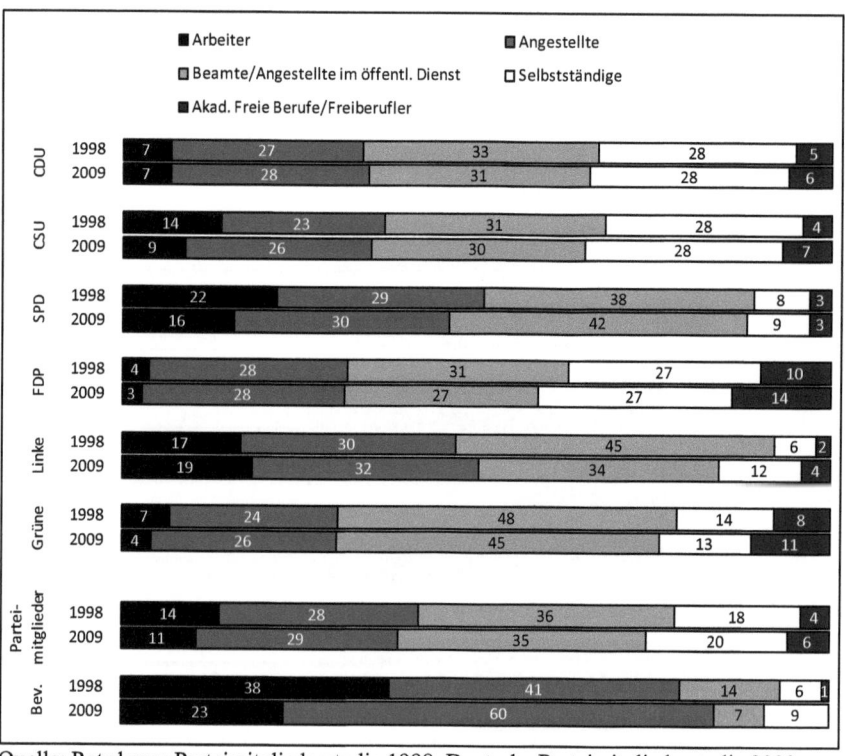

Quelle: Potsdamer Parteimitgliederstudie 1998, Deutsche Parteimitgliederstudie 2009.

Die Befunde der empirischen Analysen sind in Abbildung 4.5 dokumentiert. Hervorzuheben ist dabei vor allem, dass die Mitgliedschaften der verschiedenen Parteien untereinander in der Tendenz größere Ähnlichkeiten aufweisen als die

4. Wie sind die Parteien gesellschaftlich verwurzelt?

Parteimitglieder insgesamt mit der Bevölkerung. So liegt insbesondere der Anteil der im öffentlichen Dienst beschäftigten Personen sowie der selbständig oder freiberuflich Tätigen unter den erwerbstätigen Parteimitgliedern deutlich höher als unter allen Erwerbstätigen. Dies gilt in unterschiedlicher Abstufung auch für die Mitgliedschaft jeder einzelnen Partei: Der Anteil der im öffentlichen Dienst Beschäftigten ist unter den erwerbstätigen Mitgliedern von Bündnis 90/Die Grünen und der SPD mit 45 bzw. 42 Prozent besonders hoch. Aber auch in der CDU, der CSU und der FDP stellt der öffentliche Dienst jeweils ca. 30 Prozent der erwerbstätigen Mitglieder. In der erwerbstätigen Bevölkerung beträgt dieser Anteil hingegen nur 7 Prozent. Selbständige und Freiberufler sind besonders stark unter den erwerbstätigen Mitgliedern der CDU (34 Prozent), der CSU (35 Prozent) und der FDP (41 Prozent) vertreten. Aber auch bei den Grünen und der Linken sind unter den erwerbstätigen Mitgliedern Selbständige und Freiberufler häufiger anzutreffen als im Bevölkerungsdurchschnitt. Der geringste Selbständigenanteil findet sich mit 12 Prozent unter den Mitgliedern der SPD.

Unterrepräsentiert sind demgegenüber in allen Parteien Angestellte aus dem privaten Wirtschaftssektor. In der Bevölkerung beträgt ihr Anteil 60 Prozent, unter den Parteimitgliedern nur 29 Prozent. Deutlich fällt das Repräsentationsdefizit auch bei den Arbeitern aus: Der Anteil der Arbeiter unter den erwerbstätigen deutschen Parteimitgliedern ist nur knapp halb so hoch wie ihr Anteil in der erwerbstätigen Bevölkerung insgesamt. Selbst unter den erwerbstätigen Mitgliedern der SPD sind nur 16 Prozent Arbeiter, obgleich die Wurzeln der SPD historisch in der Arbeiterbewegung liegen. Der höchste Arbeiteranteil lässt sich mit 19 Prozent unter den erwerbstätigen Mitgliedern der Linken beobachten.

Diese Befunde deuten in ihrer Gesamtheit darauf hin, dass sich einerseits die politischen Parteien bereits erkennbar von ihren traditionellen sozialen Milieus abgelöst haben und andererseits die Parteimitglieder die Bevölkerung nur sehr unvollkommen repräsentieren. Gravierende Veränderungen haben sich dabei zwischen 1998 und 2009 nicht ergeben, die entsprechenden Prozesse müssen daher bereits vor 1998 wirksam gewesen sein. Wie aber ist der hohe Anteil von Beschäftigten des Öffentlichen Dienstes unter den erwerbstätigen Parteimitgliedern zu erklären? Eine mögliche Interpretation könnte sein, dass sich diese Personengruppe von einer Parteimitgliedschaft am ehesten berufliche Vorteile verspricht, da sie häufig in politiknahen Bereichen arbeitet. Des Weiteren könnte gelten, dass Angehörige des öffentlichen Dienstes, insbesondere aber Lehrer, Richter und Professoren, ebenso wie Selbständige und Freiberufler über eine höhere Zeitsouveränität verfügen, die ihnen ein parteipolitisches Engagement erleichtert. Auch ist sicherlich richtig, dass die zeitweilige Ausübung eines Mandats mit der Tätigkeit im öffentlichen Dienst eher zu vereinbaren ist und weniger berufliche Nachteile nach sich zieht, als im privaten Wirtschaftssektor.

Abbildung 4.6: Zusammensetzung von Parteimitgliedschaften und Bevölkerung bezüglich der subjektiven Schichteinstufung (1998 und 2009)

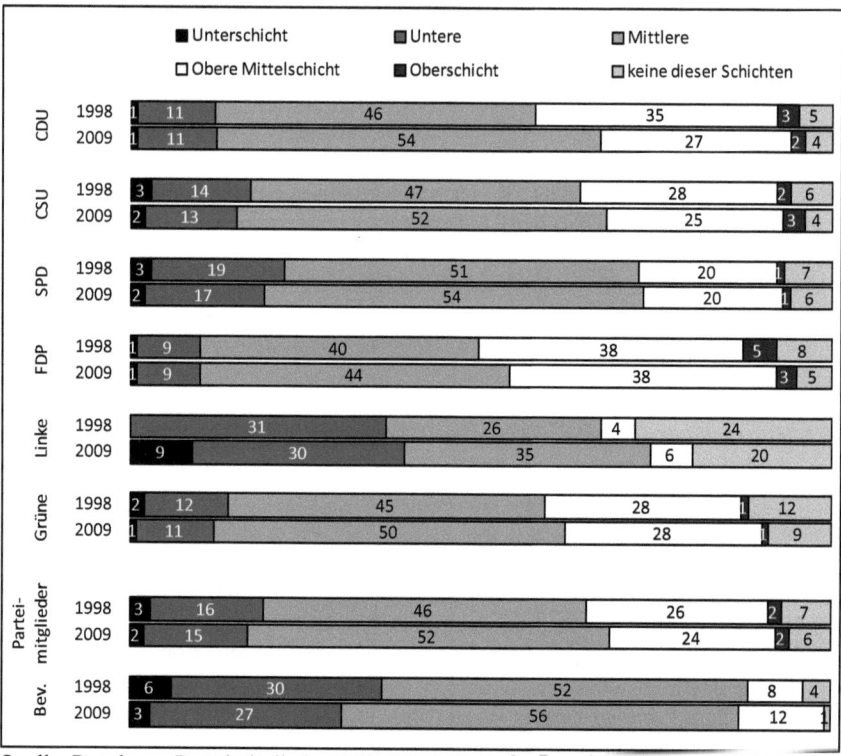

Quelle: Potsdamer Parteimitgliederstudie 1998, Deutsche Parteimitgliederstudie 2009.

Möglicherweise spiegelt sich der für das deutsche Parteiensystem in der Vergangenheit so wichtige sozio-ökonomische Cleavage aber auch eher in der subjektiven Schichteinstufung der Menschen denn in ihrer beruflichen Stellung wieder. Dieser Möglichkeit wird in Abbildung 4.6 nachgegangen. Hierbei zeigen sich zwar in der Tendenz die erwarteten Zusammenhänge, sie sind aber nicht sonderlich stark. So rechnen sich von den Mitgliedern der SPD insgesamt 73 Prozent höchstens der mittleren Mittelschicht zu, während dieser Anteil unter den Mitgliedern der CDU und der FDP mit 66 bzw. 54 Prozent etwas niedriger liegt. Am auffälligsten aber ist die Situation unter den Mitgliedern der Linken: Hier ordnen sich immerhin 9 Prozent der Unterschicht und weitere 30 Prozent der unteren Mittelschicht zu. Die Linke ist damit die Ausnahme unter den deutschen Parteien: Die Mitgliedschaften aller anderen Parteien – allen voran die Mitglieder der

4. Wie sind die Parteien gesellschaftlich verwurzelt? 53

FDP – tendieren zu einer im Vergleich zur Bevölkerung deutlich höheren subjektiven Selbsteinstufung. Im Ergebnis rechnen sich 26 Prozent der Parteimitglieder der oberen Mittelschicht oder der Oberschicht zu, während dies in der Bevölkerung nur 12 Prozent tun. Auch bezüglich der subjektiven Schichteinstufung gilt folglich, dass sich eher die Prognosen der Ressourcen- als diejenigen der Cleavage-Theorie als zutreffend erweisen. Gravierende Veränderungen haben sich dabei zwischen 1998 und 2009 nicht ergeben.

Abbildung 4.7: Zusammensetzung von Parteimitgliedschaften und Bevölkerung bezüglich der Gewerkschaftsmitgliedschaft (1998 und 2009)

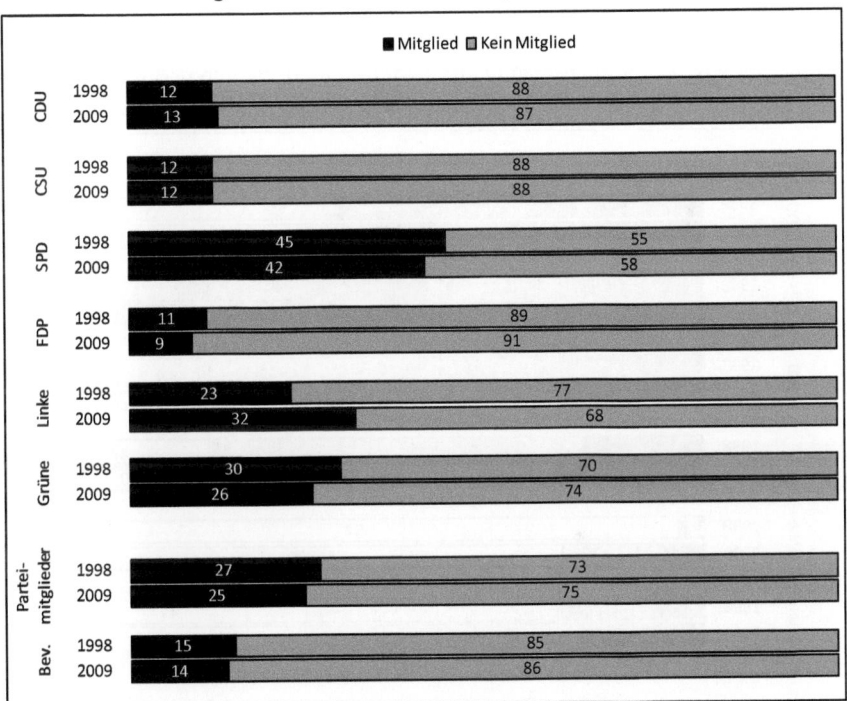

Quelle: Potsdamer Parteimitgliederstudie 1998, Deutsche Parteimitgliederstudie 2009.

Ganz unzweifelhaft mit dem sozio-ökonomischen Cleavage des deutschen Parteiensystems in Verbindung steht aber die Gewerkschaftsmitgliedschaft (vgl. Abbildung 4.7). Der Anteil der Gewerkschaftsmitglieder fällt dabei unter den Mitgliedern der SPD mit 42 Prozent besonders hoch aus, nämlich genau dreimal so hoch wie in der Bevölkerung insgesamt. Ein überdurchschnittlicher Anteil von Gewerkschaftsmitgliedern findet sich außerdem auch unter den Mitgliedern der Linken (32 Prozent) und von Bündnis 90/Die Grünen (26 Prozent). Unter allen deutschen Parteimitgliedern sind Gewerkschaftsmitglieder mit 25 Prozent deutlich stärker als in der Bevölkerung insgesamt vertreten. Ein grundsätzliches Repräsentationsdefizit gewerkschaftlicher Interessen kann folglich an dieser Stelle nicht festgestellt werden. Betrachtet man die Veränderungen zwischen 1998 und 2009, so fallen diese geringer aus, als man eigentlich erwarten könnte: Trotz Agenda 2010 und Rente mit 67 sinkt der Anteil der Gewerkschaftsmitglieder in der SPD nur moderat von 45 auf 42 Prozent. Gleichzeitig ist allerdings eine Erhöhung des Gewerkschafteranteils unter den Mitgliedern der Linken von 23 auf 32 Prozent zu beobachten.

Abbildung 4.8: Zusammensetzung von Parteimitgliedschaften und Bevölkerung bezüglich der Konfessionszugehörigkeit (1998 und 2009)

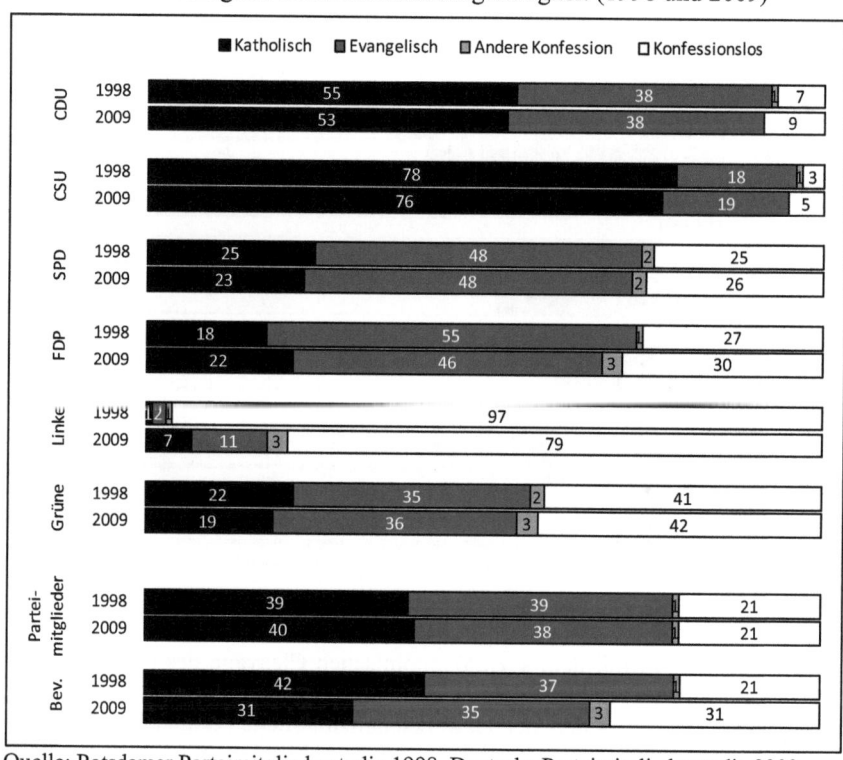

Quelle: Potsdamer Parteimitgliederstudie 1998, Deutsche Parteimitgliederstudie 2009.

4. Wie sind die Parteien gesellschaftlich verwurzelt?

Mit Blick auf das religiöse Cleavage des deutschen Parteiensystems von besonderem Interesse ist die Konfessionszugehörigkeit (vgl. Abbildung 4.8). Hierbei zeigt sich zunächst, dass die konfessionelle Zusammensetzung der deutschen Parteimitglieder die Situation in der Gesamtbevölkerung nicht ganz spiegelbildlich reflektiert. So sind die Angehörigen der beiden christlichen Konfessionsgemeinschaften zusammen im Vergleich zur Gesamtbevölkerung etwas überrepräsentiert (78 vs. 66 Prozent). Deutlichere Unterschiede ergeben sich dabei zwischen den verschiedenen Parteien. Von den Mitgliedern der beiden Unionsparteien gehören jeweils über 90 Prozent einer der beiden großen christlichen Kirchen an, wobei die Katholiken deutlich überrepräsentiert sind: Unter den Mitgliedern der CSU liegt ihr Anteil bei 76 Prozent und unter den Mitgliedern der CDU bei 53 Prozent. Unter den Mitgliedern der SPD und der FDP hingegen bilden jeweils die Protestanten mit 48 bzw. 46 Prozent die Mehrheit. Der höchste Anteil von Konfessionslosen findet sich unter den Mitgliedern der Linken. Immerhin 79 Prozent von ihnen gehören keiner Kirche an. Unter den Mitgliedern von Bündnis 90/Die Grünen beträgt dieser Anteil 42 Prozent, bei der SPD und der FDP sind es 26 bzw. 30 Prozent. Erstaunlich ist auch die große Stabilität in der konfessionellen Zusammensetzung der Parteimitgliedschaften zwischen 1998 und 2009. Größere Veränderungen gibt es nur bei der Linken: Während 1998 noch 97 Prozent der Mitglieder der damaligen PDS konfessionslos waren, gehören 2009 18 Prozent der Mitglieder der Linken einer christlichen Kirche an.

2 Die sozialstrukturelle Zusammensetzung der Neumitglieder

Wie oben bereits erwähnt, wird in der deutschen und internationalen Parteimitgliederforschung die These vertreten, dass die Parteien zunehmend Mitglieder eines „neuen Typs" für sich gewinnen. Demnach treten in den letzten Jahren bevorzugt männliche Akademiker aus der Mittelschicht mit einer Beschäftigung als Angestellter oder Beamter im öffentlichen Dienst in die Parteien ein. Die bis zu dieser Stelle berichteten empirischen Befunde haben bereits einige Indizien für die Gültigkeit dieser These geliefert. Als Mangel der bisherigen Analysen muss aber zweifellos gelten, dass die Parteimitgliedschaften der Jahre 1998 und 2009 einander jeweils als Ganzes gegenübergestellt wurden. Knapp drei Viertel der im Rahmen der Deutschen Parteimitgliederstudie 2009 befragten Personen waren aber bereits zum Zeitpunkt der Durchführung der Potsdamer Parteimitgliederstudie Mitglied in ihrer jeweiligen Partei. Um Veränderungen in den Rekrutierungsmustern der Parteien untersuchen zu können, muss der Fokus der empirischen Analyse folglich auf die jeweiligen Neumitglieder gerichtet werden, was im Folgenden geschehen soll.

Abbildung 4.9: Zusammensetzung der zwischen 1988 und 1998 bzw. 1999 und 2009 eingetretenen Parteimitglieder

	Gesamt		CDU		CSU		SPD		FDP		Linke		Grüne	
	1988-1998	1999-2009	1988-1998	1999-2009	1988-1998	1999-2009	1988-1998	1999-2009	1988-1998	1999-2009	1988-1998	1999-2009	1988-1998	1999-2009
Geschlecht														
männlich	69	70	73	69	75	57	61	61	78	77	61	61	57	75
weiblich	31	30	27	31	25	43	39	39	22	23	39	39	43	25
Bildung														
Hauptschule	24	15	18	14	35	29	6	6	12	7	6	4	29	21
Mittlere Reife	20	25	25	29	24	11	14	14	17	16	14	9	11	22
(Fach-)Abitur	15	23	16	22	10	5	26	26	15	24	26	24	5	24
Studium	41	38	41	36	32	55	54	54	56	53	54	63	55	33
Stellung im Beruf														
Arbeiter	15	12	8	9	14	17	7	7	5	5	7	6	17	25
Angestellte	29	32	30	29	29	30	25	25	29	31	25	31	30	31
öfftl. Dienst	35	27	32	29	24	45	46	46	30	21	46	37	45	22
Selbständige	16	22	24	27	27	6	14	14	27	27	14	15	6	17
Freiberufler	5	7	6	7	6	2	8	8	9	16	8	11	2	5
Schicht														
Unterschicht	4	3	1	2	2	15	2	2	1	1	2	2	15	13
Untere Mittelschicht	17	14	13	9	13	31	13	13	13	9	13	11	31	31
Mittlere Mittelschicht	46	51	48	54	42	26	43	43	42	42	43	51	26	36
Obere Mittelschicht	22	25	31	29	35	4	28	28	32	39	28	26	4	9
Oberschicht	1	2	2	3	1	0	1	1	3	3	1	1	0	0
keine	10	5	5	4	7	24	13	13	10	5	13	10	24	12

Quelle: Potsdamer Parteimitgliederstudie 1998, Deutsche Parteimitgliederstudie 2009.

4. Wie sind die Parteien gesellschaftlich verwurzelt?

In Abbildung 4.9 haben wir all diejenigen Befragten der Deutschen Parteimitgliederstudie 2009, die nach 1998 – also nach der Potsdamer Studie – in ihre jeweilige Partei eingetreten sind, als eigene Gruppe ausgewiesen. Diesen Neumitgliedern des Jahres 2009 haben wir dann die Neumitglieder der Potsdamer Parteimitgliederstudie des Jahres 1998 gegenübergestellt. Um die beiden Gruppen vergleichbar zu machen, haben wir auch im Falle der Potsdamer Parteimitgliederstudie die in den letzen 11 Jahren vor der Studie in die Partei eingetretenen Befragten als Neumitglieder klassifiziert. Abbildung 4.9 macht es so möglich, Aussagen über etwaige Veränderungen in den Rekrutierungsmustern der deutschen Parteien zu treffen. Wir beschränken den Vergleich dabei auf das Geschlecht, die Bildung, die berufliche Stellung und die Schichtzugehörigkeit, da diese Merkmale gewöhnlich zur Charakterisierung des Parteimitglieds „neuen Typs" herangezogen werden. Als genereller Befund ist dabei zunächst festzuhalten, dass die Zusammensetzung der Neumitglieder weder von der Zusammensetzung der jeweiligen Gesamtmitgliedschaft fundamental abweicht, noch sich die Neumitglieder zwischen den beiden Studien wesentlich unterscheiden. Die Rekrutierungsmuster der deutschen Parteien sind vielmehr relativ stabil. Der Trend zum neuen Parteimitglied hat folglich bereits vor 1988 eingesetzt und scheint sich auch nicht weiter zu beschleunigen.

Einige wenige Besonderheiten aus Abbildung 4.9 verdienen allerdings eine gesonderte Betrachtung: So ist zunächst auffällig, dass der Anteil der Frauen unter den Neumitgliedern stabil bei 30 Prozent liegt und damit nur geringfügig höher als unter den Parteimitgliedern insgesamt. Eine grundsätzliche Verbesserung der politischen Repräsentation von Frauen in den deutschen Parteien zeichnet sich also aller Reformbemühungen zum Trotz nicht ab. Einzig bei der CDU und der SPD hat sich der Anteil der Frauen unter den Neumitgliedern geringfügig erhöht. Die Überrepräsentation von Hochgebildeten scheint sich unter den Neumitgliedern geringfügig zu verstärken, wobei diese Verschiebungen klein genug sind, um nur die im Zuge der Bildungsexpansion veränderte Bildungsverteilung in der nachwachsenden Bevölkerung widerzuspiegeln. Hinsichtlich der beruflichen Stellung der erwerbstätigen Neumitglieder ist auffällig, dass der Anteil der als Beamte oder Angestellte im Öffentlichen Dienst beschäftigten Personen zurückgeht. Von den im Rahmen der Deutschen Parteimitgliederstudie 2009 erfassten erwerbstätigen Neumitgliedern waren 27 Prozent im öffentlichen Dienst beschäftigt, während dieser Anteil unter allen erwerbstätigen Parteimitgliedern bei 35 Prozent lag. Im Vergleich zu den Neumitgliedern der Potsdamer Studie ist der Anteil der im öffentlichen Dienst beschäftigten Personen zudem um acht Prozentpunkte gesunken. Diese Veränderungen erklären sich aber wohl vor allem dadurch, dass die Bedeutung des öffentlichen Dienstes in der deutschen Volkswirtschaft insgesamt – nicht zuletzt durch die Privatisierung von

Bundespost und Bundesbahn – in den letzen Jahren und Jahrzehnten deutlich rückläufig war. Hinsichtlich der subjektiven Schichteinstufung zeigt sich eine leichte Verstärkung der Unterrepräsentation einfacher sozialer Schichten. Gleichzeitig ist aus Abbildung 4.9 aber erkennbar, dass die Linkspartei in nennenswertem Umfang auch Angehörige der Unterschicht und der unteren Mittelschicht als Neumitglieder an sich binden kann.

3 Fazit

Wie lassen sich die im Rahmen dieses Kapitels erzielten empirischen Befunde aber nun zusammenfassend würdigen? Generell können wir festhalten, dass sich die Mitgliedschaften der im Deutschen Bundestag vertretenen Parteien untereinander stark ähneln und sich in einigen Punkten deutlich von der Bevölkerung unterscheiden. Die beobachteten Unterschiede zwischen Parteimitgliedern und Bevölkerung können wir dabei dahingehend zusammenfassen, dass die Parteimitglieder über umfangreichere partizipationsrelevante Ressourcen verfügen. Die Ressourcentheorie der politischen Partizipation kann folglich in entscheidender Weise zur Erklärung der sozialen Zusammensetzung der Parteimitglieder beitragen. Gleichzeitig treten aber auch weiterhin erkennbare Unterschiede zwischen den Mitgliedschaften der verschiedenen Parteien auf, die unter Bezugnahme auf die Cleavage-Theorie erklärt werden können: Am deutlichsten schlagen sich die traditionellen Cleavages des bundesdeutschen Parteiensystems dabei noch in der konfessionellen Zusammensetzung und der Gewerkschaftszugehörigkeit der Parteimitglieder nieder. Hinsichtlich ihrer beruflichen Zusammensetzung haben sich die Unterschiede zwischen den Parteimitgliedschaften allerdings bereits weitestgehend nivelliert.

In welcher Hinsicht weichen die deutschen Parteimitglieder nun aber von der Bevölkerung ab? Wo existieren also mit anderen Worten mögliche Repräsentationsdefizite? Parteimitglieder – so können wir zusammenfassend festhalten – sind eher männlich, eher mittleren und gehobenen Alters, eher hochgebildet, eher Angehörige des öffentlichen Dienstes und eher der mittleren und oberen Mittelschicht zugehörig. Dieses empirische Profil entspricht dabei weitgehend dem in der Literatur diskutierten Typus des „neuen Parteimitglieds". Wie unsere Analyse der Neumitglieder gezeigt hat, ist der Prozess der Verdrängung des „alten" durch den „neuen" Mitgliedertyp aber mittlerweile weitgehend zum Stillstand gelangt. Eine weitere Zuspitzung der beschriebenen Verzerrungen ist für die Zukunft nicht zu erwarten. Bezüglich der Zugehörigkeit zum öffentlichen Dienst ist sogar zu beobachten, dass die nach 1999 in die deutschen Parteien eingetretenen Mitglieder wieder seltener in diesem Wirtschaftssektor arbeiten, was aber

4. Wie sind die Parteien gesellschaftlich verwurzelt?

wohl in erster Linie den Wandel der deutschen Wirtschaftsstruktur reflektiert. Unterrepräsentiert in den deutschen Parteien sind Frauen, junge Menschen, Niedriggebildete, Arbeiter und Angestellte aus der Privatwirtschaft sowie Menschen aus der Unterschicht und der unteren Mittelschicht. Die Interessen dieser Bevölkerungsgruppen könnten folglich im Rahmen des maßgeblich durch die politischen Parteien getragenen Systems der politischen Interessenvermittlung in der Bundesrepublik Deutschland strukturell benachteiligt sein.

Literatur

Biehl, Heiko (2004): Parteimitglieder neuen Typs? Sozialprofil und Bindungsmotive im Wandel. In: Zeitschrift für Parlamentsfragen, Bd. 35, H. 4, S. 681-699

Dalton, Russel J. (1984): Cognitive Mobilization and Partisan Dealignment in Advanced Industrial Democracies. In: Journal of Politics, Bd. 46, H. 1, S. 264-284

Gast, Gabriele (1973): Die politische Rolle der Frau in der DDR. Düsseldorf

Klein, Markus/Falter, Jürgen W. (2003): Der lange Weg der Grünen. München

Lipset, Seymour M./Rokkan, Stein (1967): Cleavage Structures, Party Systems and Voter Alignments. In: Lipset, Seymour M./Rokkan, Stein (Hrsg.): Party Systems and Voters Alignments. Cross-National Perspectives. New York, S. 1-64

Nie, Norman/Verba, Sidney (1972): Participation in America. Political Democracy and Social Equality. New York

Oberreuter, Heinrich (1990): Politische Parteien. Stellung und Funktion im Verfassungssystem der Bundesrepublik. In: Mintzel, Alf/Oberreuter, Heinrich (Hrsg.): Parteien in der Bundesrepublik Deutschland. Bonn, S. 15-40

5. Was motiviert Parteimitglieder zum Beitritt?

Annika Laux

„Partei ergreifen, Mitglied werden", fassen es Bündnis 90/Die Grünen zusammen. „Farbe bekennen. Mitglied werden", so einfach formuliert wiederum die CDU einen Vorgang, der komplex genug ist, die Parteienforschung ebenso wie die Politik seit Langem zu beschäftigen. Die Rede ist vom Parteibeitritt, genauer gesagt von dem, was hinter diesem steht.

Soviel ist zunächst klar: Parteimitgliedschaft war noch nie ein Massenphänomen. Gemessen an den Wahlberechtigten, die auf die sechs im Bundestag vertretenen Parteien entfallen, entscheiden sich relativ wenige Bürger dafür, einer dieser Parteien auch beizutreten (Wiesendahl 2006: 44f). Auch in den Mitgliederboom-Jahren der 1970er und frühen 1980er, konnte von einer Massenbewegung in die Parteien keine Rede sein. Rückblickend betrachtet waren die Parteien mit knapp unter zwei Millionen Mitgliedern damals sicherlich gut aufgestellt und die Neumitglieder-Schwemme bescherte insbesondere den beiden großen Parteien CDU und SPD binnen weniger Jahre einen enormen Substanzgewinn als Mitgliederparteien. Dennoch war und ist Parteimitgliedschaft im Gegensatz zur Wahlbeteiligung keine gesellschaftlich wirklich weit verbreitete politische Beteiligungsform. Daher stellt sich grundsätzlich weniger die Frage, warum so viele Bürger nicht Partei ergreifen oder Farbe bekennen wollen, um das Wortspiel der Parteien aufzugreifen, sondern vielmehr, wieso einige es tun.

Eine Möglichkeit, eine Antwort darauf zu finden, besteht darin, sich die Angebotsseite genauer anzusehen, also danach zu fragen, was die Parteien den Bürgern bieten können. Geht man von der Selbstdarstellung der Parteien aus, so findet man auf ihren Webseiten eine vielfältige Sammlung: Wirbt die SPD damit, die Welt gerechter zu machen, steht für die CDU die Möglichkeit im Vordergrund, politischen Einfluss auszuüben und Informationen aus erster Hand zu bekommen. Die CSU verspricht eine Stärkung der bayerischen Interessen, die FDP einen Beitrag zum Politik- und Mentalitätswechsel in Deutschland. Bündnis 90/Die Grünen verstehen einen Beitritt als aktives Statement gegen die aktuelle Regierungspolitik und die Linke als Möglichkeit, eine menschliche und soziale Gesellschaft mitzugestalten. Natürlich erklärt sich diese Vielfalt zum Teil aus den unterschiedlichen Parteitraditionen und je spezifischen Rollen, die die Parteien aktuell einnehmen, ob sie also beispielsweise in der Opposition oder der Regierung sind. Doch spiegeln sich darin durchaus eine Menge der Überlegungen wider, die auch in der Wissenschaft angestellt werden. Die Angebotsseite allein kann jedoch das eingangs geschilderte Problem nicht lösen: In ihrer Funktion als zentrale Akteure im politischen Entscheidungsprozess haben Parteien zweifelsohne vieles für politisch Aktive zu bieten, aber warum motiviert das einige von ihnen zum Beitritt, viele andere aber nicht?

Damit ist die Nachfrageseite angesprochen, der Blick auf die individuellen Faktoren, die einem Parteibeitritt vorausgehen. Zentral für das vorliegende Kapitel soll daher die Frage sein, welche Motive hinter einem Parteibeitritt stehen. Sind es die politischen Inhalte und Ziele, für die eine Partei steht, die Sympathie mit Führungskräften der Partei oder am Ende berufliche und private Vorteile?

1 Motive für den Parteibeitritt

In der postalischen Befragung der Parteimitgliederstudie haben wir die Mitglieder gefragt, warum sie ihrer jeweiligen Partei beigetreten sind. Dabei wurden insgesamt achtzehn Motive vorgegeben, die jeweils von dem Befragten mit „sehr wichtig", „wichtig", „teils-teils", „weniger wichtig" oder „überhaupt nicht wichtig" bewertet werden sollten. Diese Einzelmotive lassen sich wiederum einem Modell zuordnen, das Kosten und Nutzen der Parteimitgliedschaft berücksichtigt und zueinander in Beziehung setzt. Die Rede ist vom sogenannten General-Incentives-Model bzw. zu Deutsch Anreizmodell (Seyd/Whiteley 1992; Klein 2006). Dieses Modell geht davon aus, dass die Entscheidung zu einem Parteibeitritt von bestimmten positiven Anreizen abhängt, die vom Beitrittswilligen mit einer Mitgliedschaft verbunden werden. Der Begriff des positiven Anreizes wird anstelle von „Nutzen" verwendet, um zu verdeutlichen, dass es nicht alleine um Nutzen im ökonomischen Sinne geht, also um materiellen Nutzen, sondern allgemeiner um Motivkomplexe, die hinter einem Beitritt stehen.

Für die Parteimitgliederstudie ergeben sich ausgehend von den achtzehn Einzelmotiven sieben Motivkomplexe bzw. Anreize, die hinsichtlich ihrer Bedeutung für den Parteibeitritt analysiert werden können (Abb. 5.1): Man spricht von *selektiven, ergebnisbezogenen Anreizen*, wenn dem Mitglied durch die Parteiarbeit persönliche Vorteile entstehen. Als Einzelmotive liegen diesen Anreizen berufliche Vorteile sowie das Streben nach Parteiämtern und Mandaten zugrunde, als mögliche anvisierte Folgen einer Parteimitgliedschaft.

5. Was motiviert Parteimitglieder zum Beitritt?

Abbildung 5.1: Einzelmotive und Beitrittsanreize

Selektive, ergebnisbezogene Anreize
(Persönliche Vorteile entstehen als Ergebnis der Mitgliedschaft)
- Um berufliche Vorteile zu erlangen
- Aus Interesse an einem öffentlichen Mandat
- Aus Interesse an einem Parteiamt

Selektive, prozessbezogene Anreize
(Persönlicher Vorteil entsteht aus der Mitarbeit in der Partei)
- Aus Spaß an der politischen Arbeit
- Um mich besser über Politik zu informieren
- Um mit netten Leuten zusammenzukommen

Kollektive politische Anreize
(Durchsetzung politischer Inhalte und Maßnahmen)
- Um mich für die Ziele der Partei einzusetzen
- Um den Einfluss der Partei zu stärken
- Parteispezifisches Ideologieitem: Um mich für (christliche Werte in der Politik/ eine sozial gerechte Gesellschaft/ eine liberale Wirtschaftspolitik / sozialistische Ideale in der Politik/ eine ökologische orientierte Politik) einzusetzen

Normative Anreize
(Erfüllung bestimmter Erwartungen des Umfelds)
- Wegen des Einflusses von Familie und Freunden

Altruistische Anreize
(Beitrag zum Funktionieren der Demokratie leisten)
- Um meiner Verantwortung als Bürger(in) nachzukommen

Ideologische Anreize
(Unterstützung bestimmter ideologischer Prinzipien)
- Um einen bestimmten Flügel in der Partei zu stärken
- Um den politischen Kurs der Partei zu beeinflussen

Expressive Anreize
(Bekundung von Unterstützung für Partei und ihre Politiker)
- Wegen beeindruckender Persönlichkeit an der Parteispitze
- Um meine Sympathie für die Partei zu zeigen

Quelle: Eigene Darstellung.

Bei *selektiven, prozessbezogenen Anreizen* wiederum zieht das Mitglied aus der Mitarbeit in der Partei als solcher eine Befriedigung, begreift die Mitgliedschaft also gleichsam als Teil der persönlichen Selbstentfaltung. Zu diesem Komplex gehören Spaß an der politischen Arbeit, bessere Informiertheit über Politik und die Möglichkeit, mit netten Leuten zusammenzukommen. Diesen selektiven, also persönlichen, Vorteilen einzelner Mitglieder stehen die *kollektiven, politischen Anreize* gegenüber. Solche sind im Spiel, wenn es dem Bürger darum geht, sich mit seiner Mitgliedschaft für bestimmte politische Inhalte und Ziele einzusetzen bzw. allgemein den Einfluss der Partei zu stärken. *Normative Anreize* nennt man den Motivkomplex, der sich auf das soziale Umfeld des Mitglieds bezieht. In erster Linie geht es hierbei um den Einfluss, den Familie und Freunde auf die Entscheidung zum Parteibeitritt ausüben. *Ideologische Anreize* sind gegeben, wenn mit dem Parteibeitritt Einfluss auf Kurs- und Richtungsbestimmungen der Partei genommen werden soll, wozu auch die Stärkung eines bestimmten Parteiflügels zählt. Erfolgt der Parteibeitritt dagegen aus einer Bürgerverantwortung heraus, handelt es sich um *altruistische Anreize*. Zu guter Letzt spricht man von *expressiven Anreizen*, wenn der Beitritt als Ausdruck von Sympathie mit der Partei bzw. ihren Politikern verstanden wird.

Ausgewertet nach diesen Anreizen sind sowohl 1998 als auch 2009 die kollektiven, politischen Anreize innerhalb der Gesamtmitgliedschaft das wichtigste Beitrittsmotiv. Wie Abbildung 5.2 zeigt, werden diese Anreize auf einer Skala von 0 bis 10, wobei 0 den Pol „überhaupt nicht wichtig", 10 den Pol „sehr wichtig" besetzt, durchschnittlich mit 7,1 bewertet (Angaben sind Mittelwerte). Zuallererst beanspruchen die Mitglieder demnach, sich mit ihrem Parteibeitritt für die Ziele und spezifischen politischen Programme der jeweiligen Partei einzusetzen sowie den Einfluss der Partei stärken zu wollen. Unabhängig davon, dass dies wenig überraschend sein dürfte – handelt es sich bei der Umsetzung von Parteiprogrammen doch um eine der Hauptaufgaben von Parteien – sollte bei diesen hohen Werten natürlich grundsätzlich die soziale Erwünschtheit als Einflussfaktor berücksichtigt werden. So sehen sich sicherlich viele Parteimitglieder unter dem Erwartungsdruck, ihr parteipolitisches Interesse nachweisen zu müssen, und bewerten entsprechend inhaltliche Motive besonders gut.

Durchschnittlich am wichtigsten werden die kollektiven, politischen Anreize als Beitrittsmotiv von den Mitgliedern von Bündnis 90/Die Grünen mit einem Wert von 8,0 beurteilt, knapp vor den Mitgliedern der Linken mit einem Wert von 7,9. Es folgen die Mitglieder der SPD mit 7,5 und mit etwas größerem Abstand die Mitglieder der FDP mit 7,1. Bei der CSU (6,7) und der CDU (6,6) spielen die kollektiven, politischen Anreize im Parteienvergleich die geringste Rolle für die Entscheidung zum Parteibeitritt.

5. Was motiviert Parteimitglieder zum Beitritt?

Abbildung 5.2: Motive für den Parteibeitritt (2009 und 1998)

		CDU	CSU	SPD	FDP	Linke	Grüne	Gesamt
Kollektive, politische Anreize	1998	6,6	6,5	7,4	6,9	8,1	7,9	7,1
	2009	6,6	6,6	7,5	7,1	7,9	8,0	7,1
Altruistische Anreize	1998	6,8	6,4	6,4	6,4	6,5	5,8	6,6
	2009	6,7	6,6	6,4	6,7	6,4	6,2	6,6
Expressive Anreize	1998	5,8	6,4	6,5	5,7	5,2	4,6	6,1
	2009	6,1	6,3	6,6	6,1	5,3	5,1	6,2
Selektive, prozessbezogene Anreize	1998	4,6	4,9	4,9	4,9	5,0	4,8	4,8
	2009	5,0	5,0	5,0	5,0	4,8	4,7	5,0
Ideologische Anreize	1998	4,5	4,3	4,6	4,5	3,9	4,0	4,4
	2009	4,4	4,2	4,5	4,2	4,2	3,9	4,4
Normative Anreize	1998	3,4	3,3	3,4	2,7	3,5	1,9	3,3
	2009	3,5	3,6	3,7	2,8	3,0	2,1	3,5
Selektive, ergebnisbezogene Anreize	1998	1,8	1,8	1,7	1,8	0,7	1,4	1,7
	2009	2,3	2,2	1,9	2,2	1,2	1,7	2,0

Quelle: Potsdamer Parteimitgliederstudie 1998, Deutsche Parteimitgliederstudie 2009.

Verglichen mit 1998 ist die Bedeutung der kollektiven, politischen Anreize innerhalb der Gesamtmitgliedschaft gleich geblieben, jedoch gibt es bei den einzelnen Parteien leichte Verschiebungen. Wichtiger als 1998 werden die kollektiven, politischen Anreize bei der SPD, der CSU, FDP und bei Bündnis 90/Die Grünen eingestuft, leicht an Bedeutung eingebüßt haben sie dagegen bei der Linken. Da es sich bei der Frage nach den Beitrittsmotiven um eine Rückerinnerungsfrage handelt, ist diese zeitliche Veränderung nicht ganz einfach zu interpretieren. Sie könnte darauf zurückgeführt werden, dass die „neueren" Mitglieder, also diejenigen, die seit 1998 eingetreten sind, die kollektiven, politischen Anreize wichtiger bewerten, als die „älteren" Mitgliedsjahrgänge. Eine genauere Analyse kann diese Vermutung aber nicht belegen. So werden die kollektiven, politischen Anreize 2009 gerade von den Mitgliedern wichtiger als 1998 eingestuft, die vor 1989 ihrer Partei beigetreten sind. Der Bedeutungsgewinn der politischen Inhalte geht demnach nicht auf neue Mitglieder zurück, sondern im Gegenteil eher auf eine Verschiebung bei den alteingesessenen. Es kann vermutet werden, dass die aktuelle Situation, in der sich die Befragten befinden, hier durchaus das Antwortverhalten beeinflusst. Weil politische Inhalte zum Befragungszeitpunkt 2009 für viele Parteimitglieder an Bedeutung gewinnen (vgl.

dazu auch Kapitel 10), neigen sie womöglich dazu, diese auch rückwirkend als Beitrittsmotiv gewichtiger zu behandeln.

An zweiter Stelle der Beitrittsmotive stehen innerhalb der Gesamtmitgliedschaft die altruistischen Anreize. Sie werden durchschnittlich mit 6,6 eingestuft. Parteimitgliedschaft gilt folglich noch immer als wichtige Möglichkeit, seiner Verantwortung als Bürger nachzukommen. Auch hier ist der Wert für die Gesamtmitgliedschaft seit 1998 gleich geblieben. Im Vergleich zu den kollektiven, politischen Anreizen, die von den Parteien des linken Spektrums wichtiger als von denen des bürgerlichen Lagers eingestuft werden, zeigt sich bei den altruistischen Anreizen das umgekehrte Bild. Für die Mitglieder der Unionsparteien und der FDP ist die Bürgerverantwortung mit einem Wert von 6,7 (CDU und FDP) bzw. 6,6 (CSU) auch 2009 ein stärkeres Beitrittsmotiv als für die Parteien des linken Spektrums. Mit einer Bewertung von 6,2 bilden Bündnis 90/Die Grünen hier das Schlusslicht. Allerdings scheinen die altruistischen Anreize im Vergleich zu 1998 in beiden Lagern an Bedeutung zu gewinnen. Vor allem bei Bündnis 90/Die Grünen und der FDP lässt sich ein Bedeutungszuwachs der Bürgerverantwortung als Beitrittsmotiv feststellen. Allein bei der CDU und der Linken ist ein leichter Rückgang zu verzeichnen.

Mit einer durchschnittlichen Bewertung von 6,2 (1998: 6,1) in der Gesamtmitgliedschaft stellen die expressiven Anreize ein weiteres wichtiges Beitrittsmotiv dar. Dies ist wiederum wenig überraschend. Zum einen ist eine Parteimitgliedschaft in wesentlich höherem Maße als die Wahl einer Partei geeignet, öffentlich Farbe zu bekennen. Während eine Wahlentscheidung geheim stattfindet und dies auch bleibt, solange der Wähler sie nicht von sich aus publik macht, ist zumindest eine aktive Parteimitgliedschaft öffentlich sichtbar. Es ist folglich unwahrscheinlich, dass jemand einer Partei beitritt, mit der er nicht ohnehin offen sympathisiert. Zum anderen sind die Spitzenpolitiker die öffentlich sichtbarsten Aushängeschilder einer Partei und demzufolge häufig natürliche Bezugsobjekte für Sympathien ebenso wie Antipathien. Gerade angesichts der enormen Medialisierung der Politik erscheint es entsprechend logisch, wenn beeindruckende Persönlichkeiten an der Parteispitze den Entschluss zu einem Parteibeitritt stärken. Bei Betrachtung der Einzelparteien zeigen sich jedoch durchaus Unterschiede. Die größte Rolle spielen expressive Anreize für die Mitglieder der SPD. Als Beitrittsmotiv werden sie hier mit einer 6,6 bewertet. Die CSU kommt mit einem Wert von 6,3 an zweiter Stelle, CDU und FDP liegen bei einem Wert von je 6,1. Nur einen Wert von 5,1 dagegen erreicht die Sympathie als Beitrittsmotiv bei Bündnis 90/Die Grünen, 5,3 bei der Linken. Heißt das nun, die These, man trete keiner Partei bei, zu der man nicht auch öffentlich seine Sympathie bekennen will, gilt für Bündnis 90/Die Grünen und die Linke in geringerem Ausmaß? Ein Blick auf die einzelnen Fragen, die den expressiven Anreizen zugrunde liegen, zeigt hier sehr klar, dass die geringeren Werte bei beiden Parteien vornehmlich darauf zurückzuführen sind, dass Persönlichkeiten an der Parteispitze nicht als gewichtiges Beitrittsmotiv angesehen werden. Nur 20 Prozent der grünen Mitglieder und 28 Prozent der Mitglieder der Linken geben 2009 an, dies sei ein wichtiger Beitrittsgrund für sie gewesen (nicht einzeln ausgewiesen). Auf der anderen Seite ist es aber für 63 Prozent der grünen und 65 Prozent der linken Mitglieder sehr wohl wichtig gewesen, durch den Parteibeitritt ihre Sympathie mit der Partei auszudrücken. Bei allen Parteien ist Sympathie mit der Partei zu zeigen 2009 generell das Motiv, das innerhalb der expressiven Anreize die größere Rolle spielt, jedoch fallen nur bei den Mitgliedern von Bündnis 90/Die Grünen und der Linken die Bewertungen der beiden Aspekte des Motivkomplexes so drastisch auseinander. Im Vergleich zu 1998 hat hier jedoch bereits ein Angleichungsprozess an die übrigen Parteien stattgefunden. Beeindruckende Persönlichkeiten nehmen in beiden Parteien heute einen wichtigeren Platz ein als noch vor zehn Jahren. Im Falle der Grünen kann dies als Hinweis darauf gedeutet werden, dass allmählich eine Aussöhnung gerade der neueren Mitglieder mit der politischen Elitenbildung vonstatten geht, deren Ablehnung ursprünglich zu den Kernideen der grünen Parteigründung zählte. Bei der Linkspartei resultiert die Angleichung offenbar zum Teil aus einer größeren Elitenfreundlichkeit der nach der Fusion von PDS und WASG zur Linken beigetretenen Mitglieder. Im Gegensatz zu den Mitgliedern der beiden Ursprungsparteien stufen diese nämlich beeindruckende Persönlichkeiten mehrheitlich als wichtigen Beitrittsgrund ein. Die Strategie der Linken, mit Oskar Lafontaine und Lothar Bisky zunächst zwei altgediente Politiker an die Spitze der frisch fusionierten Partei zu setzen, könnte sich demnach durchaus ausgezahlt haben. Inwieweit die beiden neuen Vorsitzenden eine solche Wirkung entfalten können, bleibt abzuwarten. Auch bei der CSU gibt es 2009 einen Angleichungsprozess an die übrigen Parteien, hier jedoch unter umgekehrten Vorzeichen. War die CSU 1998 die einzige Partei, bei der die Bedeutung beeindruckender Persönlichkeiten gewichtiger als die Sympathie mit der Partei eingeschätzt wurde, so hat sich dieses Beitrittsmotiv 2009 abgeschwächt und ist in seiner Bedeutung hinter die Sympathie mit der Partei zurückgefallen. Im Gegensatz zu Bündnis 90/Die Grünen orientieren sich hier insbesondere die neueren Mitglieder weniger an den Persönlichkeiten der Partei, als die alteingesessenen.

Selektive prozessbezogene Anreize nehmen als Motivkomplex für den Parteibeitritt eine mittlere Stellung ein. In der Gesamtmitgliedschaft werden sie mit 5,0 bewertet. Demnach sind Spaß an der politischen Arbeit, die Möglichkeit, sich besser über Politik zu informieren sowie mit netten Leuten zusammenzukommen durchaus Motive, einer Partei beizutreten. Zudem zeigt sich im Trend für die Gesamtmitgliedschaft, dass die selektiven, prozessbezogenen Anreize bei den zwischen 1999 und 2009 beigetretenen Mitgliedern deutlich wichtiger eingestuft werden, als bei den übrigen Gruppen. Hier erreichen Sie einen durchschnittlichen Wert von 5,3 (nicht einzeln ausgewiesen). Gerade für die neueren Mitglieder in allen Parteien wächst demnach offenbar die Bedeutung dieser spezifischen Anreize und das können wir bereits in den Daten 1998 feststellen. Auch 1998 haben diejenigen mit der kürzesten Mitgliedschaftsdauer (also diejenigen, die zwischen 1988 und 1998 beigetreten waren) den selektiven, prozessbezogenen Anreizen mehr Bedeutung für die Beitrittsentscheidung beigemessen als die langjährigen Mitglieder. Der Vergleich der Einzelmitgliedschaften fördert indes nur wenige Unterschiede zutage. Mit Ausnahme von Bündnis 90/Die Grünen und der Linken, bei denen die Werte leicht unter dem Durchschnitt der Gesamtmitgliedschaft liegen, stufen die Mitglieder aller Parteien die selektiven, prozessbezogenen Anreize ebenfalls mit 5,0 ein. Begreifen die Mitglieder von Bündnis 90/Die Grünen und der Linken ihren Parteibeitritt also weniger als Teil der persönlichen Selbstentfaltung? Aufgeschlüsselt nach den einzelnen Aspekten des Motivbündels liegt die Abweichung nach unten bei der grünen Mitgliedschaft darin begründet, dass der Parteibeitritt vor allem deutlich weniger aus dem Wunsch heraus erfolgt, sich besser über Politik zu informieren. Sowohl der Spaß an der politischen Arbeit, als auch die Möglichkeit, mit netten Leuten zusammenzukommen werden mehrheitlich als wichtig eingestuft, nicht so aber die mit der Mitgliedschaft verbundene exklusive Information. Ganz im Gegensatz dazu sind politische Informationen für die Mehrheit der Mitglieder der Linken ein wichtiges Beitrittsmotiv, weniger aber der Spaß an der politischen Arbeit und die Möglichkeit, mit netten Leuten zusammenzukommen. In beinahe allen Parteien haben die selektiven, prozessbezogenen Anreize insgesamt im Vergleich zu 1998 an Bedeutung gewonnen, besonders stark bei der CDU. Innerhalb der CDU scheint dies vor allem auf die Mitglieder zurückzuführen sein, die zwischen 1999 und 2009 beigetreten sind. Mit Blick auf die Einzelaspekte sind hier vor allem der Spaß und die Geselligkeit wichtiger geworden. Bei der Linken und bei Bündnis 90/Die Grünen hingegen lässt sich ein leichter Bedeutungsverlust der selektiven, prozessbezogenen Anreize im Vergleich zu 1998 feststellen, der bei beiden Parteien offensichtlich darauf zurückzuführen ist, dass die bessere Information über Politik von geringeren Anteilen der Mitgliedschaft als wichtig benannt wird, ohne dass Spaß an der politischen Arbeit und Geselligkeit wichtiger geworden wären.

Die Absicht, durch den Beitritt einen bestimmten innerparteilichen Kurs oder einen Flügel der Partei zu stärken, fällt mit einem Wert von 4,4 für die Gesamtmitgliedschaft bereits in den weniger wichtigen Bereich der Motive. Getrennt nach den Einzelparteien betrachtet spielen die ideologischen Anreize bei der SPD, dicht gefolgt von der CDU, die größte Rolle als Beitrittsmotiv, bei

Bündnis 90/Die Grünen die geringste. Angesichts der berüchtigten Flügelkämpfe der Grünen in den 1980er Jahren mag das zunächst überraschen, jedoch haben gerade Bündnis 90/Die Grünen dank etlicher Zerreißproben in diesem Punkt auch eine Entwicklung durchgemacht, die es vielen langjährigen Mitgliedern vermutlich nicht mehr opportun erscheinen lassen dürfte, ideologische Anreize geltend zu machen. Neuere Mitglieder wiederum sind nach den großen innerparteilichen Konflikten beigetreten und dürften daher weniger von solchen Motiven betroffen sein. Zudem konnte die Partei infolge der Austritte verschiedener unterlegener Flügel schon Ende der 1980er bzw. Anfang der 1990er Jahre einige ideologische Gräben endgültig hinter sich lassen. Bei der Linken ist im Vergleich zu 1998 dagegen ein Bedeutungszuwachs der ideologischen Anreize zu konstatieren. Dieser kann auf die gestiegene Polarisierung innerhalb der Partei infolge der Fusion zurückgeführt werden. Eine genauere Auswertung zeigt dabei, dass insbesondere die ehemaligen Mitglieder der WASG sowie die nach der Fusion beigetretenen Mitglieder die ideologischen Anreize als eher wichtiges Beitrittsmotiv befinden, während die ehemaligen PDS-Mitglieder sie tendenziell im weniger wichtigen Bereich einordnen. Die relativ starke Ausprägung der ideologischen Anreize bei CDU und SPD dürfte hingegen vor allem darauf zurückzuführen sein, dass beide als Volksparteien nach wie vor ein breites ideologisches Spektrum abdecken und entsprechend viele unterschiedliche Strömungen repräsentieren. Bei allen Parteien mit Ausnahme der Linken zeigt sich im Vergleich zu 1998 eine sinkende Bedeutung der ideologischen Anreize, jedoch am deutlichsten bei der FDP. Eine mögliche Erklärung hierfür ist der Umstand, dass die innerparteiliche Polarisierung in der FDP nach dem Generationswechsel seit Ende der 1990er Jahre nachgelassen hat.

Auf niedrigem Niveau von 3,3 (1998) auf 3,5 (2009) zugelegt haben in der Gesamtmitgliedschaft die normativen Anreize als Beitrittsmotiv. Entgegen der weit verbreiteten Annahme, der Einfluss des sozialen Umfelds auf politische Entscheidungen des Einzelnen nehme infolge der gesellschaftlichen Individualisierungstendenzen seit Jahren ab (Junge 2002), zeigt sich hier also zunächst ein anderes Bild. Zwar sind die normativen Anreize im Vergleich zu den bislang ausgeführten Motiven immer noch von relativ geringer Bedeutung für einen Parteibeitritt, zumindest lässt sich aber eine leicht steigende Tendenz feststellen. Traditionelle Bindungen, das Verhalten und die Meinung des persönlichen Umfeldes, gewännen demnach gegenüber der individuellen Entscheidung leicht an Prägekraft. Jedoch ist wie schon bei den kollektiven, politischen Anreizen zu beachten, dass diese Verschiebung nicht für die zum jeweiligen Befragungszeitpunkt neuesten Mitglieder gilt. Sowohl 1998 als auch 2009 werden normative Anreize von den alteingesessenen Mitgliedern wichtiger eingestuft, als innerhalb der jeweils neuesten Beitrittsgruppe. Dies könnte entgegen des ersten Eindrucks folglich durchaus ein Hinweis darauf sein, dass sich langfristig stärkere Individualisierungstendenzen bei den Beitrittsmotiven abzeichnen könnten. Mit Blick auf die einzelnen Parteien bestätigt sich wiederum eine allgemeine Bedeutungszunahme der normativen Anreize. Lediglich innerhalb der Mitgliedschaft der Linken wird der Einfluss von Familie und Freunden für weniger wichtig als 1998 empfunden, bei allen anderen Parteien steigen die Werte. Am stärksten von den normativen Anreizen wird der Beitritt zur CSU und SPD beeinflusst, dicht gefolgt von der CDU. Mit nunmehr deutlichem Abstand steht die Linke an vierter Stelle, dahinter folgt die FDP. Das Schlusslicht bilden Bündnis 90/Die Grünen. Der Bedeutungsverlust der normativen Anreize innerhalb der Linken kann wiederum auf die Angaben der ehemaligen WASG-Mitglieder sowie die nach der Fusion beigetretenen Mitglieder zurückgeführt werden, für die der Einfluss von Familie und Freunden offensichtlich kaum eine Rolle gespielt hat. Im Falle von Bündnis 90/Die Grünen mag noch interessant sein anzumerken, dass hier die normativen Anreize von den Mitgliedern die 2000 bis 2009 beigetreten sind wichtiger eingeschätzt werden als z. B. von den Gründungsmitgliedern. Während letztere häufig entgegen den Wünschen des eigenen Elternhauses die Grünen unterstützten, finden sich mittlerweile offenbar durchaus grün geprägte Familien. Doch auch in der CSU sind es ausgerechnet diejenigen mit der kürzesten Mitgliedschaftsdauer, die am stärksten normative Anreize geltend machen. Ein allgemeiner geradliniger und parteiübergreifender Individualisierungstrend lässt sich demnach aus den Ergebnissen nicht so einfach ablesen.

Den letzten Platz unter den Beitrittsmotiven belegen schließlich die selektiven, ergebnisbezogenen Anreize. In der Gesamtmitgliedschaft kommen sie nur auf einen Wert von 2,0, das bedeutet, sie werden von den Befragten überwiegend als weniger bis überhaupt nicht wichtig für die Entscheidung zum Parteibeitritt eingestuft. Mit Blick auf die einzelnen Fragen, die diesem Motivkomplex zugrunde liegen, lässt sich darüberhinaus bei allen Parteien konstatieren, dass die politische Karriere, also das Streben nach Parteiämtern und Mandaten, dabei eine deutlich prominentere Rolle spielt als die allgemeinen beruflichen Vorteile. Hierbei mag jedoch auch die soziale Erwünschtheit einen gewissen Einfluss auf das Antwortverhalten haben. Im Vergleich der Einzelparteien können die Parteien wie schon bei den kollektiven, politischen Anreizen nach politischen Lagern unterschieden werden: Während die selektiven, ergebnisbezogenen Anreize im bürgerlichen Lager durchweg Werte von über 2 erreichen, liegen sie bei den Parteien des linken Spektrums unter 2. Mit einem Wert von 2,3 bewertet die Mitgliedschaft der CDU diese Anreize am wichtigsten, die Linke mit 1,2 am wenigsten wichtig. In allen Parteien haben die selektiven, ergebnisbezogenen Anreize im Zeitvergleich zugelegt. Wiederum stellt sich die Frage, ob diese Veränderung womöglich auf die seit 1998 beigetretenen Mitglieder zurückzuführen ist, ob also ein neuer Mitgliedertypus für den Bedeutungszuwachs der selektiven, ergebnisbezogenen Anreize verantwortlich sein kann. Schlüsseln wir die Entwicklung nach der Dauer der Mitgliedschaft auf, so ergibt sich in der Tat, dass diese Anreize 1998 und 2009 in der jeweils neuesten Beitrittsgruppe eine größere Rolle spielen, als für die alteingesessenen Mitglieder. 1998 werden die selektiven, ergebnisbezogenen Anreize in der Gruppe der 1988 bis 1998 Beigetretenen mit einem Mittelwert von 1,9 bewertet. 2009 erreichen die selektiven, ergebnisbezogenen Anreize einen Mittelwert von rund 2,7 bei den Mitgliedern, die zwischen 1999 und 2009 beigetreten sind (nicht einzeln ausgewiesen). In der Gesamtmitgliedschaft bleiben diese Anreize damit zwar dennoch klar am unteren Rand der Motivstruktur, es deutet sich aber ein Aufwärtstrend an.

Im Gegensatz zu gängigen Behauptungen bestätigen die Ergebnisse der Befragung aktuell noch nicht, dass die Entscheidung zu einem Parteibeitritt in erster Linie von damit verbundenen persönlichen Vorteilen abhängt. Vornehmliches Beitrittsmotiv ist auch 2009 der Wunsch, sich für die Ziele, die politischen Inhalte der jeweiligen Partei einzusetzen, aber auch die Verantwortung als Bürger bewegt viele. Ebenso wird der Beitritt überwiegend als Sympathiebezeugung gegenüber der Partei und ihren Politikern verstanden. Kollektive, politische Anreize, altruistische Anreize und expressive Anreize – Inhalte, Bürgerverantwortung und Sympathie – sind somit die drei Motivkomplexe, die offenbar den größten Einfluss auf die Beitrittsentscheidung haben. Dieses Ergebnis legt nahe anzunehmen, dass ein Parteibeitritt weiterhin vornehmlich hinsichtlich seines politischen und gesellschaftlichen Impetus beurteilt wird. Jedoch deuten sich Veränderungen an. Die persönlichen Vorteile, sofern sie zur persönlichen Lebensgestaltung gehören, sind als Beitrittsmotiv nicht von der Hand zu weisen. Spaß an der politischen Arbeit, politische Informationen und die Gelegenheit, mit netten Leuten zusammen zu kommen, spielen durchaus eine Rolle. Die selektiven, prozessbezogenen Anreize nehmen eine mittlere Stellung in der Beitrittsmotivation ein, mit leicht steigender Tendenz, obwohl sie damit in der Gesamtmitgliedschaft noch nicht die herausgehobene Bedeutung der drei vorderen Motivkomplexe schmälern. Welche Belege finden sich ansonsten dafür, dass die rationale Kalkulation von persönlichen Vorteilen auch die Parteien erreicht hat? Wie oben dargestellt wurde, haben auch die selektiven, ergebnisbezogenen Anreize im Vergleich zu 1998 zugelegt. Individuelle Vorteile sind für den Beitritt nicht gänzlich bedeutungslos. Gerade die politischen Karrieremöglichkeiten durch Ämter und Mandate scheinen als Beitrittsmotiv wichtiger geworden zu sein. Momentan spielen sie zwar eine nachgeordnete Rolle für die Entscheidung, einer Partei beizutreten, dies kann allerdings auch schlicht damit begründet werden, dass die selektiven Anreize im Gegensatz zu den übrigen überhaupt nur dann zum Tragen kommen, wenn sich das Mitglied auch aktiv an der Parteiarbeit beteiligt (ausführlicher dazu Klein 2006: 39). Wie in Kapitel 7 gezeigt wird, ist jedoch nur eine Minderheit der Mitglieder innerparteilich aktiv. Legt man zugrunde, dass die spätere innerparteiliche Aktivität bzw. Inaktivität schon bei der Beitrittsentscheidung bedacht wird, würde dies zusätzlich die vergleichsweise geringe Bedeutung der selektiven Anreize als Beitrittsmotiv erklären. Darüber hinaus hat sich jedoch auch gezeigt, dass die selektiven, ergebnisbezogenen Anreize gerade in der neuesten Beitrittsgruppe (1999 bis 2009) wesentlich wichtiger für die Entscheidung sind, einer Partei beizutreten. Hier deutet sich womöglich erneut ein Trend hin zu einem veränderten Parteimitgliedertypus an, der individuelle Vorteile als Ergebnis der Parteiarbeit für wichtiger erachtet. Dies hat sich auch schon in den Daten von 1998 gezeigt.

2 Konkrete Anlässe für den Parteibeitritt

Die vorangegangenen Ausführungen konnten einen Eindruck davon vermitteln, was Bürger dazu motiviert, einer Partei beizutreten. Allerdings wäre die Analyse unvollständig, bliebe sie an dieser Stelle stehen. Motive sind wichtig, sie liefern die Argumente, mit denen eine Handlung begründet werden kann. Damit es aber praktisch auch zu einer Handlung – in diesem Fall einem Parteibeitritt – kommt, bedarf es meist noch etwas mehr, eines kurzfristigen Anreizes, der den letzten Anstoß gibt. Jenseits der Beitrittsmotive ist es daher sinnvoll, nach konkreten Anlässen für den Parteibeitritt zu fragen. Der Unterschied wird klar, wenn man es mit dem Beitritt zu einem Fußballverein vergleicht: Ein wichtiges Motiv, in einem Fußballverein aktiv zu werden, mag die Aussicht sein, etwas für die eigene Gesundheit und Fitness zu tun. Doch den Anlass dazu gibt womöglich der Kollege, der einen nach der Arbeit zum ersten Training mitnimmt. Wichtig sind demnach mitunter nicht nur die langfristigen, wohlüberlegten Motive, die hinter dem Parteibeitritt stecken, sondern auch die kurzfristigen Momentaufnahmen, die Initialzündungen, die dazu animieren, auch tatsächlich beizutreten. Ergänzend zu den oben dargestellten Motivkomplexen haben wir in der Studie 2009 daher auch den Anlass für den Parteibeitritt erfragt.

Wie bereits erläutert, wurden die Beitrittsmotive in Form einer geschlossenen Frage erhoben, d. h. die Teilnehmer waren dazu angehalten, bestimmte vorgegebene Motive hinsichtlich ihrer Wichtigkeit zu beurteilen. Bringt diese Vorgabe von Antwortmöglichkeiten in einer Umfrage den Vorteil mit sich, dass die Ergebnisse schnell nach einem klaren Raster ausgewertet werden können, so ergibt sich doch zugleich der Nachteil, dass womöglich wichtige Aspekte eines Themas unberücksichtigt bleiben. Um dem entgegenzuwirken haben wir in der Parteimitgliederstudie den Anlass für den Parteibeitritt in Form einer sogenann-

5. Was motiviert Parteimitglieder zum Beitritt?

ten offenen Frage erhoben, was bedeutet, die Befragten erhielten in diesem Fall keine Vorgaben, sondern sollten frei antworten. Diese Antworten wurden dann in einem zweiten Schritt manuell in Kategorien geordnet, um eine aspektorientierte Auswertung zu ermöglichen. Die im Folgenden vorgestellten Ergebnisse entstammen der telefonischen Befragung. Für eine vertiefte, vor allem parteispezifische, Auswertung sind die Fallzahlen zu gering, sodass wir hier auf eine Aufschlüsselung nach Einzelmitgliedschaften verzichten. Da die entsprechenden Daten aus der schriftlichen Befragung mit ausreichend großen Fallzahlen zum Zeitpunkt der Veröffentlichung noch nicht vollständig vorlagen, müssen wir weitergehende Analysen der Beitrittsanlässe auf einen späteren Zeitpunkt vertagen. Die nachfolgenden Auswertungen können aber unabhängig davon bereits einen ersten Eindruck vermitteln.

Abbildung 5.3: Konkrete Anlässe für den Parteibeitritt (2009)

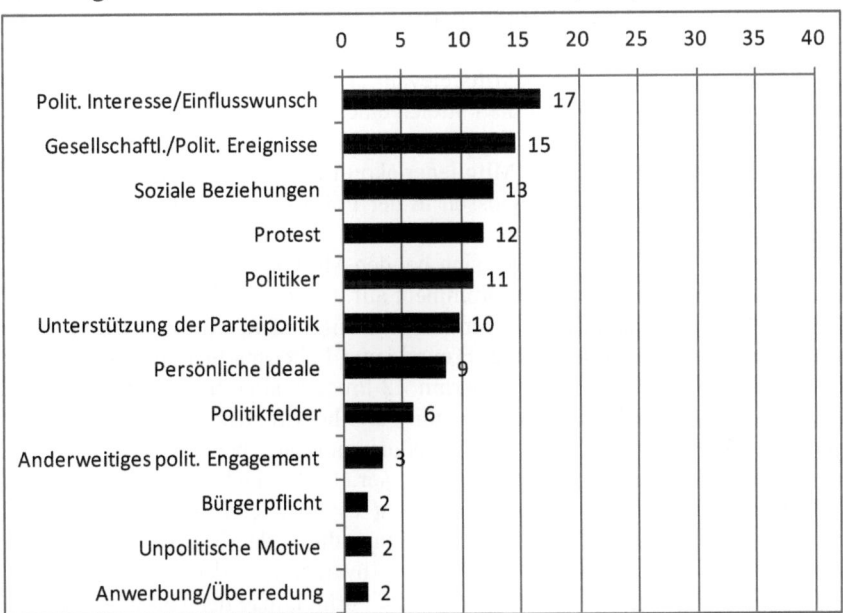

Quelle: Deutsche Parteimitgliederstudie 2009.

In Abbildung 5.3 sind die Anteile der Nennungen in Prozent wiedergegeben. Innerhalb der Gesamtmitgliedschaft nimmt das politische Interesse bzw. der persönliche politische Einflusswunsch den ersten Rang ein. 17 Prozent der Befragten geben das als Beitrittsanlass an. Im Einzelnen wird hierbei meist allgemein die Absicht formuliert, sich durch den Parteibeitritt politisch engagieren zu wollen oder politisch Einfluss auszuüben. Auch eine Betätigung des Befragten auf der kommunalen Ebene scheint vielfach den Anstoß gegeben zu haben, ebenso wie der Wunsch nach politischer Veränderung. Der eher diffuse Gehalt dieser Nennungen verdeutlicht dabei jedoch, dass es für die Mitglieder oftmals nicht leicht zu sein scheint, ein konkretes Initialereignis anzugeben. In vielen Fällen scheint vielmehr ein länger währender Prozess zu guter Letzt in einen Parteibeitritt gemündet zu sein oder zumindest konnte kein konkreter Moment mehr erinnert werden, der das Interesse bzw. den Einflusswunsch gesondert verstärkt hätte.

Etwas anders sieht es mit der nächsten Kategorie aus. Gesellschaftliche bzw. politische Ereignisse nehmen einen ähnlich wichtigen Posten unter den Beitrittsanlässen ein. In diese Kategorie fallen an erster Stelle bestimmte Wahlen, Wahlergebnisse oder Wahlkämpfe, die als Initialereignis für den Beitritt fungiert haben. Der Zweite Weltkrieg und die Wende von 1989 werden ebenfalls von vielen Mitgliedern genannt. Alles in allem waren solche Ereignisse für 15 Prozent aller Mitglieder beitrittsrelevant. Dies zeigt zweierlei: Zum einen bestätigt sich, dass Wahlen für die Parteien einen wichtigen Mobilisierungsschub ihrer Anhänger bewirken und durch einen erfolgreichen, überzeugenden Wahlkampf entsprechend auch neue Mitglieder akquiriert werden können. Zum zweiten kann einschneidenden Ereignissen in der Politik eine wichtige Katalysatorfunktion für politische Beteiligung zukommen.

Entgegen der Ergebnisse, die sich bei den Motivkomplexen ergeben haben, liegen die sozialen Beziehungen prominent auf dem dritten Platz der Beitrittsanlässe. Insbesondere dem Einfluss von Familienmitgliedern wird große Bedeutung beigemessen, aber auch Bekannte, Freunde und Lebenspartner spielen in vielen Fällen eine Rolle. Insgesamt immerhin 13 Prozent aller befragten Mitglieder geben an, die konkrete Entscheidung zum Parteibeitritt stehe im Zusammenhang mit ihrem jeweiligen sozialen Umfeld, sei also normativ beeinflusst. Auch wenn es im ersten Moment so klingen mag, widerspricht dies nicht den Ergebnissen zu den Beitrittsmotiven. Vielmehr verdeutlicht es noch einmal den Unterschied zwischen Motiven und Anlässen, der eingangs durch das Beispiel des Fußballvereins illustriert wurde. In der gründlichen Abwägung von Vor- und Nachteilen, die eine Mitgliedschaft in einer Partei mit sich bringt, mag der Tatsache, dass ein Familienmitglied, ein Freund oder Kollege sich ebenfalls in dieser Partei engagiert, eine untergeordnete Rolle zukommen. Hier gibt es andere Gründe und Argumente, die zuvor beachtet werden. Für den akuten Entscheidungsmoment jedoch kann die Ermunterung aus dem sozialen Umfeld heraus durchaus häufig den letzten Anstoß geben. So gilt es auch in der politischen Beteiligungsforschung als weitgehend gesichert, dass die Einbindung einer Person in politisch aktive Gruppen die Wahrscheinlichkeit erhöht, selbst aktiv zu werden (Verba/Schlozmann/Brady 1995), ganz einfach, weil die persönliche Überwindung in einem ohnehin aktiven Umfeld geringer ist.

Anlass für einen Parteibeitritt kann aber genauso gut Protest sein, wie unsere Umfrage zeigt. 12 Prozent der Parteimitglieder haben ihren Parteibeitritt als solchen verstanden, wobei er sich in erster Linie gegen konkrete politische Entscheidungen richtete. Darüber hinaus wird die Opposition gegen einzelne Politiker oder Parteien mehrfach genannt. Dies mag dem mittlerweile gängigen Bild widersprechen, wonach sich die Unzufriedenheit mit politischen Entscheidungen und Entscheidungsträgern wenn überhaupt in Straßenprotesten und anderen unkonventionellen Formen der politischen Beteiligung niederschlägt. Offenbar animieren unpopuläre Regierungspolitik und Verdruss mit einzelnen Parteien und Politikern aber nicht ausschließlich zu solchen außerparlamentarischen Aktivitäten. Der Umstand, dass auch der Beitritt zu einer demokratischen Partei als Ausdruck des Protests verstanden werden kann, stärkt vielmehr die Zukunftsaussichten für eine starke Parteiendemokratie. Inwieweit die Parteien davon unterschiedlich profitieren, kann hier leider nicht ausgewertet werden, da wie bereits ausgeführt die Fallzahlen für verlässliche Einzelauswertungen zu gering sind. Dies muss weiterführenden Untersuchungen überlassen bleiben.

So wie Politiker einerseits Frust und Ablehnung auf sich ziehen, so sind sie andererseits, wie schon bei den Motivkomplexen gezeigt wurde, als Gesichter der Partei zugleich Aushängeschild für die Parteipolitik. Entsprechend ist auch ihre Rolle bei der Akquirierung von neuen Mitgliedern nicht zu vernachlässigen, wie die Auswertung zeigt: 11 Prozent der befragten Parteimitglieder nennen einen konkreten Politiker als Anlass für ihren Parteibeitritt. Insbesondere den Parteivorsitzenden und Kanzlern kommt hierbei große Bedeutung zu, aber auch die Sympathie mit weiteren Bundes- sowie Landes- und Kommunalpolitikern gab offenbar vielfach den letzten Anstoß zum Beitritt.

Mit 10 Prozent innerhalb der Gesamtmitgliedschaft liegt der Wunsch, die Politik der jeweiligen Partei zu unterstützen, im Mittelfeld der Beitrittsanlässe. Hier besteht wie schon bei dem politischen Interesse und Einflusswunsch die Problematik, dass kein einzelnes Ereignis bzw. einzelner Einflussfaktor ausgemacht werden kann, auf den der Beitritt zurückgeführt werden kann. Innerhalb der Kategorie ragt vor allem die Übereinstimmung des Befragten mit den Idealen bzw. mit der Programmatik der Partei heraus, auch allgemeine Sympathie mit der Partei und die Absicht, die Regierung zu unterstützen, werden genannt.

Ähnlich verhält es sich mit den persönlichen Idealen, die laut 9 Prozent der Befragten ausschlaggebend für ihren Parteibeitritt waren. Hierunter wurden alle Fälle gefasst, die angaben, aus bestimmten politischen Überzeugungen und Idealen ihrer Partei beigetreten zu sein. Auch in diesem Fall lässt sich aber kein im eigentlichen Sinne konkreter Anlass identifizieren.

Jenseits der allgemeinen Parteiziele und des Sympathiestatus ihrer Spitzenpolitiker kann es für die Parteien jedoch auch schlicht entscheidend sein, mit welchem Politikfeld sie positiv verbunden werden. Denn für immerhin noch 6 Prozent der Parteimitglieder war ein bestimmtes Politikfeld ausschlaggebend für den Parteibeitritt, wobei im Speziellen vornehmlich Wirtschafts- und Finanzpolitik, Umweltpolitik sowie Außenpolitik angegeben wurden. Damit ist zugleich die politische Kompetenz der Parteien angesprochen wie auch die Bedeutung politischer Kontroversen für die politische Mobilisierung. Gelingt es einer Partei, sich auf einem Politikfeld gesondert zu profilieren, kann eine Konjunktur dieses Themas unter Umständen einen Mobilisierungsschub auslösen. Dies illustrieren beispielsweise die umweltpolitischen Diskussionen in den 1980er Jahren, aber auch deren Renaissance in neuester Zeit zugunsten von Bündnis 90/Die Grünen oder die steuerpolitischen Kontroversen im Vorfeld der Bundestagswahl 2009, die insbesondere der FDP Auftrieb gaben.

Bei 3 Prozent der befragten Mitglieder ist der Parteimitgliedschaft ein anderweitiges politisches Engagement vorausgegangen. Insbesondere die Mitarbeit in den Parteien nahestehenden Organisationen, wie Bürgerinitiativen, sowie die Mitarbeit in den Jugendorganisationen der Parteien scheinen dabei relevant zu sein. Hier ist anzunehmen, dass ein ähnlicher Verstärkereffekt zum Tragen kommt, den wir bereits beim sozialen Umfeld feststellen konnten: Durch die politische Beteiligung in einem anderen Zusammenhang sinkt die Hemmschwelle, sich auch parteipolitisch zu engagieren. Dies umso mehr, sofern durch die politische Beteiligung bereits eine Verbindung zu einer Partei besteht.

Der Anlass für einen Parteibeitritt muss jedoch nicht immer im politischen Bereich zu finden sein, wie die 2 Prozent der Befragten beweisen, die als Beitrittsanlass ein unpolitisches Motiv angaben. Davon entfällt der Hauptanteil auf berufliche Vorteile, der nächstgrößte auf Geselligkeit bzw. die Möglichkeit, Netzwerke zu knüpfen. Parteien sind eben nicht nur politische Organisationen, sie reichen auch weit in die Gesellschaft und das Alltagsleben hinein – zum Guten oder zum Schlechten, darüber besteht freilich nicht immer Konsens (ausführlich dazu: von Alemann/Erbentraut/Walther 2010: 223f.).

Aufgrund von gezielter Anwerbung oder Überredung erklären wiederum nur 2 Prozent, ihrer Partei beigetreten zu sein. Demnach käme der klassischen Parteiwerbung als Anlass nur eine sehr untergeordnete Rolle zu. In Rückbezug auf die bereits zuvor angesprochenen sozialen Beziehungen kann jedoch davon ausgegangen werden, dass sich ein Großteil der Anwerbung für Parteien eher auf den sozialen Kanälen abspielt, Mitglieder also durchaus angeworben werden, aber eben nicht von fremden Funktionären oder mithilfe von Informationsständen in den Fußgängerzonen, sondern durch private Gespräche mit Freunden und Bekannten.

Zu guter Letzt äußern ebenfalls 2 Prozent der befragten Mitglieder, Bürgerpflicht sei der Beitrittsanlass für sie gewesen. Ob es einen konkreten Anlass für das Bedürfnis, dieser Pflicht nachzukommen, gegeben hat, muss hier jedoch wiederum offen bleiben.

3 Fazit

Was motiviert Parteimitglieder zum Beitritt? Ob die Welt nun tatsächlich gerechter wird oder ob ein Politik- und Mentalitätswechsel gefördert werden kann, wenn ein Bürger einer bestimmten Partei beitritt – der Beschluss, Partei zu ergreifen, erwächst bei den deutschen Parteimitgliedern am stärksten aus kollektiven, politischen Anreizen heraus. Der Wunsch, mit dem Beitritt die Partei als Ganzes zu stärken, sich für ihre Inhalte und Ziele einzusetzen, ist das wichtigste Motiv. Abseits jeder Diskussion darüber, wie Parteimitgliedschaften attraktiver gemacht werden können, sind die Parteien an dieser Stelle demnach auf ihr eigentliches Kerngeschäft verwiesen: die Entwicklung von politischen Programmen und Konzepten. Auch scheint der Ruf der Parteien besser zu sein, als ihnen in der Diskussion um Parteienverdrossenheit oft bescheinigt wird, beachtet man die vordere Stellung der altruistischen Anreize unter den Beitrittsmotiven. Die von den Parteimitgliedern gezogene Verbindung zwischen dem Parteibeitritt und dem Gedanken der Bürgerpflicht scheint zumindest infrage zu stellen, ob das gesellschaftliche Ansehen der Parteien wirklich seit Jahren sinkt. Bestätigung findet dagegen die Einschätzung, die in Parteien wichtige politische Identifikationsobjekte sieht. Expressive Anreize gehören ebenfalls zu den drei wichtigsten Beitrittsmotiven der deutschen Parteimitglieder, wenn auch die Sympathie mit der Partei als Ganzem allgemein stärker zu veranschlagen ist als die Bedeutung beeindruckender politischer Führungskräfte. Dennoch zeichnen sich auch gewisse Veränderungen ab: Es gibt Unterschiede zwischen denen, die im letzten Jahrzehnt Parteimitglied geworden sind und den alteingesessenen Mitgliedern. Die selektiven Anreize, sowohl prozess- als auch ergebnisbezogen, werden von den neueren Mitgliedern weit stärker als Beitrittsmotiv betrachtet. Noch spielen sie auch in dieser Gruppe zwar den unbedeutendsten Part, doch gibt es zumindest erste Anzeichen für einen neuen Mitgliedstyp, dem individuelle Interessen wichtig sind.

Blickt man auf die konkreten Anlässe für die Parteibeitritte, so sind nach dem ersten Eindruck aus den telefonischen Daten insbesondere gesellschaftliche oder politische Ereignisse prominent vertreten. Es sind häufig die Zeiten politischer Polarisierung und Streitfragen, die potenzielle Mitglieder zum Beitritt bewegen. Dies drückt sich auch in der häufigen Nennung von Protest, vor allem gegen bestimmte politische Entscheidungen, als Beitrittsanlass aus. Darüber hinaus dienen in erster Linie soziale Kontakte, der Einfluss von Bekannten, Freunden und Familie, als Brücken in die Partei hinein. Zudem bestärken häufig prominente Politiker als Aushängeschilder ihrer Partei den Beitrittswunsch.

Literatur:

Alemann, Ulrich von/Erbentraut, Philipp/Walther, Jens (2010): Das Parteiensystem der Bundesrepublik Deutschland. 4. Auflage. Wiesbaden
Junge, Matthias (2002): Individualisierung. Frankfurt (Main)
Klein, Markus (2006): Partizipation in politischen Parteien. Eine empirische Analyse des Mobilisierungspotenzials politischer Parteien sowie der Struktur innerparteilicher Partizipation in Deutschland. In: Politische Vierteljahresschrift, Bd. 47, H. 1, S. 35-61
Seyd, Patrick/Whiteley, Paul (1992): Labour's Grass Roots. The Politics of Party Membership. Oxford
Müller, Frank/Traub, Rainer (2004): Motivstrukturen der Stuttgarter Parteimitglieder. In: Walter-Rogg, Melanie (Hrsg.): Parteien, Parteieliten und Mitglieder in einer Großstadt. Wiesbaden, S. 25-47
Verba, Sidney/Schlozmann, Kay L./Brady, Henry E. (1995): Voice and Equality. Civic Voluntarism in American Politics. Cambridge (Mass.)
Wiesendahl, Elmar (2006): Mitgliederparteien am Ende? Eine Kritik der Niedergangsdiskussion. Wiesbaden

6. Warum werden Bürger Mitglied in einer Partei?

Hanna Hoffmann

Wie im vorangegangenen Kapitel beschrieben, stehen hinter der individuellen Entscheidung, einer politischen Partei beizutreten, bestimmte Motive. Um den Parteibeitritt zu erklären, ist es jedoch nicht damit getan, nur auf die Beweggründe der Parteimitglieder zu schauen. Darüber hinaus müssen Voraussetzungen und Fähigkeiten derjenigen, die sich für den Beitritt entscheiden, in Betracht gezogen werden. In vielen Arbeiten der letzten Jahre wurde ein Mitgliederschwund für die Parteien in Deutschland konstatiert (Biehl 2005; Wiesendahl 2006; Niedermayer 2010; Scarrow 2006). Insbesondere bei den beiden großen Volksparteien, CDU und SPD, kann dies in erster Linie auf eine sinkende Zahl an Neueintritten zurückgeführt werden (Wiesendahl 2006). Vor diesem Hintergrund stellt sich die Frage, warum Bürger eigentlich Mitglied in einer Partei werden, was sie demnach von denjenigen unterscheidet, die nicht beitreten.

In Kapitel 4 konnte bereits gezeigt werden, wie es um die gesellschaftliche Verwurzelung der Parteien bestellt ist. Damit wurde die Frage beantwortet, wer Mitglied in einer Partei wird beziehungsweise ist, und ob diese Bürger die sozialstrukturellen Gruppen der Bevölkerung repräsentieren können. Kapitel 5 beschäftigte sich dann, wie bereits angedeutet, mit den Motivationen der Parteimitglieder. Im vorliegenden Kapitel wollen wir nun darauf aufbauend klären, welche Faktoren die Mitgliedschaftsentscheidung am stärksten beeinflussen. Für diese Untersuchung vergleichen wir die aktuellen Parteimitglieder mit denjenigen, die zum Zeitpunkt der Befragung kein Mitglied sind und es auch noch nie waren. Anhand fortgeschrittener statistischer Verfahren können wir dann Aussagen darüber treffen, ob die einzelnen Merkmale die Zugehörigkeit zur Gruppe der Mitglieder oder der Nicht-Mitglieder wahrscheinlicher machen. Dieser Vergleich wird durch die Daten der telefonischen Befragung der Parteimitgliederstudie ermöglicht, im Rahmen derer Personen aus beiden Gruppen befragt wurden.

Um die auslösenden Faktoren für die Beitrittsentscheidung empirisch zu untersuchen, werden zu Beginn zwei grundlegende Erklärungsansätze politischer Partizipation herangezogen. Zum einen das sozioökonomische Standardmodell (Verba/Nie 1972), welches auch als sozialstruktureller Ansatz oder Ressourcenansatz bezeichnet wird. Es besagt, dass besonders die Menschen politisch partizipieren, die mit partizipationsrelevanten Ressourcen ausgestattet sind. Unter solchen Ressourcen werden vor allem eine höhere Bildung, die Zugehörigkeit zur mittleren bis oberen gesellschaftlichen Schicht und damit eine gute berufliche Stellung sowie ein mittleres Alter verstanden. Kapitel 4 hat diesbezüglich bereits gezeigt, durch welche Eigenschaften sich Parteimitglieder von der durchschnittlichen Bevölkerung abheben. Zum anderen soll die sozialpsychologische Herangehensweise (Fishbein/Ajzen 1972) berücksichtigt werden, nach welcher individuelle politische Einstellungen die politische Partizipation erklären (Klein 2006). Darunter fallen das politische Interesse und das theoretische Konstrukt der *political Efficacy*, welches politischen Sachverstand und ein Gefühl von Wirksamkeit politischen Handelns enthält. Und da Kapitel 5 bereits gezeigt hat, dass die Mitglieder durch bestimmte Anreize motiviert sind, sollen auch die unterschiedlichen Anreize des General-Incentives-Modells (Seyd/Whiteley 1992) als Einflussfaktoren auf den Parteibeitritt untersucht werden.

1 Sozialstrukturelle Einflussfaktoren auf den Parteibeitritt

In der jüngeren Literatur zu Parteimitgliedern findet sich die Annahme, dass aufgrund des gesellschaftlichen Wandels, der Individualisierung und damit der Auflösung gesellschaftlicher Milieus nicht nur weniger Mitglieder, sondern auch ein neuer Parteimitgliedertypus vorzufinden sind. Die These besagt, dass es zu einer Veränderung der sozialen Zusammensetzung sowie der Motivlage gekommen ist. Heutzutage seien in allen Parteien besonders ressourcenstarke Personen vertreten, sie verfügen demnach über eine hohe Bildung, sind mittleren Alters und kommen aus der neuen Mittelschicht der Beamten und Angestellten (Biehl 2005; Heidar 2006; Scarrow 2006; Niedermayer 2009). Darüber hinaus sind die Parteimitglieder des neuen Typus weiterhin zumeist männlich. Als Folge dieser neuen sozialen Zusammensetzung wird ein Anspruchs- und Selbstverständniswandel beschrieben (Wiesendahl 2006), denn höhere Bildung führt zu höheren Erwartungen und Ansprüchen an die Parteien.

Kann die Frage nach dem „Warum" also durch die unterschiedliche Ausstattung mit partizipationsrelevanten Ressourcen erklärt werden? Als alleiniger Erklärungsfaktor wird dies nicht ausreichend sein, aber innerhalb dieser Merkmale wollen wir untersuchen, welcher Ressource die größte Bedeutung für die Beitrittsentscheidung zukommt. Anhand fortgeschrittener statistischer Verfahren können wir Aussagen darüber treffen, ob das Vorhandensein einer bestimmten Eigenschaft die Wahrscheinlichkeit des Beitritts zu einer Partei beeinflusst. Im Unterschied zu Kapitel 4 werden die Mitglieder in diesen Modellen demnach nicht mit der allgemeinen, sondern der parteiunerfahrenen Bevölkerung verglichen. Diese Gruppe definiert sich dadurch, dass sie nur Personen umfasst, die

6. Warum werden Bürger Mitglied in einer Partei?

keine Parteimitglieder sind und es auch noch nie waren. Für diesen Vergleich betrachten wir im Folgenden die partizipationsrelevanten Ressourcen Bildung, Schichtzugehörigkeit, Erwerbstätigkeit und die berufliche Stellung bezüglich ihrer Bedeutung für die Mitgliedschaft in einer Partei. Gemäß der Ressourcentheorie erwarten wir, dass Parteimitglieder in diesen Merkmalen besser ausgestattet sind, was sich bereits für die Parteimitglieder 2009 bestätigte (siehe Kapitel 4). Da ebenfalls bekannt ist, dass es prinzipiell mehr männliche Parteimitglieder gibt und jüngere unterrepräsentiert sind, wird zusätzlich für die soziodemographischen Merkmale Geschlecht und Alter kontrolliert. Auch wenn sich das Alter nicht direkt als Ressource einordnen lässt, so muss doch festgehalten werden, dass mit zunehmendem Alter die Lebenserfahrung steigt und damit partizipationsrelevante Ressourcen mit einer höheren Wahrscheinlichkeit vorhanden sind (Verba/Nie 1972). Bei der Variable Erwerbstätigkeit wird, im Vergleich zu Kapitel 4, aus Gründen der Übersichtlichkeit nur zwischen Nicht-Erwerbstätigen, Erwerbstätigen und Rentnern unterschieden.

Die relative Stärke der Bestimmungsfaktoren wird in Abbildung 6.1 dargestellt[1]. Balken, die von der mittleren Linie nach rechts weisen, zeigen einen positiven Effekt der Variable auf die Beitrittsentscheidung zu einer Partei, und Balken, die nach links weisen, einen negativen Effekt. Da die soziostrukturellen Merkmale in Form von einzelnen Kategorien in die Analyse eingehen, muss bei der Interpretation der Effekte berücksichtigt werden, dass diese immer im Vergleich zu der festgelegten Referenzkategorie interpretiert werden. Zum Beispiel wird die Beschreibung des Geschlechtereffekts demnach für die Männer im Vergleich zu den Frauen vorgenommen. Bei Merkmalen mit mehr als zwei Kategorien wird der Vergleich ebenfalls immer zur Referenzgruppe gezogen.

---

[1] Bei diesem statistischen Verfahren handelt es sich um eine multivariate logistische Regressionsanalyse mit der dichotomen Unterscheidung zwischen Parteimitgliedern und parteiunerfahrener Bevölkerung als abhängige Variable und den soziodemographischen Merkmalen als unabhängige Variablen. In der Grafik werden die standardisierten Koeffizienten ausgewiesen. Signifikante Merkmale sind durch ein Sternchen gekennzeichnet.

Abbildung 6.1: Sozialstrukturelle Einflussfaktoren auf den Parteibeitritt

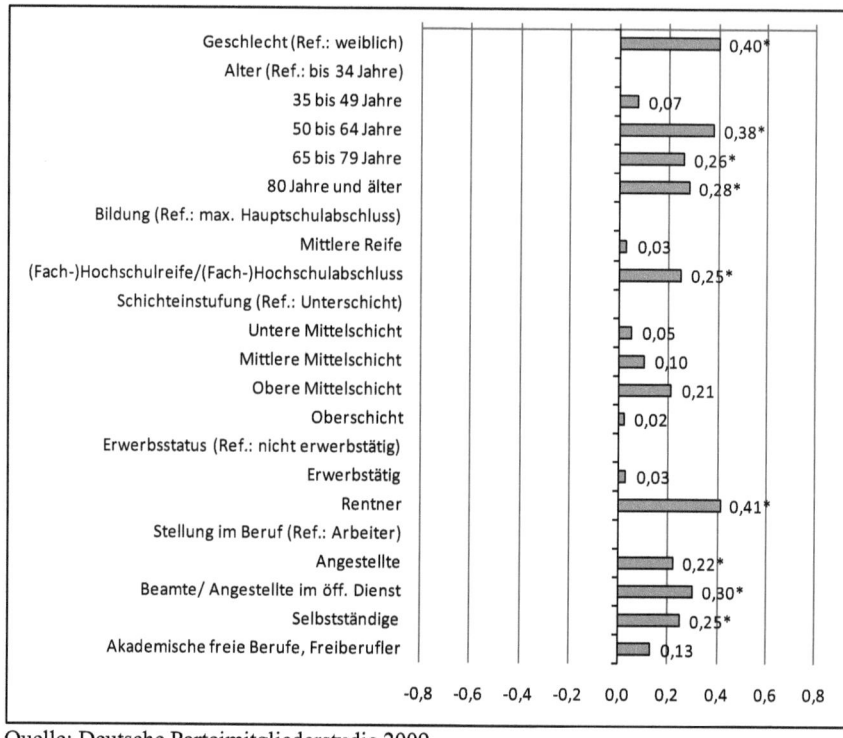

Quelle: Deutsche Parteimitgliederstudie 2009.

Für alle soziodemographischen Merkmale zeigt sich, dass die einzelnen Kategorien im Vergleich zu den jeweiligen Referenzkategorien einen positiven Effekt auf die Mitgliedschaft haben. Hier liegt die Beitrittswahrscheinlichkeit damit höher als bei Frauen, unter 35-jährigen, Hauptschulabsolventen, Angehörigen der Unterschicht, Nicht-Erwerbstätigen und Arbeitern. Im Einzelnen variieren die Einflussfaktoren jedoch eindeutig in ihrer Stärke, somit werden diese sowie die Signifikanz[2] der Effekte für die Bestimmung sozialstruktureller Einflussfaktoren genauer betrachtet. Am stärksten wirken sich Geschlecht, Alter und Erwerbsstatus auf die Mitgliedschaftswahrscheinlichkeit aus. Die Einflussstärke des Alters insgesamt gestaltet sich jedoch nicht linear. Der Vergleich zwischen den unter 34-jährigen und der nächst älteren Gruppe zeigt kein signifikantes

---

[2] Die Signifikanz eines Effekts zeigt, ob sich das Ergebnis aus unserer Stichprobe auf die Grundgesamt der allgemeinen Bevölkerung übertragen lässt.

Ergebnis. Ein Alter zwischen 50 und 64 Jahren kann jedoch als eine der stärksten Determinanten der Mitgliedschaft ausgemacht werden, wohingegen für alle ab 65 Jahren die Wahrscheinlichkeit des Beitritts wieder abnimmt. Dies kann gemäß der Ressourcentheorie wie folgt interpretiert werden: Mit steigender Lebenserfahrung wird das Vorhandensein partizipationsrelevanter Ressourcen wahrscheinlicher und damit auch die Entscheidung, einer Partei beizutreten. Mit zunehmendem Alter nimmt dieser Einfluss dann jedoch erwartungsgemäß wieder ab (Verba/Nie 1972: 139ff).

Neben dem Geschlecht, dem Alter und dem Umstand, „in Rente" zu sein, sind es vor allem der politiknahe Beruf des Beamten bzw. Angestellten im öffentlichen Dienst und eine hohe Bildung, die sich nach unseren Ergebnissen positiv auf die Entscheidung zum Beitritt in eine Partei auswirken. Der Einfluss der Bildung wird durch den höchsten allgemeinbildenden Schulabschluss der Befragten untersucht, wobei drei Bildungsniveaus unterschieden werden: Das unterste Niveau umfasst diejenigen mit höchstens einem Hauptschulabschluss, das mittlere die Personen mit Mittlerer Reife und das oberste Niveau alle, die ein (Fach-)Abitur oder einen (Fach-)Hochschulabschluss vorweisen können. In der Analyse stellt die Gruppe derer mit höchstens einem Hauptschulabschluss die Vergleichsgruppe dar, sodass die Effekte der beiden anderen Gruppen immer im Vergleich zu dieser Gruppe interpretiert werden müssen. Das Merkmal der Mittleren Reife zeigt einen sehr geringen und aufgrund fehlender Signifikanz nicht interpretierbaren Effekt. Dagegen erweist sich der Effekt des höchsten Bildungsniveaus als relativ starker Prädiktor für die Mitgliedschaft in einer Partei. Daraus lässt sich ableiten, dass Personen mit einem (Fach-)Abitur oder (Fach-)Hochschulabschluss wahrscheinlicher Mitglied in einer Partei werden als Personen, die den niedrigeren Bildungsniveaus angehören. Ein Unterschied zwischen denjenigen mit Mittlerer Reife und höchstens einem Hauptschulabschluss lässt sich nicht ausmachen.

Einen teilweise sogar noch stärkeren Einfluss weisen die beruflichen Stellungen auf. Hier müssen die Effekte der einzelnen Berufsgruppen immer im Vergleich zur Gruppe der Arbeiter interpretiert werden. Die berufliche Tätigkeit als Beamter oder Angestellter im öffentlichen Dienst erweist sich als eine relativ starke Determinante der Parteimitgliedschaft. Auf etwas niedrigerem Niveau bestimmen die Merkmale Angestellter des privaten Wirtschaftssektors und Selbstständiger die Mitgliedschaft in einer Partei. Ob jemand erwerbstätig ist oder nicht, hat keinen Einfluss auf die Beitrittswahrscheinlichkeit. Damit ist es nicht ausschlaggebend, ob man überhaupt einen Beruf ausübt oder nicht, sondern welcher Beruf ausgeübt wird. Die starke Vorhersagekraft einer Beschäftigung im öffentlichen Dienst für den Parteibeitritt könnte dadurch erklärt werden, dass diese Berufsgruppe zum einen dem politischen Geschehen näher steht und zum anderen über flexiblere Zeitgestaltungsmöglichkeiten verfügt.

Die hier ermittelten relevanten Ressourcen für den Beitritt in eine Partei entsprechen größtenteils der These des neuen Parteimitgliedertypus. Demnach bestätigt sich, dass heute vor allem „männliche Akademiker mittleren Alters aus der neuen Mittelschicht der Beamten und Angestellten" (Biehl 2005: 14) Mitglied in einer Partei werden. Ob dies jedoch eine neuartige Entwicklung über alle Parteien hinweg ist, kann aufgrund der Datenlage an dieser Stelle nicht beantwortet werden.

2 Sozialpsychologische Einflussfaktoren auf den Parteibeitritt

Wir wissen jetzt, dass innerhalb des soziodemographischen Profils von Personen unter anderem die Ressource der höheren Bildung einen wichtigen Einflussfaktor auf den Parteibeitritt darstellt. Der sozialpsychologische Ansatz dagegen zieht zur Erklärung der Parteimitgliedschaft persönliche politische Einstellungen und Prädispositionen heran. Dies sind zum einen das individuelle Interesse an Politik und zum anderen das theoretische Konzept der *political Efficacy*.

Es ist zu erwarten, dass sich Parteimitglieder bezüglich ihres politischen Interesses von der Bevölkerung abheben. Denn das Interesse am politischen Geschehen sollte der Entscheidung zur Teilhabe am selbigen vorausgegangen sein. Im Normalfall können wir uns folgenden Prozess vorstellen: Ein Bürger entwickelt Interesse am politischen Geschehen und daraufhin eigene politische Überzeugungen. Daraus entsteht der Wunsch, die Partei, deren Positionierung am ehesten mit der eigenen übereinstimmt, durch aktive Mitarbeit oder die reine Mitgliedschaft zu unterstützen. Bei aktiven Mitgliedern wird die Hoffnung, durch die Mitarbeit etwas bewirken beziehungsweise verändern zu können, zusätzlich ausschlaggebend sein.

Durch die Daten der Telefonbefragung von 2009 haben wir die Möglichkeit, das politische Interesse allgemein und für einzelne Politikebenen zu untersuchen. Vorerst betrachten wir jedoch die Antworten auf die Frage nach dem allgemeinen Interesse in Abbildung 6.2. Wie wir an den Verteilungen sehen können, interessiert sich der Großteil der Parteimitglieder stark (42 Prozent) oder sehr stark (40 Prozent) für Politik. 15 Prozent geben an, dass ihr Interesse mittelmäßig sei, und ein geringer Anteil von 3 Prozent sagt, dass er sich wenig für Politik interessiert. Das politische Interesse in der Bevölkerung kann hingegen eher als durchschnittlich beschrieben werden, da 45 Prozent in die mittlere Kategorie fallen. Dann sind es zwar noch 27 Prozent, die ein starkes Interesse an Politik angeben, aber nur noch 12 Prozent, die ein sehr starkes Interesse aufwei-

6. Warum werden Bürger Mitglied in einer Partei?

sen. Auf der anderen Seite zeigen sich 12 Prozent wenig interessiert und 4 Prozent überhaupt nicht interessiert.

Abbildung 6.2: Politisches Interesse von Parteimitgliedern und allgemeiner Bevölkerung (2009)

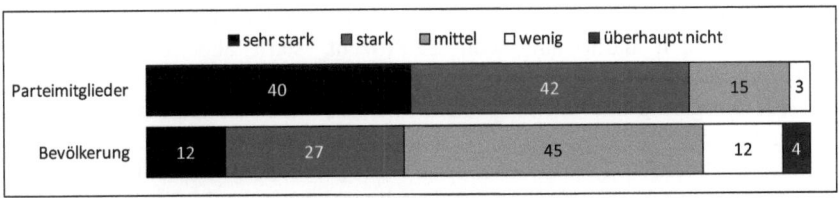

Quelle: Deutsche Parteimitgliederstudie 2009.

Wie verteilt sich jedoch dieses allgemeine Interesse auf die Ebenen der Kommunal-, Landes- und Bundespolitik? In Abbildung 6.3 zeigt sich für die Bevölkerung auf allen drei Ebenen eine ähnliche Verteilung wie beim allgemeinen politischen Interesse. Nahezu die Hälfte der befragten Bevölkerung ist mittelmäßig interessiert, gefolgt von ungefähr einem Viertel, welches immer noch stark interessiert ist. Das Interesse für die Bundespolitik sticht hier leicht hervor, da auf dieser Ebene die stark Interessierten sogar etwa ein Drittel ausmachen.

Abbildung 6.3: Politisches Interesse auf verschiedenen Politikebenen von Parteimitgliedern und allgemeiner Bevölkerung (2009)

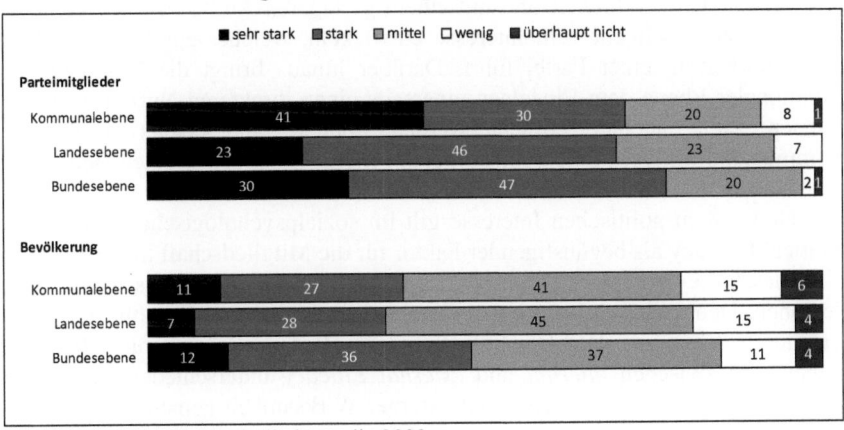

Quelle: Deutsche Parteimitgliederstudie 2009.

Anders bei den Parteimitgliedern: Die Ergebnisse zeigen, dass sich ein großer Anteil der Parteimitglieder (41 Prozent) sehr stark für die kommunale Politik interessiert, 30 Prozent interessieren sich immer noch stark dafür. Nur ein sehr geringer Anteil gibt an, wenig oder überhaupt nicht am kommunalen politischen Geschehen interessiert zu sein. Betrachten wir das Interesse für die Landespolitik, zeigt sich ein nicht mehr ganz so stark ausgeprägtes Interesse. Sehr stark interessieren sich dafür nur noch 23 Prozent, stark aber immerhin noch 46 Prozent. Der Anteil derer, die sich wenig für die Landespolitik interessieren, ist wiederum gering und überhaupt kein Interesse wird von keinem der Mitglieder angegeben.

Auf der höchsten Politikebene, der Bundesebene, zeigen sich 30 Prozent der Parteimitglieder sehr stark interessiert. Das Interesse nimmt demnach hier wieder zu, fast die Hälfte (47 Prozent) ist stark interessiert und 20 Prozent sind es mittelmäßig. 2 Prozent sagen, dass sie wenig Interesse für die Bundespolitik haben und 1 Prozent interessiert sich überhaupt nicht dafür. Da das bundespolitische Interesse aber auch in der Bevölkerung generell stärker ausgeprägt ist, heben sich die Parteimitglieder dadurch nicht eindeutig ab. Parteimitglieder zeichnen sich im Vergleich zur allgemeinen Bevölkerung vor allem durch ein stärker ausgeprägtes kommunalpolitisches Inteteresse aus. Insbesondere die individuelle Betroffenheit mag für das größere Interesse am politischen Geschehen vor Ort eine Rolle spielen. Wenn wir uns an den oben beschriebenen Prozess der Verbindung des politischen Interesses mit dem Parteibeitritt erinnern, lässt sich folgendes festhalten: Dadurch dass der Zugang zu kommunalpolitischen Themen direkter und mit einem geringeren Aufwand verbunden ist, kann sich auch schneller ein Interesse entwickeln, welches zur Mitgliedschaft und Mitarbeit in einer Partei führt. Darüber hinaus bringt die Mitarbeit auf kommunaler Ebene dem Einzelnen einerseits einen direkteren Nutzen, weil die eigenen Ziele leichter erreicht werden können, andererseits weckt die Kommunalpolitik vermutlich ein stärkeres Pflichtgefühl, selbst einen Beitrag zu leisten.

Neben dem politischen Interesse gilt im sozialpsychologischen Ansatz die political Efficacy als begünstigender Faktor für die Mitgliedschaft in einer Partei. Sie erfasst die individuelle Einschätzung der politischen Einflussnahme von Personen. Demnach geht es um den Glauben der Einzelnen, das politische System durch das eigene Handeln beeinflussen zu können (Lüdemann 2001: 47). Dabei wird zwischen *internal* und *external Efficacy* unterschieden, womit im Grunde die Empfindung eigener und externer Wirksamkeit gemeint ist. Die Dimension der internal Efficacy erfasst die Überzeugung eines Individuums, selbst über die Fähigkeit zu verfügen, Einfluss auf politische Entscheidungen zu nehmen. Die external Efficacy auf der anderen Seite bezieht sich auf den Glauben des Individuums, dass das politische System offen für Einflüsse von außen ist und auf diese auch reagiert (Vetter 1997). Das theoretische Konstrukt der internal Efficacy wird gemessen durch die beiden Items „Ich traue mir zu, in einer Gruppe, die sich mit politischen Fragen befasst, eine aktive Rolle zu übernehmen" und „Die ganze Politik ist so kompliziert, dass jemand wie ich nicht versteht, was vorgeht". Wir haben diese beiden Einzelitems für die Analysen zu einem Summenindex zusammengefasst, wobei das zweite Item so umgepolt wird, dass hohe Werte für die Ablehnung der Aussage sprechen. Die external Efficacy wird gemessen durch die Items „Die Bundestagsabgeordneten bemühen sich um einen engen Kontakt zur Bevölkerung" und „Die Parteien wollen nur die Stimmen der Wähler, ihre Ansichten interessieren sie nicht". Auch hier haben wir das zweite Item vor der Berechnung des Summenindex inhaltlich umgepolt. Die Skala der Efficacy-Variablen verläuft in den Grenzen von 1 bis 5. Vergleichen wir die durchschnittlichen Skalenwerte der Parteimitglieder mit denen der Bevölkerung, bekommen wir das folgende Ergebnis (Abbildung 6.4):

Abbildung 6.4: Political Efficacy von Parteimitgliedern und allgemeiner Bevölkerung (2009)

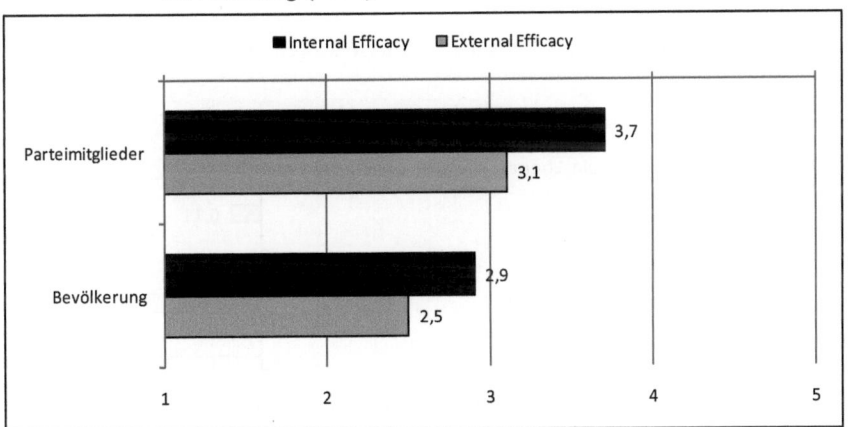

Quelle: Deutsche Parteimitgliederstudie 2009.

Auf den ersten Blick wird deutlich, dass Parteimitglieder erwartungsgemäß die eigene und externe Wirksamkeit prinzipiell höher einschätzen als die allgemeine Bevölkerung. Dabei ist zu beachten, dass die Wahrnehmung der politischen Eigenkompetenz größere Unterschiede zwischen Parteimitgliedern und Bevölkerung aufweist als dies bei der external Efficacy der Fall ist. Mitglieder einer

Partei zeichnen sich demnach durch ein sehr starkes politisches Selbstvertrauen aus. Darüber hinaus haben sie das Gefühl, dass sie durch ihre politische Arbeit etwas erreichen können, sie demnach Gehör in den oberen Reihen der Parteien finden. Dies trifft auf die Befragten aus der Bevölkerung nicht zu. Abgesehen davon, dass sie sich selbst weniger politische Kompetenzen zuschreiben, glauben sie auch weniger daran, dass individuelle politische Anstrengungen – ob die eigenen oder die anderer – bei den Parteien und Politikern etwas bewirken können.

Wie wir gesehen haben, unterscheiden sich die Parteimitglieder bezüglich des politischen Interesses sowie der eigenen und externen Wirksamkeit im politischen System von der allgemeinen Bevölkerung. Davon ausgehend wollen wir die Frage beantworten, welches dieser Merkmale die Entscheidung für eine Mitgliedschaft am deutlichsten beeinflusst. Wir wollen demnach eine Aussage darüber treffen, ob alleine das Interesse für Politik den Beitritt zu einer Partei ausreichend bestimmen kann oder ob es nicht vor allem politischer Eigenkompetenz und eines wahrgenommenen Reaktionswillens seitens der Parteien und Politiker bedarf, damit eine Mitgliedschaftsentscheidung getroffen wird. Wie für die soziodemographischen Eigenschaften wird dies anhand eines fortgeschrittenen statistischen Verfahrens untersucht (Abbildung 6.5)[3].

Abbildung 6.5: Sozialpsychologische Einflussfaktoren auf den Parteibeitritt

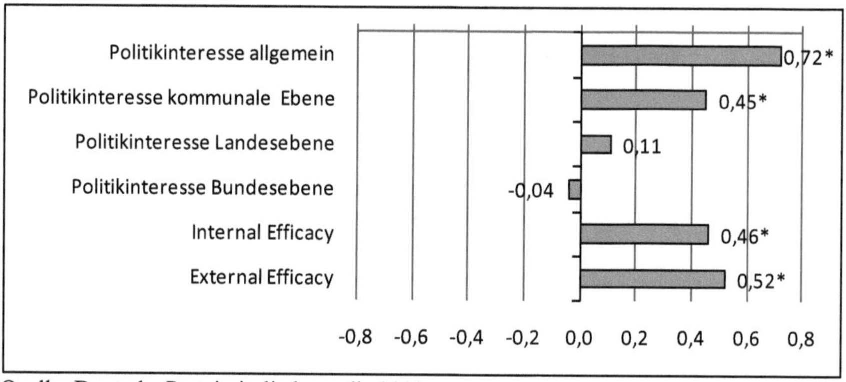

Politikinteresse allgemein	0,72*
Politikinteresse kommunale Ebene	0,45*
Politikinteresse Landesebene	0,11
Politikinteresse Bundesebene	-0,04
Internal Efficacy	0,46*
External Efficacy	0,52*

Quelle: Deutsche Parteimitgliederstudie 2009.

---

[3] Auch hier handelt es sich um eine multivariate logistische Regressionsanalyse mit der dichotomen Unterscheidung zwischen Parteimitgliedern und parteiunerfahrener Bevölkerung als abhängige Variable. Die unabhängigen Variablen werden durch die Faktoren des sozialpsychologischen Modells abgebildet. In der Grafik werden die standardisierten Koeffizienten ausgewiesen. Signifikante Merkmale sind durch ein Sternchen gekennzeichnet.

6. Warum werden Bürger Mitglied in einer Partei?

Die Parteimitgliedschaft ist vor allem durch das allgemeine politische Interesse bestimmt. Wenn das Interesse für die einzelnen Politikebenen betrachtet wird, dann zeigt sich – wie bereits in der Beschreibung der Verteilungen dieser Variablen –, dass das Interesse für die kommunale Politik einen wichtigen Einflussfaktor darstellt und Landes- wie Bundespolitik statistisch gesehen unbedeutend für die Mitgliedschaft sind. Minimal stärker als das Interesse für Kommunalpolitik bestimmen die Variablen der political Efficacy den Beitritt zu einer Partei. Bei diesen beiden Faktoren ist der Effekt des wahrgenommenen Reaktionswillens seitens der politischen Akteure (external Efficacy) stärker als die Einschätzung der politischen Eigenkompetenz (internal Efficacy). Demnach reicht es nicht aus, davon überzeugt zu sein, politisch etwas ausrichten zu können, um Mitglied einer Partei zu werden. Es muss auch der Glaube daran vorhanden sein, dass das eigene Handeln etwas bewirken kann.

3 Motivationale Einflussfaktoren auf den Parteibeitritt

Die Beschreibung des Prozesses, wie sich aus politischem Interesse eine Parteimitgliedschaft entwickeln kann, beinhaltet bereits die Annahme, dass der Beitritt aufgrund eines oder mehrerer Motive erfolgt. So kann die Unterstützung einer Partei oder der Wunsch, etwas zu verändern oder zu bewegen, als Anreiz beschrieben werden, einer Partei beizutreten. Mit dem nächsten Modell können wir genau das untersuchen, denn es geht von bestimmten Anreizen beziehungsweise motivationalen Einflussfaktoren aus, aufgrund derer man sich für eine Mitgliedschaft entscheidet. Innerhalb des in Kapitel 5 beschriebenem Anreizmodells (General-Incentives-Modell nach Seyd und Whiteley 1992) wird angenommen, dass Bürger die Mitgliedschaft in einer Partei eingehen, weil sie sich den unterschiedlichen Anreizen entsprechend einen bestimmten Nutzen erhoffen. Unterschieden wird hier zwischen den folgenden Anreizen: Zunächst gibt es *selektive, ergebnisbezogene Anreize*, hinter denen erhoffte persönliche Vorteile, etwa in Form von Parlamentsmandaten und Parteiämtern stehen. Da dies nur für eine ausgewählte Gruppe von Mitgliedern realisierbar ist, werden darüber hinaus *selektive, prozessbezogene Anreize* betrachtet. Hier ergibt sich der individuelle Nutzen unmittelbar aus der Mitarbeit in einer Partei, da diese als interessant und spannend wahrgenommen wird. Ist die Mitgliedschaft nicht mit der Erlangung eines persönlichen Nutzens, sondern mit dem Interesse an der Durchsetzung politischer Ziele begründet, dann wird von *kollektiven, politischen Anreizen* gesprochen. Der Nutzen entspringt hier aus dem Gefühl, durch die Mitgliedschaft den Einfluss der Partei gestärkt zu haben. Geht es jedoch um die Unterstützung bestimmter ideologischer Prinzipien der Parteien, wird von *ideolo-*

gischen Anreizen gesprochen. *Normative Anreize* werden dann als Erklärung für den Beitritt herangezogen, wenn mit der Mitgliedschaft Erwartungen des sozialen Umfeldes, von Familie und Freunden, entsprochen wird. Über dieser Erfüllung von Erwartungen steht die allgemeine Überzeugung, dass es zu den Pflichten eines Bürgers zählt, Mitglied in einer Partei zu sein. Wenn sich der Nutzen aus der Mitgliedschaft aus dieser Pflichterfüllung ergibt, wird dies als *altruistischer Anreiz* bezeichnet. Geht es dagegen um den Ausdruck von Sympathie für die Partei oder ihre Politiker, spricht man von *expressiven Anreizen*, die zur Beitrittsentscheidung beigetragen haben.[4]

Neben diesen positiven Anreizen kann die Mitgliedschaft in einer Partei auch negative Folgen mit sich bringen. Äquivalent zum Nutzen werden diese als *Kosten* bezeichnet[5]. Kosten entstehen einerseits durch die Zahlung des Mitgliedsbeitrags, darüber hinaus werden hier jedoch auch der Zeitaufwand und mögliches Arbeitsleid miteinbezogen. Arbeitsleid könnte innerhalb der aktiven Mitarbeit durch Anfeindungen, Neid oder Missgunst anderer Parteimitglieder entstehen.

Wie zuvor analysieren wir die Einflussstärke der einzelnen Nutzenaspekte sowie der Kosten innerhalb eines Modells (Abbildung 6.6). Dies ermöglicht uns, Aussagen darüber zu treffen, welcher Anreiz die Parteimitglieder am ehesten zu ihrer Entscheidung motiviert hat. Das Ergebnis zeigt, dass eine höhere Nutzenzuschreibung zu den altruistischen und ideologischen Anreizen den Beitritt wahrscheinlicher macht. Dies gilt in einem geringeren Ausmaß auch für die selektiven, ergebnisbezogenen Anreize. Als stärkster Faktor für die Unterscheidung zwischen Mitgliedern und Nicht-Mitgliedern zeichnen sich die Kosten aus. Der negative Effekt zeigt, dass für jemanden, der die Kosten hoch bewertet, die Wahrscheinlichkeit eines Parteibeitritts abnimmt. Auch eine Person, für die der Nutzen der Parteimitgliedschaft darin liegt, die Erwartungen des sozialen Umfeldes zu erfüllen (normativer Anreiz), befindet sich mit einer geringeren Wahrscheinlichkeit unter den Mitgliedern. Ein erwarteter Nutzen aus kollektiven, politischen Motiven führt ebenfalls dazu, dass die Mitgliedschaft unwahrscheinlicher wird. Selektive, prozessbezogene Anreize sowie expressive Anreize sind keine determinierenden Faktoren für oder gegen den Beitritt.

---

[4] Die Erhebung der Anreize wurde innerhalb der Telefonbefragung inhaltlich an die der schriftlichen Befragung, wie in Kapitel 5 erläutert, angelehnt, weicht jedoch bei einzelnen Items von dieser ab. Bei Interesse an der genauen Formulierung der einzelnen Items, kann die Operationalisierung bei der Autorin erfragt werden. Die Bewertung des Nutzens der einzelnen Items wurde in der telefonischen Befragung auf einer Skala von -5 (sehr negativ) bis +5 (sehr positiv) abgefragt. Auf dieser Grundlage wurden dann aus den Items Mittelwertindizes für die unterschiedlichen Anreize gebildet.

[5] Der Datensatz der telefonischen Befragung beinhaltet, im Gegensatz zur schriftlichen Befragung, Items zu möglichen Kosten. Aus diesem Grund kann das Anreizmodell hier um diesen Aspekt erweitert werden.

6. Warum werden Bürger Mitglied in einer Partei?

Abbildung 6.6: Motivationale Einflussfaktoren auf den Parteibeitritt

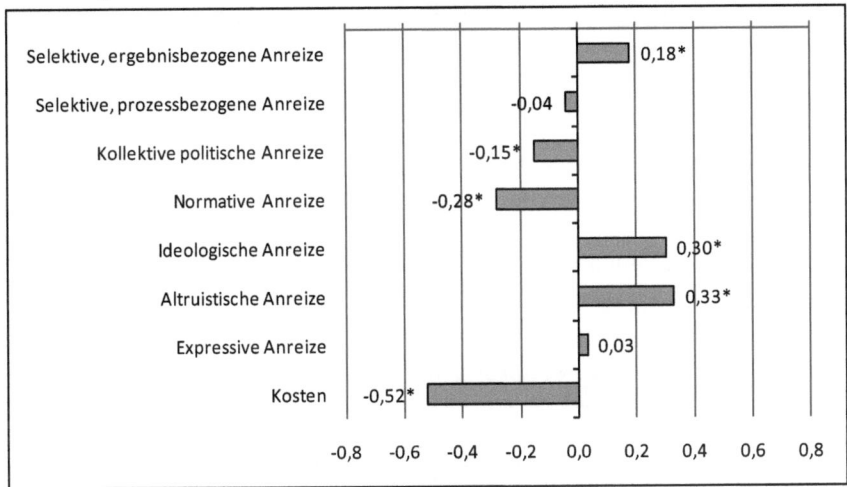

Quelle: Deutsche Parteimitgliederstudie 2009.

Es lässt sich demnach zusammenfassen, dass sich die Motivation für den Beitritt in eine Partei vor allem aus dem Wunsch heraus nährt, ideologische Prinzipien zu unterstützen und eine Bürgerpflicht zu erfüllen. Auch die Aussicht auf ein Parteiamt oder Parlamentsmandat kann zu einer Parteimitgliedschaft motivieren. Die Entscheidung gegen einen Parteibeitritt ist wiederum im Wesentlichen abhängig von der Wahrnehmung der Kosten: Verbindet man die Parteimitgliedschaft demnach mit großem Zeitaufwand und eventuellem Arbeitsleid, dann gehört man mit einer relativ hohen Wahrscheinlichkeit nicht zu den Parteimitgliedern.

4 Vergleich der Erklärungsansätze

Nachdem die einzelnen Erklärungsansätze für die Mitgliedschaft in einer Partei überprüft wurden, stellt sich jetzt folgende Frage: Welches Modell kann den Parteibeitritt am besten erklären? Um dies beantworten zu können, vergleichen wir die Erklärungskraft der einzelnen Modelle untereinander sowie mit einem Gesamtmodell (Abbildung 6.7). Im Gesamtmodell werden die Effekte der Merkmale aller Ansätze simultan berechnet. Die Erklärungskraft des Modells lässt uns Aussagen darüber treffen, wie gut die gewählten Einflussfaktoren die Entscheidung für oder gegen eine Parteimitgliedschaft vorhersagen. Durch

Angabe der Erklärungskraft in Prozent können wir sagen, zu welchem Anteil wir anhand der gewählten Merkmale erklären können, warum einige Bürger Mitglied in einer Partei werden und andere nicht.[6] Im Vergleich der Modelle wird auf den ersten Blick deutlich, dass die Variablen des sozialpsychologischen Ansatzes mehr als doppelt so viel Erklärungskraft aufweisen wie die des sozialstrukturellen Ansatzes und des General-Incentives-Ansatzes. So lässt sich sagen, dass das politische Interesse sowie der Glaube an die politische Eigenkompetenz und externe Wirksamkeit die Parteimitgliedschaft am stärksten bestimmen.

Abbildung 6.7: Erklärungskraft der Modelle (McFaddens Pseudo-R^2)

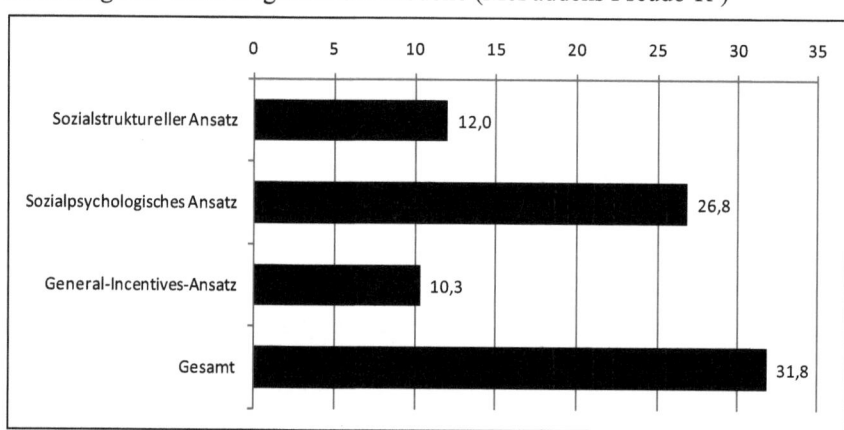

Quelle: Deutsche Parteimitgliederstudie 2009.

Wenn wir die Differenz der einzelnen Modelle zum Gesamtmodell betrachten, dann ist der Abstand des sozialstrukturellen Modells zum Gesamtmodell mit gut 20 Prozentpunkten um einiges größer als der des sozialpsychologischen Modells, welcher nur 5 Prozentpunkte beträgt. Die Betrachtung der einzelnen Effekte im Gesamtmodell zeigt, dass sich der direkte Einfluss ressourcenrelevanter Merkmale unter Berücksichtigung des Einflusses der anderen Variablen reduziert (nicht einzeln ausgewiesen). Dies lässt sich darauf zurückführen, dass die Determinanten der Modelle auch untereinander in Beziehung zueinander stehen. So kann nachgewiesen werden, dass die Bildung positiv mit dem politischen Interesse korreliert und damit der direkte Einfluss der Bildung in einem

---

[6] Die Erklärungskraft eines Modells wird in der Statistik am Anteil erklärter Varianz der abhängigen Variablen (R^2) abgelesen. Da es sich bei allen Modellen um logistische Regressionsanalysen handelt, werden hier Pseudo-R^2-Werte ausgewiesen. Prinzipiell überschreitet die Erklärungskraft in sozialwissenschaftlichen Analysen selten einen Wert von 0,4 bzw. über 40 Prozent.

gemeinsamen Modell als eigenständiger Faktor keine Bedeutung mehr hat. Eine höhere Bildung kann demnach eine Determinante für das politische Interesse sein und das ist dann wiederum ein Bestimmungsfaktor der Parteimitgliedschaft. Auch die Differenz zwischen dem Modell der motivationalen Einflussfaktoren (General-Incentives-Ansatz) und dem Gesamtmodell von ungefähr 21 Prozentpunkten weist darauf hin, dass der Einfluss von erwartetem Nutzen und erwarteten Kosten, unter Kontrolle der anderen Erklärungsfaktoren, in geringerem Maße zur Erkärung des Unterschieds zwischen Mitglied und Nicht-Mitglied beitragen kann. Dies könnte daran liegen, dass die Erwartung bestimmter Vorteile nicht notwendig entscheidend für den Beitritt ist, sondern sich erst im Laufe der Parteimitgliedschaft entwickelt, also nachdem die Beitrittsentscheidung, aufgrund des politischen Interesses sowie der politischen Eigenkompetenz, bereits getroffen wurde.

5 Fazit

Warum werden Bürger Mitglied in einer Partei? Eine einfache Antwort auf diese Frage ist: Weil sie an Politik interessiert sind. Diesen Schluss können wir aus den Ergebnissen der vorangegangenen Analysen ziehen. Denn im Vergleich des Ressourcenansatzes mit dem sozialpsychologischen Ansatz und dem Anreizmodell hat sich gezeigt, dass die sozialpsychologischen Faktoren den Beitritt in eine Partei am besten erklären können. Und unter diesen Faktoren konnte das allgemeine politische Interesse die Parteimitgliedschaft am deutlichsten vorhersagen. Doch auch der internal und external Efficacy kommt eine hohe Bedeutung zu. So muss die Antwort auf die Frage erweitert werden: Weil sie sich für kompetent in politischen Fragen halten und davon überzeugt sind, etwas erreichen zu können. Wenn wir dieses Ergebnis betrachten, ergibt sich eine Anschlussfrage: Und warum sind Bürger interessiert oder verfügen über politische Eigenkompetenz? Ein wichtiger Faktor hierfür ist die Bildung, denn jemand der über eine höhere Bildung verfügt, ist eher politisch interessiert und schreibt sich selbst auch größere Fähigkeiten zu als jemand mit einer niedrigen Bildung. Das Interesse an Politik kann jedoch auch aus der beruflichen Tätigkeit heraus entstehen. So scheinen Angehörige des öffentlichen Dienstes, durch ihre Nähe zur Politik, ein stärkeres Interesse am politischen Geschehen zu haben als Arbeiter oder auch Freiberufler. Dementsprechend sind partizipationsrelevante Ressourcen nicht unbedeutend für die Parteimitgliedschaft, sondern spielen vor allem als indirekte Einflussfaktoren eine Rolle.

Dass die Anreize noch nicht so viel zur Erklärung des Beitritts beitragen konnten, mag dadurch zu erklären sein, dass diese stärker die Entscheidung zur aktiven Mitarbeit beeinflussen. Denn einige Folgen der Mitgliedschaft, die nutzenbringend sein können, sind erst durch ein gewisses Maß an Aktivität zu erreichen. Auch wenn es objektiv für die Erfüllung der Bürgerpflicht ausreichend erscheint, dass ein Parteibuch zu Hause in der Schublade liegt, so entspricht dies eventuell nicht dem subjektiven Empfinden.

Vor dem Hintergrund der sinkenden Parteimitgliederzahlen kann das hier erzielte Ergebnis tendenziell positiv bewertet werden. Auch wenn wir vor der Situation stehen, dass einige Bevölkerungsgruppen unterrepräsentiert und andere überrepräsentiert sind, zeigt sich doch, dass diejenigen die noch Mitglied einer Partei werden, dies aus Gründen tun, die sie dazu befähigen sollten, die Interessen aller Bürger in verschiedenen politischen Bereichen zu vertreten. So sollte jemand, der über partizipationsrelevante Ressourcen verfügt, sich darüber hinaus durch ein ausgeprägtes politisches Interesse auszeichnet und über politische Eigenkompetenz sowie einen Glauben an die Wirksamkeit des eigenen Handelns verfügt, zumindest die Voraussetzungen dafür erfüllen, auch die Interessen anderer Bürger im Blick zu haben.

Literatur

Biehl, Heiko (2005): Parteimitglieder im Wandel. Partizipation und Repräsentation. Wiesbaden
Fishbein, Martin/Ajzen, Icek (1972): Beliefs, Attitudes, Intentions and Behaviour. An Introduction to Theory and Research. Reading (Mass.)
Heidar, Knut (2006): Party Membership and Participation. In: Katz, Richard S./Crotty, William J. (Hrsg.): Handbook of Party Politics. London u. a., S. 301-315
Klein, Markus (2006): Partizipation in politischen Parteien. Eine empirische Analyse des Mobilisierungspotenzials politischer Parteien sowie der Struktur innerparteilicher Partizipation in Deutschland. In: Politische Vierteljahresschrift, Bd. 47, H. 1, S. 35-61
Lüdemann, Christian (2001): Politische Partizipation, Anreize und Ressourcen. Ein Test verschiedener Handlungsmodelle und Anschlußtheorien am ALLBUS 1998. In: Koch, Achim/Wasmer, Martina/Schmidt, Peter (Hrsg.): Politische Partizipation in der Bundesrepublik Deutschland. Empirische Befunde und theoretische Erklärungen. Opladen, S. 43-71
Niedermayer, Oskar (2009): Ein Modell zur Erklärung der Entwicklung und Sozialstruktur von Parteimitgliedschaften. In: Jun, Uwe/Niedermayer, Oskar/Wiesendahl, Elmar (Hrsg.): Die Zukunft der Mitgliederpartei. Opladen u. a., S. 91-110
Niedermayer, Oskar (2010): Die Entwicklung der Parteimitgliedschaften von 1990 bis 2009. In: Zeitschrift für Parlamentsfragen, Bd. 41, H. 2, S. 421-437

Scarrow, Susan E. (2006): Trends in Party Membership and Membership Participation: Smaller Parties, Different Types of Members? Working Paper für die Jahrestagung der Midwest Political Science Association. Chicago

Seyd, Patrick/Whiteley, Paul (1992): Labour's Grass Roots. The Politics of Party Membership. Oxford

Verba, Sidney/Nie, Norman (1972): Participation in America. Political Democracy and Social Equality. New York

Vetter, Angelika (1997): Political Efficacy – Reliabilität und Validität. Alte und neue Meßmodelle im Vergleich. Wiesbaden

Wiesendahl, Elmar (2006): Mitgliederparteien am Ende? Eine Kritik der Niedergangsdiskussion. Wiesbaden

7. Wie aktiv sind die Mitglieder der Parteien?

Tim Spier

Dass die deutschen Parteien Mitglieder verlieren, ist keine besonders neue oder überraschende Erkenntnis. Auch wenn der anhaltende Schwund an der Basis insbesondere der Volksparteien CDU/CSU und SPD immer wieder Anlass für Spekulationen über das „Ende der Mitgliederparteien" oder gar das „Aussterben der Parteien" liefert, so muss man diesem Alarmismus bei nüchterner Betrachtung doch zumindest entgegenhalten, dass es auf die Betrachtungsweise ankommt: Verglichen mit der Hochphase parteipolitischer Partizipation in den 1970er und 1980er Jahren haben wir es in der Tat mit einem starken Rückgang der Mitgliederzahlen zu tun. Anfang der 1980er Jahre waren rund 1,8 Millionen Menschen Mitglied in CDU, CSU oder SPD. Vergleicht man hingegen die heutige Mitgliederzahlen dieser Parteien von zusammen rund 1,2 Millionen (Niedermayer 2010: 425) mit den rund 0,8 Millionen Mitte der 1950er Jahre (Wiesendahl 2006: 29f), so wird deutlich, dass die deutschen Volksparteien – noch – mehr Mitglieder als in der Gründungsphase der Bundesrepublik haben.

Für die Frage, ob Parteien ihre Funktionen noch erfüllen können, ist zudem nicht allein die reine Zahl von Mitgliedern entscheidend. Für viele dieser Funktionen ist vielmehr ausschlaggebend, ob sie über eine ausreichend hohe Zahl von aktiven Parteimitgliedern verfügen, die Ämter und Mandate besetzen, die Kommunikation zu den Bürgern suchen oder die Wahlkämpfe vor Ort führen. Auch wenn sich die Schatzmeister der Parteien sicher über alle Mitglieder freuen, die regelmäßig ihre Mitgliederbeiträge entrichten, so macht es doch einen Unterschied, ob ihre „Aktivität" damit beendet ist oder sie vielmehr auch darüber hinaus für die Partei tätig werden, sich an den parteiinternen Willensbildungs- und Entscheidungsprozessen beteiligen und nach außen hin für die Partei werben und streiten. Mit Ausmaß und Art dieser Aktivität von Parteimitgliedern in Deutschland beschäftigen wir uns im vorliegenden Kapitel.

1 Das Aktivitätsniveau der Parteimitglieder

Wie hoch ist zunächst das Niveau der Aktivität der Parteimitglieder in Deutschland? Und wie hat es sich im Zeitverlauf verändert? Um diese Fragen beantworten zu können, müssen wir klären, wie man etwas auf den ersten Blick Abstraktes wie die Aktivität überhaupt messen kann. Grundsätzlich bieten sich zwei Möglichkeiten an: Man kann die Parteimitglieder bitten, die Stundenzahl anzugeben, die sie durchschnittlich pro Monat für ihre Partei tätig waren. Es handelt sich um den Versuch, gewissermaßen „objektiv" die Aktivität zu messen, auch wenn sich dies methodisch schwierig darstellt: Eine exakte Quantifizierung der Aktivität ist keine leichte Aufgabe, sie kann auch über kurze Zeiträume hinweg stark schwanken und setzt bei den Befragten zudem ein einheitliches Verständnis von den zur Aktivität zu zählenden Tätigkeiten voraus. Einfacher, und damit vermutlich zuverlässiger, ist eine „subjektive" Messung der Aktivität, wie sie im Folgenden verwendet werden soll: Die Befragten der Parteimitgliederstudien aus den Jahren 1998 und 2009 wurden gebeten, ihre gegenwärtige Aktivität in der Partei einzuschätzen, wobei ihnen als Antwortmöglichkeiten die vier Kategorien „sehr aktiv", „ziemlich aktiv", „weniger aktiv" und „überhaupt nicht aktiv" vorgegeben wurden.

Die Ergebnisse dieses Versuchs, das Aktivitätsniveau der Parteimitglieder in Deutschland zu erfassen, sind in Abbildung 7.1 aufgeschlüsselt nach Parteien und Befragungszeitpunkten dargestellt. Betrachten wir zunächst allein das aktuelle Aktivitätsniveau aus dem Jahr 2009, so fällt auf, dass beinahe drei Viertel der befragten Mitglieder angeben, wenig oder überhaupt nicht aktiv zu sein. Fast ein Drittel, 31 Prozent der Parteimitglieder, gesteht sogar ein, überhaupt nicht aktiv zu sein. Gerade einmal 6 Prozent der Parteimitglieder halten sich für sehr aktiv, immerhin noch 21 Prozent für ziemlich aktiv. Interessant ist, dass das Aktivitätsniveau im Vergleich zur Situation im Jahre 1998 zugenommen hat. Zumindest der Anteil der überhaupt nicht aktiven Mitglieder ist um 5 Prozentpunkte zugunsten der mittleren Aktivitätsgruppen zurückgegangen.

Von der relativen Inaktivität ihrer Mitglieder sind insbesondere die drei Volksparteien CDU, CSU und SPD betroffen. Die Unterschiede zwischen ihnen sind eher gering, wobei die SPD über den größten Anteil von überhaupt nicht aktiven und die CSU über den geringsten Anteil von sehr aktiven Mitgliedern verfügt. Der Trend zur Zunahme der Aktivität, der bereits für die Mitglieder aller Parteien festgestellt wurde, lässt sich bei diesen drei Parteien aber durchaus erkennen. Bei den drei kleineren Parteien FDP, Bündnis 90/Die Grünen und der Linken ist die Situation etwas anders. Deutlich von allen anderen Parteien unterscheidet sich zunächst die Linke: Sie hat, verglichen mit der Gesamtmitgliedschaft aller Parteien, mit 16 Prozent gerade mal einen halb so großen Anteil von überhaupt nicht aktiven Mitgliedern in ihren Reihen, und zugleich ist ihr Anteil an sehr aktiven und ziemlich aktiven Mitgliedern zusammengenommen größer als bei jeder anderen Partei. Die Linke zeichnet sich daher durch ein vergleichsweise hohes Aktivitätsniveau ihrer Mitglieder aus, das zudem seit 1998 noch einmal gestiegen ist. Bei Bündnis 90/Die Grünen hat sich hingegen im Zeitver-

7. Wie aktiv sind die Mitglieder der Parteien?

lauf am wenigsten an ihrem Aktivitätsniveau verändert. Hatten sie 1998 noch den höchsten Anteil von sehr aktiven Mitgliedern und kamen in der Summe der sehr aktiven und ziemlich aktiven beinahe an die damalige PDS heran, so sind sie mittlerweile in beiden Punkten deutlich hinter die Linke und die FDP zurückgefallen. Die Liberalen weisen den größten Zuwachs an aktiven Mitgliedern auf: 10 Prozent ihrer Mitglieder bezeichnen sich derzeit als „sehr aktiv" – der höchste Wert aller Parteien. Und der Anteil der völlig Inaktiven ist nur bei der Linken noch geringer.

Abbildung 7.1: Aktivitätsniveau der Mitglieder nach Parteien (1998 und 2009)

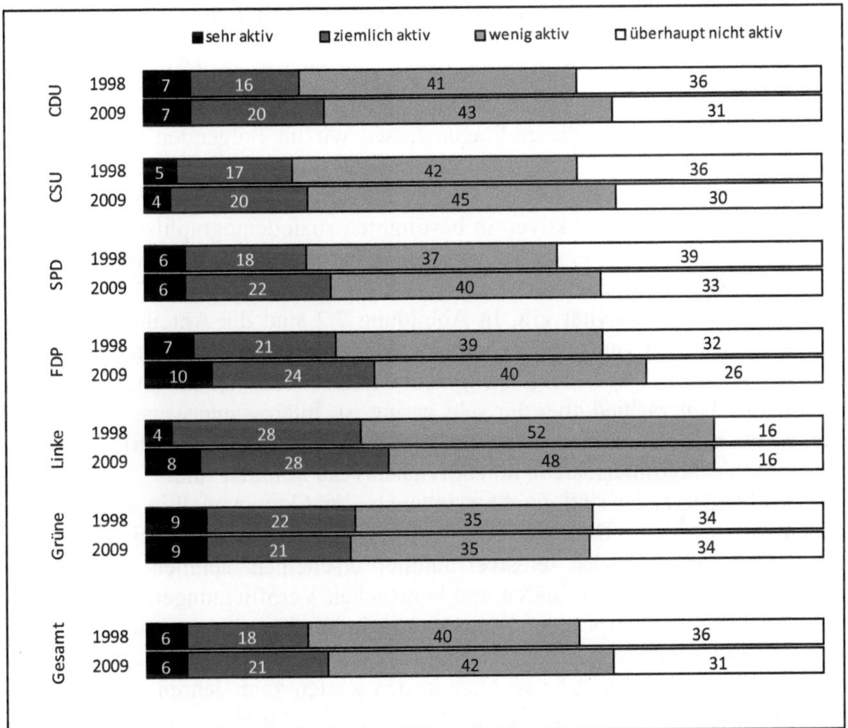

Partei	Jahr	sehr aktiv	ziemlich aktiv	wenig aktiv	überhaupt nicht aktiv
CDU	1998	7	16	41	36
CDU	2009	7	20	43	31
CSU	1998	5	17	42	36
CSU	2009	4	20	45	30
SPD	1998	6	18	37	39
SPD	2009	6	22	40	33
FDP	1998	7	21	39	32
FDP	2009	10	24	40	26
Linke	1998	4	28	52	16
Linke	2009	8	28	48	16
Grüne	1998	9	22	35	34
Grüne	2009	9	21	35	34
Gesamt	1998	6	18	40	36
Gesamt	2009	6	21	42	31

Quelle: Potsdamer Parteimitgliederstudie 1998, Deutsche Parteimitgliederstudie 2009.

Der größte Teil der deutschen Parteimitglieder sieht sich selber also als vergleichsweise inaktiv an. Bedenkt man, dass man in einer Befragungssituation dazu neigt, sich möglichst gut darzustellen, so dürfte dies noch eine konservative Schätzung des (In-)Aktivtitätsniveaus sein. Grundsätzlich kann man sagen, dass die Inaktivität bei den Volksparteien CDU, CSU und SPD noch etwas ausgeprägter ist, als bei den kleineren Parteien, wobei sich diese Unterschiede im Zeitverlauf eher verringern. Lediglich die Linke weist eine deutlich höhere Aktivität ihrer Mitglieder auf, was vor allem auf den geringen Anteil von überhaupt nicht aktiven Mitgliedern zurückgeht. Wenn man bedenkt, dass der Mitgliederschwund insbesondere bei den Volksparteien ausgeprägt ist, so lässt sich vermuten, dass vornehmlich die eher nicht so aktiven Mitglieder diese Parteien verlassen oder die Neuzugänge sich durch eine höhere Aktivität auszeichnen.

2   Das soziodemographische Profil der aktiven Mitglieder

Wer sind aber nun die Aktiven der Parteien? Welche soziodemographischen Merkmale der Mitglieder gehen mit einer höheren Aktivität in den Parteien einher? Zur Beantwortung dieser Fragen fassen wir im Folgenden diejenigen als Aktive auf, die sich selbst als „sehr aktiv" und „ziemlich aktiv" bezeichnen. Im Schnitt aller Parteien sind dies 27 Prozent der Mitglieder. Dieser Wert dient uns für die Betrachtung der Aktiven in bestimmten soziodemographischen Gruppen als Bezugspunkt. Weist eine Gruppe einen höheren Anteil an Aktiven auf, so ist sie überdurchschnittlich aktiv – was natürlich auch umgekehrt für eine unterdurchschnittliche Aktivität gilt. In Abbildung 7.2 sind die Anteile von aktiven Mitgliedern in den verschiedenen soziodemographischen Gruppen für das Jahr 2009 abgetragen. Dabei zeigt sich, dass Männer zwar leicht aktiver sind als Frauen, der Unterschied aber nur sehr gering ist. Interessanterweise waren 1998 Frauen noch leicht aktiver als Männer (nicht separat ausgewiesen), was zeigt, dass Geschlechterunterschiede im Aktivitätsniveau minimal sind.

Viel bedeutender sind die Abweichungen im Aktivenanteil in den verschiedenen Altersgruppen: Der Anteil der Aktiven sinkt systematisch mit steigendem Alter. Dies mag zunächst selbstverständlich erscheinen, nehmen doch mit zunehmendem Alter die familiären und beruflichen Verpflichtungen zu. Im hohen Alter mag auch die körperliche Konstitution ein Hinderungsgrund für allzu große Aktivität in Parteien sein. Dennoch muss festgestellt werden, dass sich die Aktivitätsstruktur in Bezug auf das Alter in den letzten zehn Jahren verändert hat: Noch 1998 waren die voll im Berufsleben stehenden Mitglieder zwischen 35 und 64 Jahren die aktivsten, während die jüngeren unter 35 Jahren in etwa so aktiv waren, wie die Gruppe der „jungen Rentner" zwischen 65 und 79 Jahren. Bemerkenswert im Zeitverlauf ist damit insbesondere die Zunahme des Anteils von Aktiven in der Gruppe der bis unter 35jährigen von 23 auf 37 Prozent (nicht separat ausgewiesen). Auch wenn es immer weniger junge Mitglieder in den Parteien gibt – diese sind jedenfalls bei weitem aktiver als ihre Altersgenossen noch vor zehn Jahren. Falls es sich dabei nicht um rein lebenszyklusbedingte Phänomene handelt, und die heute junge Generation von Parteimitgliedern auch im Älterwerden eine erhöhte Aktivität beibehält, so sind dies recht positive Aussichten für die Parteien.

Abbildung 7.2: Anteil der Aktiven in soziodemographischen Gruppen (2009)

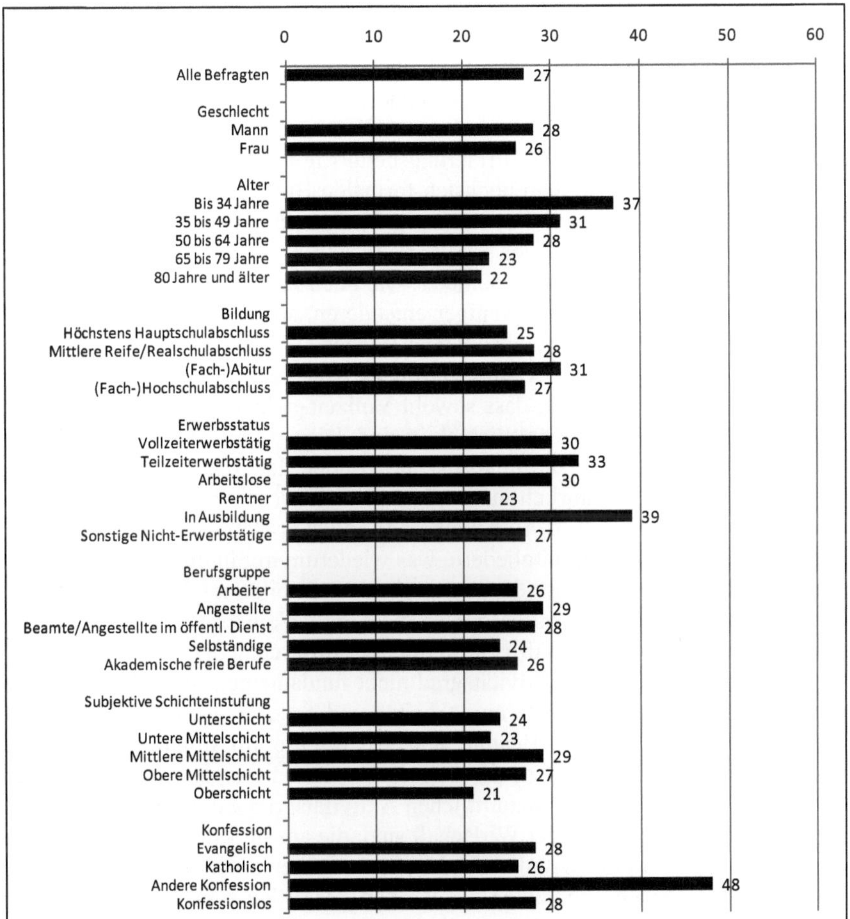

Gruppe	Anteil (%)
Alle Befragten	27
Geschlecht	
Mann	28
Frau	26
Alter	
Bis 34 Jahre	37
35 bis 49 Jahre	31
50 bis 64 Jahre	28
65 bis 79 Jahre	23
80 Jahre und älter	22
Bildung	
Höchstens Hauptschulabschluss	25
Mittlere Reife/Realschulabschluss	28
(Fach-)Abitur	31
(Fach-)Hochschulabschluss	27
Erwerbsstatus	
Vollzeiterwerbstätig	30
Teilzeiterwerbstätig	33
Arbeitslose	30
Rentner	23
In Ausbildung	39
Sonstige Nicht-Erwerbstätige	27
Berufsgruppe	
Arbeiter	26
Angestellte	29
Beamte/Angestellte im öffentl. Dienst	28
Selbständige	24
Akademische freie Berufe	26
Subjektive Schichteinstufung	
Unterschicht	24
Untere Mittelschicht	23
Mittlere Mittelschicht	29
Obere Mittelschicht	27
Oberschicht	21
Konfession	
Evangelisch	28
Katholisch	26
Andere Konfession	48
Konfessionslos	28

Quelle: Deutsche Parteimitgliederstudie 2009.

Der Anteil der Aktiven variiert auch nach dem höchsten formalen Bildungsabschluss, über den die Befragten jeweils verfügen. Dabei steigt die Aktivität mit zunehmendem Bildungsniveau. Lediglich bei den Parteimitgliedern, die über ein abgeschlossenes Hochschulstudium verfügen, fällt die Aktivität auf ein durchschnittliches Maß zurück. In der politikwissenschaftlichen Partizipationsforschung werden derartige Phänomene häufig mit der sogenannten Ressourcentheorie erklärt (Brady/Verba/Schlozman 1995): Politische Beteiligung, nicht nur in der Form der Aktivität in Parteien, ist ihr zufolge eine anspruchsvolle Tätigkeit, die bestimmte Ressourcen voraussetzt. Dazu zählen Zeit, Geld und Fähigkeiten, wie Kommunikationskompetenz, Wissen über Organisationsformen oder politische Prozesse. Da diese Ressourcen allgemein mit einer höheren Schulbildung, einem höheren Einkommen und einer höheren gesellschaftlichen Position einhergehen, sind es gerade diese soziodemographischen Gruppen, die stärker partizipieren (van Deth 2009: 153). Erklärungsbedürftig bleibt dennoch, warum ausgerechnet die Gruppe mit dem höchsten formalen Bildungsabschluss nur durchschnittlich aktiv ist. Ein Teil der Erklärung dürfte sein, dass nahezu alle Befragten, die den akademischen freien Berufen angehören, über Hochschulabschlüsse verfügen. Da sich die freien Akademiker, wie noch zu zeigen sein wird, vermutlich aus Zeitgründen sehr viel weniger engagieren, spiegelt sich dies in der geringen Aktivität der Hochschulabsolventen wieder.

Eine Unterscheidung des Anteils von aktiven Parteimitgliedern nach dem Erwerbsstatus zeigt zunächst, dass sowohl Vollzeit- wie auch noch stärker Teilzeitbeschäftigte überdurchschnittlich aktiv sind. Dies gilt interessanterweise auch für Arbeitslose. Lediglich die relativ große Gruppe der Rentner ist unterdurchschnittlich aktiv, was natürlich auch mit deren höherem Alter zusammenhängt. Umgekehrt sind die noch in Ausbildung befindlichen Befragten die bei weitem aktivste Gruppe von Parteimitgliedern, was wiederum mit ihrem durchschnittlich jungen Alter einhergeht. Hier dürften die in der Ausbildungsphase noch stärker zur Verfügung stehenden Zeitressourcen die Möglichkeit eröffnen, sich intensiv mit der Parteiarbeit zu beschäftigen. In den hier differenzierten fünf Berufsgruppen unterscheidet sich der Aktivitätsgrad nicht fundamental. Selbständige haben den geringsten Anteil an Aktiven, Arbeiter und freie Akademiker sind leicht unterdurchschnittlich aktiv. Beamte und Angestellte im öffentlichen Dienst, denen häufig nachgesagt wird, dass sie in Parteien besonders dominant sind, weisen einen leicht überdurchschnittlichen Aktivitätsgrad auf, während es gerade die übrigen Angestellten in der Wirtschaft sind, die am stärksten aktiv sind.

In der Parteimitgliederstudie wurden die Befragten auch gebeten, sich selbst einer von fünf sozialen Schichten zuzuordnen. Derartige subjektive Schichteinstufungen gehören zu den Standardinstrumenten der empirischen Sozialforschung. Sie soll nicht nur ein Bild sozialer Ungleichheit liefern, sondern vor allem Auskunft geben, wie die Befragten ihre eigene soziale Position in der Gesellschaftsstruktur sehen. Für unsere Zwecke ist vor allem interessant, dass Personen, die sich höheren gesellschaftlichen Schichten zugehörig fühlen, in aller Regel über größere Ressourcen verfügen sollten und daher auch in Parteien aktiver sein müssten. Die in Abbildung 7.2 abgetragenen Ergebnisse bestätigen diese theoriegeleitete Vermutung jedoch nur zum Teil: Zwar weisen die Unterschicht und die untere Mittelschicht geringere Aktivenanteile auf als die mittlere und obere Mittelschicht, allerdings ist es ausgerechnet die Gruppe derer, die sich selbst zur Oberschicht zählen, die am wenigsten aktiv ist. Diese Gruppe ist jedoch sehr klein, lediglich rund 2 Prozent der Befragten stufen sich in diese Gesellschaftsschicht ein. Zudem sind Oberschichtangehörige insbesondere bei CDU, CSU und FDP überdurchschnittlich vertreten, wobei CDU und CSU ohnehin nur einen geringen Aktivitätsgrad ihrer Mitglieder aufweisen.

Auch die Konfessionszugehörigkeit spielt für die Aktivität in der Partei keine große Rolle. Protestanten und Konfessionslose sind leicht überdurchschnittlich aktiv, Katholiken hingegen eher unterdurchschnittlich. Aber diese Unterschiede sind marginal. Interessant ist allemal, dass die Angehörigen anderer Konfessionen den größten Anteil an Aktiven aufweisen. Diese Gruppe macht zwar gerade einmal 1,3 Prozent der Mitgliedschaft aller Bundestagsparteien aus, ist also relativ klein, nichtsdestotrotz ist dies ein bemerkenswertes Ergebnis. Dabei erweisen sich insbesondere Muslime und orthodoxe Christen als besonders aktiv. Es handelt sich aber jeweils um Konfessionsgruppen, die nur verschwindend geringen Anteil an der Gesamtmitgliedschaft haben.

Wodurch zeichnet sich ein aktives Parteimitglied typischerweise aus? Er oder sie ist relativ jung, noch in Ausbildung befindlich oder berufstätig, im letzteren Fall abhängig beschäftigt in Wirtschaft oder öffentlichem Sektor, verfügt über ein überdurchschnittliches Bildungsniveau und ordnet sich selbst der mittleren oder oberen Mittelschicht zu. Eine derartige idealtypische Zuspitzung sollte aber nicht überinterpretiert werden: Die Aktiven in den Parteien unterscheiden sich nur graduell in den untersuchten soziodemographischen Merkmalen von den Inaktiven. Wendet man fortgeschrittene Verfahren der statistischen Datenanalyse auf die Problematik an, so zeigt sich, dass der Unterschied von Aktiven zu Inaktiven nur zu rund 3 Prozent durch die hier untersuchten soziodemographischen Merkmale erklärt werden kann.[1] Offenbar müssen also auch andere Faktoren herangezogen werden, um die Aktivität in den Parteien zu erklären.

---

[1] Die Erklärungskraft wird mithilfe einer multivariaten logistischen Regression ermittelt, bei der die dichotome Unterscheidung in Aktive und Inaktive die abhängige Variable darstellt und die sieben hier untersuchten soziodemographischen Merkmale die unabhängigen Variablen sind. Das so spezifizierte Modell weist einen Nagelkerkes Pseudo-R^2-Wert von 0,029 auf, was einer Erklärungskraft von rund 3 Prozent entspricht.

3 Die Motivation der aktiven Mitglieder

Wie ist es um die Motivation der aktiven Mitglieder, gerade auch im Vergleich zu den eher inaktiven bestellt? Wenn schon die Soziodemographie keinen entscheidenden Anteil an der Erklärung der Aktivität der Mitglieder hat, so kann vielleicht die Motivation besser verdeutlichen, warum bestimmte Mitglieder aktiver sind als andere. Unter einem Motiv versteht man allgemein den Grund für bestimmte Handlungen und Verhaltensweisen. Bereits in Kapitel 5 wurde ein Konzept vorgestellt, mit dem in der Parteimitgliederforschung üblicherweise versucht wird, die Motivation zum Parteibeitritt mithilfe bestimmter Anreize zu erfassen, was sich mit geringen Veränderungen auch auf die Motivation zur Aktivität in Parteien übertragen lässt.

Dieses sogenannte General-Incentives-Modell (Seyd/Whiteley 1992; hier in der Umsetzung von Klein 2006) unterscheidet sieben Gruppen von Vorteilen oder positiven Anreizen für die Partizipation in politischen Parteien: Zunächst gibt es Vorteile, die unmittelbar dem betroffenen Parteimitglied zugutekommen und daher als selektive Anreize bezeichnet werden. Die *selektiven, ergebnisbezogenen Anreize* erfassen individuelle Vorteile, die sich als Konsequenz aus der Parteiarbeit ergeben können, etwa bestimmte berufliche Vorteile oder die Übernahme von politischen Ämtern und Mandaten. Bei den *selektiven, prozessbezogenen Anreize* erlangt das Parteimitglied aus der Tätigkeit in der Partei selbst unmittelbar eine Befriedigung, etwa weil es politischen Sachverstand entwickelt, mit anderen Menschen zusammenarbeitet oder schlicht Spaß an der politischen Arbeit hat. Neben den selektiven, also exklusiv dem jeweiligen Parteimitglied zukommenden, Vorteilen kann man auch *kollektive, politische Anreize* identifizieren. Hier erhofft sich das betreffende Mitglied durch die Aktivität nicht Vorteile ausschließlich für sich selbst, sondern für die Partei als Ganzes. Zum Beispiel sollen die Partei gestärkt oder ihre Ziele verwirklicht werden.

Neben diesen drei Anreizen, die auf direkte Vorteile für das Parteimitglied selbst oder die eigene Partei ausgerichtet sind, gibt es auch vier Anreize, die eher indirekte Vorteile darstellen: Bei diesen Anreizen ist die Mitarbeit in der Partei nicht Mittel zum Zweck, sondern besitzt einen spezifischen Eigenwert. Lässt sich die Aktivität eines Mitglieds innerhalb der Partei vor allem über die Erfüllung von Erwartungen des sozialen Umfeldes erklären, so kann von *normativen Anreize* gesprochen werden. Hier ist etwa der Einfluss von Familie und Freunden denkbar oder auch die allgemeine Wertschätzung, die man unter Umständen aufgrund der Mitarbeit in Parteien erfahren mag. Eng verwandt mit den normativen Motiven sind die *altruistischen Anreize*. Auch bei diesen ist das Parteimitglied aktiv, um Erwartungen zu erfüllen, nur dass sie sich in diesem Fall nicht aus dem sozialen Umfeld ergeben, sondern aus allgemeinen gesellschaftlichen

Partizipationsnormen. Hierunter fällt, wenn jemand als Parteimitglied aktiv ist, weil er es für seine demokratische Bürgerpflicht hält. Bei den *ideologischen Anreizen* stellt die Parteimitarbeit eine Unterstützung bestimmter ideologischer Prinzipien dar, aus der heraus das Mitglied eine innere Befriedigung erfährt. Dies kann sich darin zeigen, dass man auf den Kurs der Partei Einfluss nehmen oder einen bestimmten Flügel stärken will. *Expressive Anreize* sind schließlich darauf gerichtet, durch die Aktivität eine Unterstützung der Partei zum Ausdruck zu bringen. Im Unterschied zu den ideologischen Anreizen basiert diese Unterstützung auf der gefühlsmäßigen Bindung gegenüber der Partei, etwa weil man ihr oder ihren Spitzenpolitikern gegenüber eine große Sympathie hegt.

In den beiden hier untersuchten Parteimitgliederstudien wurden die Befragten gebeten, anzugeben, warum sie Mitglied in ihrer Partei sind. Hierzu wurde ihnen eine ganze Reihe von Motiven vorgegeben, für die sie jeweils auf einer fünfstufigen Skala angeben konnten, wie wichtig ihnen das jeweilige Motiv ist – von „sehr wichtig" bis „überhaupt nicht wichtig". Fünfzehn dieser Motive haben wir zu den sieben eben erläuterten Anreizen zusammengefasst, wobei die so gewonnenen Indikatoren jeweils Werte von 0 bis 10 annehmen können.[2] Die Mittelwerte für alle Parteimitglieder im Jahr 2009 sind in Abbildung 7.3 abgetragen, wobei separat die Werte für die aktiven und die inaktiven Mitglieder angegeben sind. Dabei zeigt sich zunächst, dass die unterschiedlichen Anreize grundsätzlich ähnlich stark bei den Aktiven wie Inaktiven ausgeprägt sind. Die wichtigste Motivation resultiert auf den ersten Blick aus den kollektiven politischen Anreizen. Die Befragten sind also in großem Maße in ihrer jeweiligen Partei, weil sie sich erhoffen, diese zu stärken und ihre Ziele mit zu verwirklichen. Am zweitwichtigsten sind die altruistischen Anreize. Die Parteimitglieder kommen mit ihrer Mitgliedschaft demzufolge dem Gefühl nach, eine bestimmte Bürgerpflicht erfüllen zu müssen, die gesellschaftlich erwünscht ist. Fast ebenso wichtig sind die expressiven Anreize, mit denen die Mitglieder eine gefühlsmäßige Bindung zu ihrer Partei zum Ausdruck bringen. Bereits weniger wichtig sind die selektiv-prozessbezogenen Anreize, bei denen das Mitglied schon allein durch die Tätigkeit für die Partei eine Befriedigung erfährt. Die Erfüllung bestimmter ideologischer Prinzipien (ideologische Anreize) und der Erwartungen des persönlichen Umfeldes wie des Familien- oder Freundeskreises (normative Anreize) sind bei aktiven wie inaktiven Mitgliedern nur schwach ausgeprägt. Der schwächste Anreiz zur Mitgliedschaft in der Partei besteht interessanterweise in den persönlichen Vorteilen, die man sich dadurch erhoffen kann (selektive, ergebnisbezogene Anreize).

---

[2] Eine genaue Beschreibung der Zuordnung findet sich in Kapitel 5, Abbildung 5.1.

Abbildung 7.3: Mittelwerte der Mitgliedschaftsmotive nach Aktiven und Inaktiven (2009)

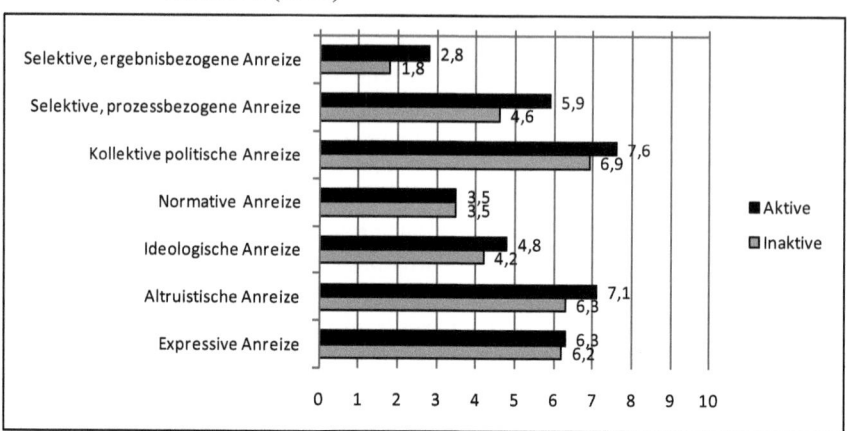

Quelle: Deutsche Parteimitgliederstudie 2009.

Um feststellen zu können, welcher dieser Anreize die Mitglieder dazu motiviert, aktiv zu werden, darf man aber nicht so sehr auf das generelle Niveau abstellen, sondern muss vor allem analysieren, in welchem der Anreize sich aktive und inaktive Mitglieder besonders stark voneinander unterscheiden. Nur wenn ein Anreiz bei Aktiven stärker ausgeprägt ist als bei Inaktiven, kann man davon sprechen, dass der jeweilige Anreiz einen positiven Einfluss darauf hat, dass jemand aktiv ist. Den Einfluss der Anreize auf die Aktivität der Mitglieder kann man mithilfe fortgeschrittener statistischer Verfahren ermitteln, die wir hier nur im Ergebnis in Abbildung 7.4 graphisch darstellen wollen.[3] Dabei weisen die Anreize, die nach rechts von der Hauptachse aus ausschlagen, einen positiven Einfluss auf die Aktivität der Mitglieder auf, während Ausschläge nach links einen negativen Einfluss darstellen. Die Stärke des jeweiligen Einflusses lässt sich über die verschiedenen Anreize hinweg vergleichen. Um die zeitliche Entwicklung des Einflusses der Motivationen auf die Aktivität der Mitglieder erfassen zu können, wurde zusätzlich zwischen den Zeitpunkten 1998 und 2009 unterschieden.

---

[3] Es handelt sich dabei um eine multivariate logistische Regression, bei der die dichotome Unterscheidung in Aktive und Inaktive die abhängige Variable darstellt und die sieben hier untersuchten Anreize die unabhängigen Variablen sind. In der Grafik werden die standardisierten Koeffizienten ausgewiesen. Signifikante Merkmale sind durch ein Sternchen gekennzeichnet.

7. Wie aktiv sind die Mitglieder der Parteien?

Abbildung 7.4: Einfluss der Motivationen auf die Aktivität der Mitglieder (1998 und 2009)

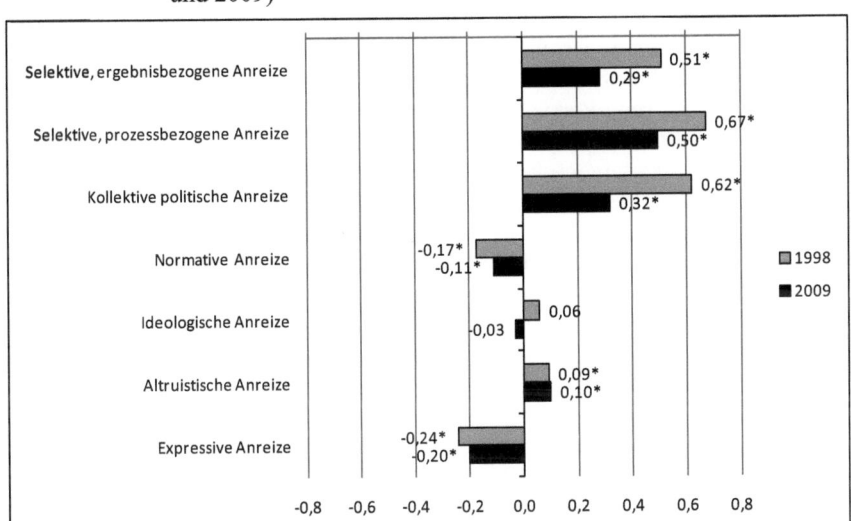

Quelle: Potsdamer Parteimitgliederstudie 1998, Deutsche Parteimitgliederstudie 2009.

Bei der Interpretation zeigt sich, dass die verschiedenen Anreize die Aktivität der Mitglieder sehr unterschiedlich beeinflussen. Einen signifikanten positiven Einfluss weisen nur die drei oben stehenden Anreize auf, die auf recht konkrete, direkte Vorteile der Parteiarbeit gerichtet sind. Parteimitglieder werden also deswegen aktiv, weil ihnen die Parteiarbeit selbst Befriedigung verschafft (selektive, prozessbezogene Anreize), weil sie daraus persönliche Vorteile ziehen können (selektive, ergebnisbezogene Anreize) oder zumindest glauben, ihre Partei dadurch zu stärken (kollektive, politische Anreize). Hingegen erweist sich, dass die Personen, die vor allem aufgrund des Einflusses ihres persönlichen Umfeldes Parteimitglied sind (normative Anreize), weniger aktiv sind. Auch die, die mit ihrer Mitgliedschaft lediglich ihre gefühlsmäßige Bindung an die Partei zum Ausdruck bringen wollen (expressive Anreize), sind mit einer geringeren Wahrscheinlichkeit in ihr aktiv.

Interessant ist dabei auch, dass der Einfluss der einzelnen Anreize 2009 im Vergleich zu 1998 zwar in Richtung und Rangfolge im Großen und Ganzen gleich geblieben, die Stärke dieser Einflüsse aber fast überall deutlich zurückgegangen ist. Konnte der Unterschied von Aktiven zu Inaktiven 1998 noch zu rund 30 Prozent durch die sieben hier angeführten Motivationen erklärt werden, so hat sich diese Erklärungskraft 2009 auf 15 Prozent verringert. Vergleicht man dies jedoch mit der geringen Erklärungskraft der im letzten Abschnitt unterschiedenen soziodemographischen Merkmale von rund 3 Prozent (1998: rund 2 Prozent), so wird trotzdem deutlich, dass die Motivation der Parteimitglieder viel wichtiger für die Frage ist, ob sie aktiv sind, als sozialstrukturellen Merkmale wie Geschlecht, Alter, Bildung, Erwerbsstatus oder Beruf.

Zusammenfassend können wir also sagen, dass insbesondere diejenigen in Parteien aktiv werden, die sich konkrete und direkte Vorteile davon versprechen. Man mag in eine Partei eintreten und in ihr Mitglied bleiben, um den Wünschen des sozialen Umfeldes nachzukommen, gesellschaftliche Bürgerpflichten zu erfüllen, ideologische Prinzipien zu unterstützen oder eine gefühlsmäßige Bindung mit der Partei zum Ausdruck zu bringen. Für die Frage, ob man darüber hinaus in der Partei mehr macht, als nur den Mitgliedsbeitrag zu entrichten, ist es jedoch von großer Wichtigkeit, dass man sich Vorteile durch die Parteiarbeit selbst oder als Ergebnis der Parteiarbeit erhofft und davon ausgeht, dass die eigene Mitgliedschaft für die Partei auch selbst vorteilhaft ist. Die Motivation zur Aktivität in den deutschen Parteien ist also primär instrumentell in dem Sinn, dass man durch sie bestimmte konkrete Vorteile für sich und die Partei erreichen möchte. Auch wenn dieses Bild 1998 noch stärker stimmte als 2009, können wir klar erkennen, dass derartige Motivationen die Aktivität in den Parteien immer noch viel besser erklären können als sozialstrukturelle Unterschiede, die für ressourcenstarke Gruppen in der Mitgliedschaft stehen.

4 Die Aktivitätsformen der Parteimitglieder

In welchen Formen sind die Parteimitglieder für die Partei aktiv? Die Aktivität der Parteimitglieder kann ganz unterschiedliche Ausprägungen annehmen. Die einen gehen im Wesentlichen zu den offiziellen Parteiveranstaltungen, andere arbeiten auch aktiv am Kontakt der Partei nach außen hin mit, gerade auch bei den typischen Wahlkampfaktivitäten. Wiederum andere wagen sich an die zeitaufwendigen Formen der Mitarbeit, die mit der Formulierung von politischen Aussagen, der Organisation der Parteiarbeit und der Übernahme von Parteiämtern sowie der Kandidatur für öffentliche Ämter zusammenhängen. Schließlich wird es auch Mitglieder geben, die die Partei insbesondere als Ort geselligen Beisammenseins schätzen. Im Rahmen der Parteimitgliederstudien wurden die Befragten gebeten, anzugeben, wie häufig sie bestimmte Formen der Aktivität in den letzten Jahren ausgeübt haben. Die Ergebnisse für 1998 und 2009 finden sich in Abbildung 7.5, wobei die prozentualen Anteile der Parteimitglieder abgetragen sind, die angeben, die jeweilige Aktivitätsform „sehr häufig" oder „eher häufig" betrieben zu haben.

7. Wie aktiv sind die Mitglieder der Parteien?

Abbildung 7.5: Aktivitätsformen (1998 und 2009)

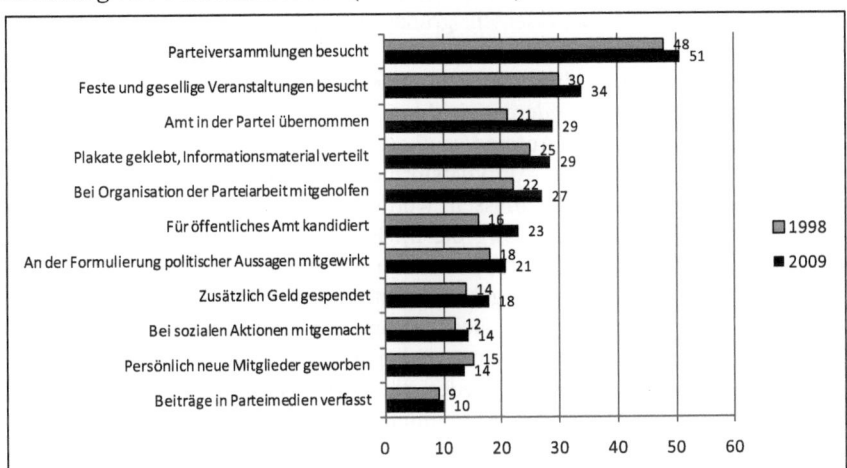

Quelle: Potsdamer Parteimitgliederstudie 1998, Deutsche Parteimitgliederstudie 2009.

In den Anteilen der Aktivitätsformen spiegelt sich zunächst einmal die grundsätzliche Erkenntnis dieses Kapitels wieder: Aktiv, gleich in welcher Form, ist insgesamt nur eine Minderheit der Parteimitglieder. Selbst den Besuch von Parteiversammlungen, die wohl niederschwelligste Form der Parteiarbeit über die rein formale Mitgliedschaft hinaus, wird 2009 gerade einmal von 51 Prozent der Befragten als häufige Aktivitätsform genannt. Am zweitwichtigsten ist noch der Besuch von Festen und geselligen Veranstaltungen der Partei, diese Form fällt mit 34 Prozent jedoch schon weit ab. Immerhin noch 29 Prozent haben ein Amt in der Partei übernommen. Ähnlich hohe Anteile weisen parteitypische Aktivitäten wie das Kleben von Plakaten und Verteilen von Informationsmaterial, organisatorische Tätigkeiten für die Partei und die Betreuung von Informationsständen auf. Immerhin 23 Prozent der Mitglieder sind bereit, für ein öffentliches Amt zu kandidieren, 21 Prozent haben an der Politikformulierung mitgewirkt. Noch seltener werden genannt das Spenden von zusätzlichem Geld, die Aktivität im Rahmen von sozialen Aktionen der Parteien, die persönliche Mitgliederwerbung und das Verfassen von Beiträgen in Parteimedien.

Immerhin zeigt sich die grundsätzliche Zunahme des Aktivitätsniveaus auch in den einzelnen Aktivitätsformen: Im Vergleich zu 1998 ist die Häufigkeit der Ausübung der verschiedenen parteispezifischen Aktivitäten fast ausnahmslos gestiegen. Dies ist besonders stark im Bereich der Übernahme von Ämtern in der Partei der Fall, wo wir eine Zunahme von 8 Prozentpunkten von 1998 bis 2009 zu verzeichnen haben. Eine geringere Zahl von Parteimitgliedern bei einer in etwa gleichbleibenden Zahl von Parteiämtern bedeutet natürlich auch, dass die Chance, ein Parteiamt zu bekleiden, grundsätzlich zunimmt. Interessanterweise ist die Ausübung einer Aktivitätsform im Zeitverlauf zurückgegangen: die persönliche Werbung neuer Mitglieder. Sie sank leicht von 15 auf 14 Prozent. Dies ist für die zukünftige Mitgliederentwicklung natürlich eine bedenkliche Entwicklung, der die Parteien große Aufmerksamkeit widmen sollten.

Um diese verschiedenen Aktivitätsformen sinnvoll zu bestimmten aussagekräftigen Gruppen zusammenzufassen, wurden auf empirischem Wege vier Aktivitätstypen gebildet (Klein 2006), die im Folgenden beschrieben werden sollen:[4] Zunächst kann man eine Gruppe von Mitgliedern identifizieren, die man als *Inaktive* bezeichnen könnte. Sie gehen selbst zu den offiziellen Parteiveranstaltungen nur sehr selten und üben auch alle anderen Aktivitätsformen kaum aus. Darüber hinaus soll eine Gruppe unterschieden werden, die wir *Versammlungsbesucher* genannt haben. Die Mitglieder, die in diese Kategorie fallen, besuchen immerhin häufig die Mitgliederversammlungen, ihre anderweitige Aktivität hält sich jedoch stark in Grenzen. Die *geselligkeitsorientierten Aktiven* zeichnen sich dadurch aus, dass sie – neben den Parteiversammlungen – auch Feste und gesellige Veranstaltungen der Partei aufsuchen, aber nur hin und wieder ein Parteiamt übernehmen oder bei der Organisation der Partei mithelfen. Schließlich unterscheiden sich die *ämterorientierten Aktiven* von allen anderen Gruppen darin, dass sie in fast allen Formen aktiv sind, aber insbesondere Parteiämter übernehmen, für öffentliche Ämter kandidieren und auch sonst in der Organisation der Parteiarbeit tätig sind.

Abbildung 7.6 zeigt den Anteil dieser vier Aktivitätstypen an den Mitgliedern der Parteien in den Jahren 1998 und 2009, sowohl für die hier untersuchten Parteien insgesamt als auch für die Einzelparteien. Rund die Hälfte der Mitglieder sind zunächst Inaktive im oben definierten Sinne. Sie tragen über ihren Mitgliedsbeitrag hinaus nicht viel zur Parteiarbeit bei. Im Zeitvergleich ist der Anteil der Inaktiven jedoch immerhin geringfügig zurückgegangen, von genau 50 Prozent 1998 auf 47 Prozent im Jahr 2009. Die wenigsten finden sich bei der Linken, wobei ihr Anteil im Vergleich zur alten PDS 1998 deutlich gestiegen ist. Bei der Interpretation muss man jedoch bedenken, dass viele der neuen Mitglieder im Westen zum Befragungszeitpunkt Anfang 2009 erst kurze Zeit in der Partei waren und dementsprechend vergleichsweise wenig Aktivität „in den letzten Jahren" an den Tag legen konnten. Der größte Anteil an Inaktiven findet sich interessanterweise bei Bündnis 90/Die Grünen. Er ist zudem entgegen dem

---

[4] Es handelt sich dabei um eine sogenannte Clusterzentrenanalyse, die die Befragten anhand ihrer Aktivitätsformen zu Gruppen zusammenfasst, die in sich möglichst homogen sind. Jeder Befragte ist immer genau einer Gruppe zugeordnet. Bei der Analyse erwies sich die hier vorgestellte Lösung mit vier Clustern als die aussagekräftigste (Klein 2006).

7. Wie aktiv sind die Mitglieder der Parteien? 111

allgemeinen Trend in der Gesamtmitgliedschaft im Vergleich zu 1998 noch einmal gestiegen. Bei allen anderen Parteien liegt ihr Anteil zwischen 40 und 50 Prozent und ist im Zeitverlauf entweder gesunken, bei der CDU sogar recht stark, oder gleich geblieben.

Abbildung 7.6: Aktivitätstypen der Mitglieder nach Parteien (1998 und 2009)

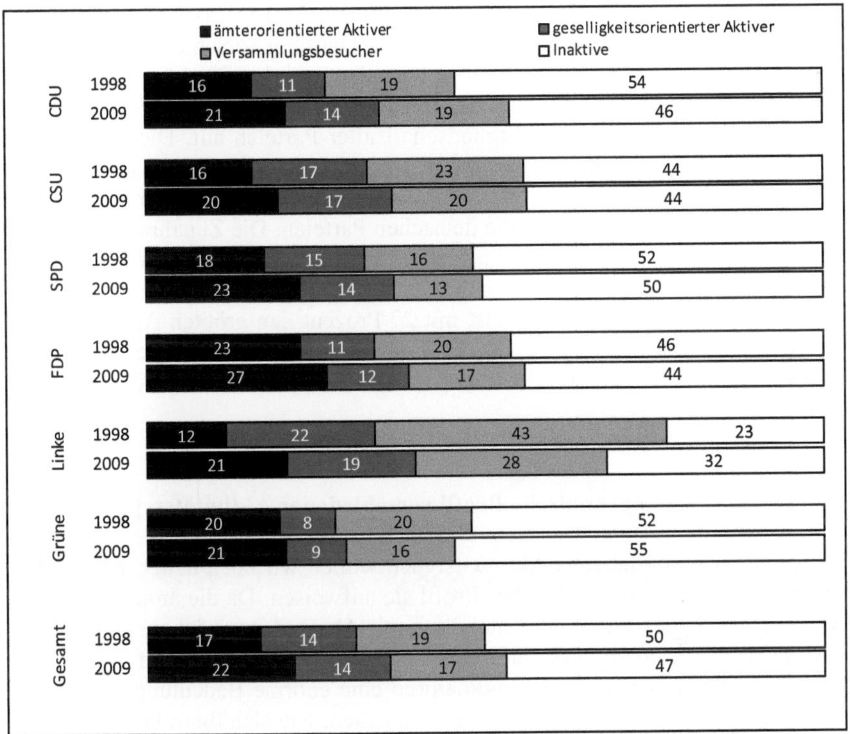

Partei	Jahr	ämterorientierter Aktiver	Versammlungsbesucher	geselligkeitsorientierter Aktiver	Inaktive
CDU	1998	16	11	19	54
CDU	2009	21	14	19	46
CSU	1998	16	17	23	44
CSU	2009	20	17	20	44
SPD	1998	18	15	16	52
SPD	2009	23	14	13	50
FDP	1998	23	11	20	46
FDP	2009	27	12	17	44
Linke	1998	12	22	43	23
Linke	2009	21	19	28	32
Grüne	1998	20	8	20	52
Grüne	2009	21	9	16	55
Gesamt	1998	17	14	19	50
Gesamt	2009	22	14	17	47

Quelle: Potsdamer Parteimitgliederstudie 1998, Deutsche Parteimitgliederstudie 2009.

Der Anteil der reinen Versammlungsbesucher an allen Parteimitgliedern beträgt rund 17 Prozent und ist im Vergleich zu 1998 leicht zurückgegangen. Er unterscheidet sich recht wenig von Partei zu Partei. Der geringste Anteil von Versammlungsbesuchern ist mit 13 Prozent bei der SPD zu finden, der höchste hingegen bei der Linken (28 Prozent). Auch hier ist der durch die Fusion von PDS und WASG bedingte Strukturwandel in der Mitgliedschaft sehr ausgeprägt. Die PDS wies 1998 noch einen Anteil an Versammlungsbesuchern von rund 43 Prozent auf. Bei der alten PDS gingen die Mitglieder also immerhin zu guten

Teilen zu den offiziellen Parteiversammlungen, was auch den geringen Anteil von Inaktiven erklärt. Durch den Fusionsprozess gleicht sich das Bild der Linken jedoch allmählich dem der anderen Parteien an.

Die geselligkeitsorientierten Aktiven machen rund 14 Prozent der Mitglieder aller Parteien aus. Dieser Anteil hat sich seit 1998 praktisch nicht verändert. Am geringsten ist er bei Bündnis 90/Die Grünen, bei der CSU fällt er mit 17 Prozent, bei der Linken sogar mit 19 Prozent überdurchschnittlich aus. Die ämterorientierten Aktiven, die sich durch die Häufung verschiedener Aktivitätsformen auszeichnen, aber insbesondere Parteiämter wahrnehmen, die Parteiarbeit organisieren und auch für öffentliche Ämter kandieren, weisen 2009 einen Anteil von rund 22 Prozent an der Mitgliedschaft aller Parteien auf. Dieser Anteil ist seit 1998 kräftig um 5 Prozentpunkte gestiegen. Dieser Aktivtitätstypus, der den Hauptteil der Parteiaktivität trägt, wird also anteilsmäßig immer stärker. Ein durchaus positives Zeichen für die deutschen Parteien. Die Zunahme ämterorientierter Aktiver an der Mitgliedschaft lässt sich für alle sechs Bundestagsparteien beobachten, wobei sie am stärksten bei der Linken ausfällt und nahezu eine Verdopplung ausmacht. Die FDP weist mit 27 Prozent den größten Anteil von ämterorientierten Aktiven auf. Bei der SPD ist er mit 23 Prozent immer noch knapp überdurchschnittlich, während alle anderen Parteien leicht unterdurchschnittliche Werte zeigen.

5 Das soziodemographische Profil verschiedener Aktivitätstypen

Für zwei der beschriebenen Aktivitätstypen wollen wir noch näher untersuchen, was für ein soziodemographisches Profil sie aufweisen. Da die ämterorientierten Aktiven den Typus bilden, der nicht nur mit Abstand das höchste Aktivitätsniveau aufweist, sondern auch aufgrund des Fokus der Tätigkeit auf Parteiämter, Parteiorganisationsarbeit und Kandidaturen eine enorme Bedeutung für die Parteiarbeit hat, lohnt es sich gerade hier zu schauen, wie sich diese Gruppe zusammensetzt. Zu diesem Zweck findet sich in Abbildung 7.7 der Anteil der ämterorientierten Aktiven in soziodemographischen Gruppen. Hier sind wiederum die 22 Prozent, die die ämterorientierten Aktiven an der Parteimitgliedschaft insgesamt ausmachen, der Bezugspunkt für mögliche über- oder unterdurchschnittliche Anteile.

7. Wie aktiv sind die Mitglieder der Parteien?

Abbildung 7.7: Ämterorientierte Aktive in soziodemographischen Gruppen (2009)

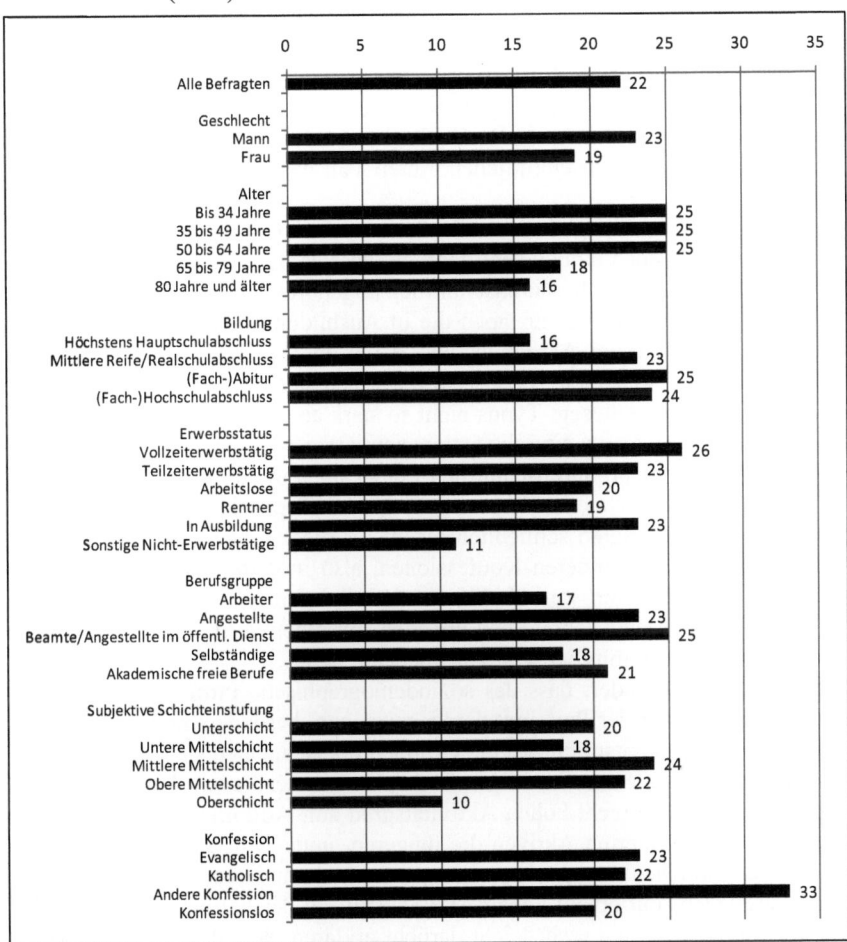

Quelle: Deutsche Parteimitgliederstudie 2009.

Zumindest leicht überdurchschnittlich fällt dieser Anteil zunächst in der Gruppe der Männer aus, auch wenn kein großer Unterschied zu den Frauen besteht. Deutlich ausgeprägter ist der Trend bei den Altersgruppen: Die beruflich aktiven Jahrgänge bis zum 64. Lebensjahr weisen einheitlich einen Anteil ämterorientierter Aktiver von 25 Prozent auf. Erst die beiden älteren Gruppen gehören diesem Typus deutlich weniger häufig an. Auch die Bildung scheint eine große Rolle zu spielen: Je höher der formale Bildungsgrad, desto größer fällt der Anteil der ämterorientierten Aktiven aus. Hier bestätigt sich wiederum die Ressourcentheorie der Partizipationsforschung, die besagt, dass ressourcenstärkere Gruppen intensiver partizipieren und gerade die besonders aufwendigen Beteiligungsformen nutzen. Lediglich im Bereich der Gruppe der Personen mit Hochschulabschluss geht der Anteil der ämterorientierten Aktiven wieder leicht zurück. Nichtsdestotrotz gehören auch die Hochschulabsolventen zu den Gruppen, die einen deutlich überdurchschnittlichen Anteil von derartigen Aktivisten aufweisen.

Die Aufschlüsselung der Anteile ämterorientierter Aktiver nach dem Erwerbsstatus zeigt noch einmal sehr deutlich, dass es in der Tat die Berufstätigen sind, die dieser Gruppe überdurchschnittlich angehören. Neben den Vollzeit- und Teilzeiterwerbstätigen sind nur noch die in Ausbildung befindlichen Mitglieder überproportional diesem Aktivitätstypus zuzuordnen. Arbeitslose, Rentner und insbesondere die sonstigen Nicht-Erwerbstätigen, also vor allem Hausmänner und -frauen, gehören diesem Typus nicht so stark an. Betrachtet man die subjektive Schichteinstufung, so sind die ämterorientierten Aktiven insbesondere in der mittleren Mittelschicht, durchschnittlich immer noch in der oberen Mittelschicht zu finden. Vor allem in der Oberschicht ist der Typus kaum vorhanden. Die Konfession der Befragten schließlich macht für diese Frage kaum einen Unterschied. Lediglich die anderen Konfessionen, also in erster Linie Muslime und orthodoxe Christen, sind weit überdurchschnittlich ämterorientierte Aktive, wobei diese Gruppen, wie schon oben erwähnt, nur einen verschwindend geringen Anteil an der Gesamtmitgliedschaft ausmachen.

Es ist kein Wunder, dass das soziodemographische Profil der ämterorientierten Aktiven dem der Parteimitglieder mit einem besonders hohen Aktivitätsniveau weitgehend entspricht. Beide Gruppen überschneiden sich in weiten Teilen. Wer die besonders aufwendigen Tätigkeiten in der Partei übernimmt, weist natürlich auch einen recht hohen Aktivitätsgrad auf. Auffällig ist lediglich, dass bei den ämterorientierten Aktiven die jüngeren, unter Umständen noch in Ausbildung befindlichen Mitglieder, nicht so stark dominieren, wie es unter den Parteimitgliedern mit einem hohen Aktivitätsniveau der Fall ist. Aber auch dieses Phänomen lässt sich recht leicht darüber erklären, dass der Parteinachwuchs in der Regel nicht sofort in Parteiämter gewählt wird, sondern sich erst in der sonstigen Parteiarbeit beweisen muss.

Ein deutlich anderes soziodemographisches Profil weisen die geselligkeitsorientierten Aktiven auf. Diese sind vom Niveau her die zweitaktivste Gruppe, die Form ihrer Aktivität ist aber eher auf die sozialen Aspekte des Parteilebens ausgerichtet. In Abbildung 7.8 sind die Anteile dieses Typs an den verschiedenen soziodemographischen Gruppen abgetragen.

7. Wie aktiv sind die Mitglieder der Parteien?

Abbildung 7.8: Geselligkeitsorientierte Aktive in soziodemographischen Gruppen (2009)

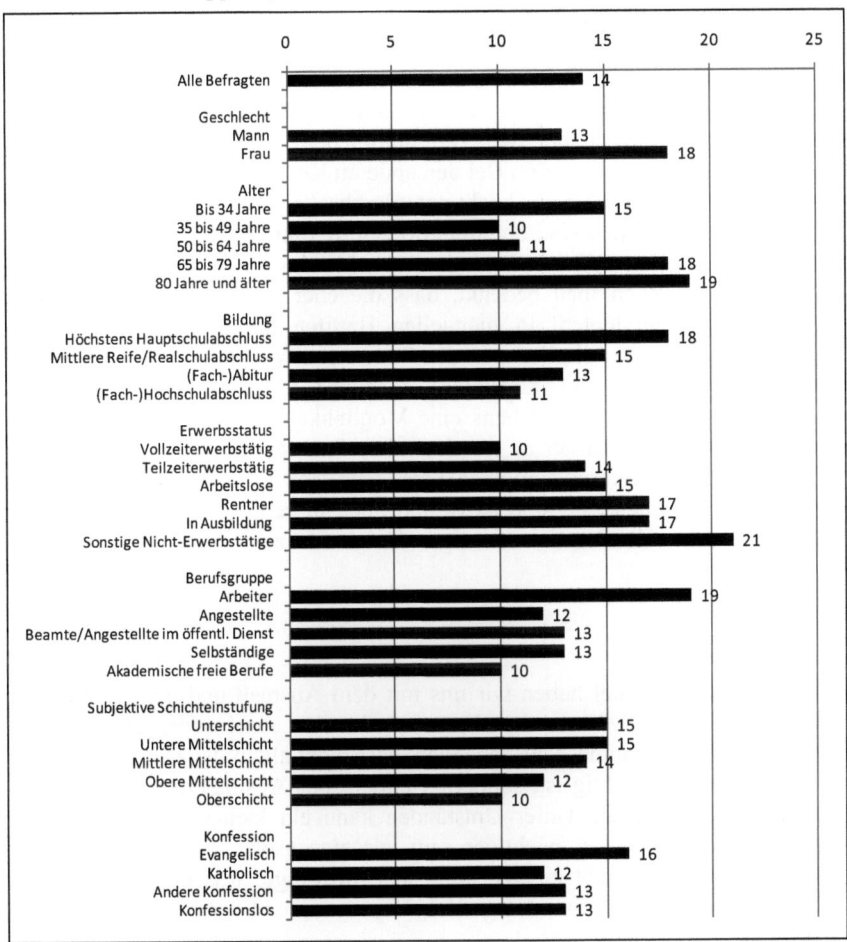

Quelle: Deutsche Parteimitgliederstudie 2009.

Hier dominieren deutlich die Frauen, und gerade die älteren, nicht mehr im Berufsleben stehenden Jahrgänge gehören dem Typus überdurchschnittlich an. Genau entgegengesetzt zu den ämterorientierten Aktiven nimmt der Anteil der Geselligkeitsorientierten ab, je höher das formale Bildungsniveau ausfällt. In den verschiedenen Berufsgruppen ist dieser am sozialen Leben der Partei interessierte Typus nur bei den klassischen Arbeitern überrepräsentiert, während die akademischen freien Berufe am wenigsten zu dieser Form der Parteiaktivität neigen. Auch sinkt der Anteil der geselligen Parteimitglieder, je höher die subjektive Selbsteinstufung nach Schichten: In der Unterschicht und der unteren Mittelschicht ist ihr Anteil noch am ausgeprägtesten, während er in der Oberschicht nur selten zu finden ist. Entgegen dem Klischee vom vermeintlich lebensfreudigen Katholiken und eher nüchternen Protestanten, ist der Anteil der geselligkeitsorientierten Aktiven bei den Parteimitgliedern evangelischer Konfession überdurchschnittlich ausgeprägt. Bei den anderen Konfessionen und den Konfessionslosen kommt dieser Typus leicht unterdurchschnittlich vor.

In vielerlei Hinsicht sind die ämterorientierten und geselligkeitsorientierten Aktiven im Hinblick auf ihre Soziodemographie das Gegenstück des jeweilig anderen Typus. Wenn man bedenkt, dass die eher traditionellen Milieus der formal weniger gebildeten, in manuellen Berufen tätigen und den unteren Schichten angehörigen Mitglieder in den Parteien im Vergleich zur Bevölkerung unterrepräsentiert sind (vgl. Kapitel 4), so dürfte gerade die Verstärkung des geselligen Aspekts des Parteilebens eine Möglichkeit sein, diese gesellschaftlichen Gruppen wieder stärker an die deutschen Parteien zu binden. Um die ressourcenstarken Bevölkerungsgruppen muss man sich in den Parteien hingegen wenig Sorgen machen: Sie sind aktiv und üben in zentraler Weise die für die Funktionsfähigkeit der Parteien wichtigen Tätigkeiten aus.

6 Fazit

Im vorliegenden Kapitel haben wir uns mit dem Ausmaß und den Formen der innerparteilichen Aktivität in den deutschen Parteien auseinandergesetzt. Dabei sind wir von der Grundthese ausgegangen, dass nicht allein die Zahl der Mitglieder für eine Partei wichtig ist, sondern vielmehr das Ausmaß der Aktivität, das diese an den Tag legen. Unter Umständen kann ein kleiner Teil hochaktiver Mitglieder für eine Partei wichtiger sein, als eine große Zahl an größtenteils inaktiven Personen. Nicht zuletzt stellt sich die Frage, was die Mitglieder in ihren Parteien überhaupt tun, d. h. welche Formen der Mitarbeit in den Parteien sie wählen.

Zunächst konnte in diesem Kapitel gezeigt werden, dass das Aktivitätsniveau in den deutschen Parteien generell nicht sehr hoch ist. Ein Drittel der Mitglieder der Parteien bezeichnet sich als überhaupt nicht aktiv, drei Viertel sind wenig aktiv oder überhaupt nicht aktiv. Das Phänomen der Inaktivität ihrer Mitglieder ist vor allem bei den drei Volksparteien CDU, CSU und SPD ausgeprägt. Bei den kleineren Parteien sieht es zumindest ein wenig besser aus. Insbesondere die Linke weist ein vergleichsweise hohes Aktivitätsniveau auf. Es gibt jedoch

7. Wie aktiv sind die Mitglieder der Parteien? 117

durchaus positive Aussichten für die Parteien: Ihre Mitglieder sind heute zumindest ein wenig aktiver, als dies noch 1998 der Fall war. Hohe Aktivitätszuwächse können insbesondere die Volksparteien verzeichnen, was für diese immerhin eine gute Zukunftsaussicht ist. Auch bei den meisten der kleinen Parteien steigt das Aktivitätsniveau im Zeitverlauf. Lediglich bei Bündnis 90/Die Grünen stagniert es – allerdings auf einem vergleichsweise hohen Niveau.

Weiterhin haben wir in diesem Kapitel gezeigt, wer die Aktiven in den Parteien sind und durch welche soziodemographischen Merkmale sie sich auszeichnen. Leicht zugespitzt lässt sich sagen, dass es eher die jüngeren Mitglieder sind, die über ein höheres Bildungsniveau verfügen, im Berufsleben stehen oder sich zumindest in Ausbildung befinden und sich der mittleren oder oberen Mittelschicht zugehörig fühlen. Dieser Befund lässt sich zumindest in der generellen Tendenz mithilfe der sogenannten Ressourcentheorie erklären, die besagt, dass insbesondere die ressourcenstarken Gruppen der Bevölkerung überdurchschnittlich politisch aktiv sind. Einzelne Beispiele, etwa die Tatsache, dass Hochschulabsolventen in ihrem Aktivenanteil etwas gegenüber „einfachen" Abiturienten zurückfallen, sind erklärbare Ausnahmen, die die Regel eher bestätigen, als sie zu widerlegen. Dennoch kann der Unterschied von aktiven und inaktiven Mitgliedern nur zu einem geringen Anteil durch die hier untersuchten soziodemographischen Merkmale erklärt werden. Mit anderen Worten: Die Ressourcen, also das „Können" sind nicht so wichtig für die politische Beteiligung wie die Motivation, also das „Wollen" der Mitglieder.

Wie bereits in Kapitel 5 für den Parteibeitritt geschehen, haben wir versucht, die Aktivität mithilfe der General-Incentives-Theorie zu erklären, die die Motivation der Parteimitglieder zum Gegenstand hat. Dabei zeigt sich, dass sich die aktiven von den inaktiven Mitgliedern vor allem dadurch unterscheiden, dass für sie konkrete Vorteile der Parteiarbeit wichtig sind. Diese können das Ergebnis der Aktivität in den Parteien sein, wie etwa die Erlangung beruflicher Vorteile, der Erwerb von Parteiämtern oder die Erringung von öffentlichen Mandaten. Sie können aber auch in der Parteiarbeit selber liegen, etwa weil man hierdurch politischen Sachverstand entwickelt oder mit netten Leuten zusammenarbeitet. Schließlich müssen die Vorteile der Parteiarbeit auch nicht völlig eigennützig sein. Auch wenn man überzeugt ist, dass die eigene Mitarbeit die Partei als Ganzes stärkt, ist man aktiver als andere Mitglieder, denen diese Überzeugung fehlt. Wenn man in erster Linie Mitglied einer Partei ist, weil es vom sozialen Umfeld erwartet wird oder weil man sich rein gefühlsmäßig der Partei verbunden fühlt, ist jedoch eine Tendenz zur Inaktivität zu erkennen. Die Motivation insgesamt ist viel wichtiger für die Erklärung der Aktivität in den Parteien, als es etwa die soziodemographischen Unterschiede sind.

Neben dem Ausmaß an Aktivität, das die deutschen Parteimitglieder an den Tag legen, und den Gründen hierfür, haben wir uns im vorliegenden Kapitel auch mit den konkreten Formen der Aktivität beschäftigt. Dabei wurde eine Typologie entwickelt, die typische Formen der Parteiarbeit unterscheidet. Die Inaktiven, die fast die Hälfte der Mitgliedschaft der deutschen Parteien ausmachen, zeichnen sich gerade dadurch aus, dass sie keinerlei Aktivitätsform besonders häufig ausüben. Demgegenüber gehen die Versammlungsbesucher immerhin noch relativ häufig zu den Veranstaltungen der Partei. Sie machen knapp ein Fünftel der Mitglieder aus. Zwei weitere Aktivitätstypen sind demgegenüber bei weitem aktiver: Die geselligkeitsorientierten Aktiven haben dabei einen Schwerpunkt im Bereich des Soziallebens der Partei. Sie gehen auch zu Festen und geselligen Veranstaltungen und wirken bei sozialen Aktionen der Partei mit. Rund 14 Prozent der deutschen Parteimitglieder lassen sich diesem Typus zuordnen. Die ämterorientierten Aktiven sind hingegen der harte Kern der Aktivisten der Parteien. Sie zeichnen sich dadurch aus, dass sie auch Ämter und Mandate anstreben, einen guten Teil der Außendarstellung und der Wahlkampfaktivitäten übernehmen und die Organisation der Parteiarbeit betreiben. Diese Gruppe macht das restliche Fünftel der Mitglieder aus.

Die beiden letztgenannten Aktivitätstypen wurden zusätzlich noch einmal hinsichtlich ihres Anteils in soziodemographischen Gruppen untersucht, um ein Bild davon zu bekommen, wer ihnen typischerweise angehört. Dabei wurde festgestellt, dass die ämterorientierten Aktiven in vielerlei Hinsicht das Gegenstück der geselligkeitsorientierten Aktiven sind. Während erstere vor allem in ressourcenstarken Gruppen stark vertreten sind, also insbesondere den jüngeren und mittleren Altersgruppen angehören, die im Erwerbsleben stehen oder sich zumindest in der Ausbildung befinden und sich selbst der mittleren oder oberen Mittelschicht zuordnen, dominieren bei den geselligkeitsorientierten Aktiven Frauen, ältere Menschen, Personen die nicht oder nicht mehr im Erwerbsleben stehen und sich eher niedrigeren sozialen Schichten zuordnen. Wenn man bedenkt, dass gerade diese in der Parteimitgliedschaft im Vergleich zur Bevölkerung unterrepräsentiert sind, so könnte es vielversprechend für die deutschen Parteien sein, die geselligen Aspekte des Parteilebens zu stärken, um für diese Gruppen wieder attraktiver zu werden.

Literatur

Brady, Henry E./Verba, Sidney/Schlozman, Kay L. (1995): Beyond SES. A Resource Model of Political Participation. In: American Political Science Review, Bd. 89, H. 2, S. 271-294

7. Wie aktiv sind die Mitglieder der Parteien?

Klein, Markus (2006): Partizipation in politischen Parteien. Eine empirische Analyse des Mobilisierungspotenzials politischer Parteien sowie der Struktur innerparteilicher Partizipation in Deutschland. In: Politische Vierteljahresschrift, Bd. 47, H. 1, S. 35-61

Niedermayer, Oskar (2010): Die Entwicklung der Parteimitgliedschaften von 1990 bis 2009. In: Zeitschrift für Parlamentsfragen, Bd. 41, H. 2, S. 421-437

Seyd, Patrick/Whiteley, Paul (1992): Labour's Grass Roots. The Politics of Party Membership. Oxford

van Deth, Jan (2009): Politische Partizipation. In: Kaina, Viktoria/Römmele, Andrea (Hrsg.): Politische Soziologie. Ein Studienbuch. Wiesbaden, S. 141-161

Wiesendahl, Elmar (2006): Mitgliederparteien am Ende? Eine Kritik der Niedergangsdiskussion. Wiesbaden

8. Welche politischen Einstellungen haben die Mitglieder der Parteien?

Tim Spier

Die Frage, wo ein Mensch politisch steht, ist ein wichtiger Hintergrund jeder Art von politischer Kommunikation. Gleich, ob man sich im Alltagsleben über politische Sachverhalte unterhält, Kommentare in Tageszeitungen liest oder Politikern in einer Talkshow zusieht: Die Einschätzung der politischen Position des jeweilig Kommunizierenden spielt eine gewichtige Rolle bei der Interpretation wie auch bei der Bewertung des Gehörten, Gelesenen und Gesehenen. Was schon für jede Form von alltäglicher Kommunikation über politische Dinge gilt, muss in noch viel stärkerem Maße für die demokratische Willensbildung gelten. Der repräsentativen Demokratie liegt das Prinzip der Delegation zugrunde: Die Souveränität des Volkes wird in dieser nicht in erster Linie durch die Bürger selbst ausgeübt, sondern durch gewählte politische Vertreter, Repräsentanten oder Delegierte, die wiederum in den Parlamenten und Organen der Exekutive politische Entscheidungen fällen. Die Einschätzung, wie ein Kandidat für ein politisches Amt in demselben agieren wird, ist daher zentral für eine sorgsame Wahlentscheidung. Nur wenn man eine Vorstellung von den politischen Orientierungen des Kandidaten hat, kann man mit einer gewissen Sicherheit sagen, ob sich dieser – einmal gewählt – für die eigenen Interessen einsetzen wird.

Nun ist es ausgesprochen aufwendig, sich eine Meinung über die politische Orientierung aller zur Wahl stehenden Kandidaten zu bilden. Schon bei der Direktwahl von Abgeordneten in Wahlkreisen ist es kaum möglich, sich ein halbwegs umfassendes Bild von den politischen Einstellungen, Forderungen und Positionen der zur Wahl stehenden Kandidaten zu machen. Dies gilt in noch viel stärkerem Maße, wenn ganze Listen von Abgeordneten zur Wahl stehen und man sich eigentlich über jeden Listenkandidaten informieren müsste. Selbst professionelle Beobachter der politischen Szene, etwa Journalisten und Wissenschaftler, können das nicht leisten, selbst wenn derartige Informationen prinzipiell verfügbar sind. Daher kommen an dieser Stelle in vielen westlichen Demokratien die politischen Parteien ins Spiel: Sie bündeln die Einstellungen, Meinungen und Interessen größerer Bevölkerungsgruppen, transformieren sie in politische Positionen und stellen Kandidaten auf, die diese Positionen in Parlamenten und Regierungen umsetzen sollen (von Alemann/Erbentraut/Walther 2010: 213ff). Aus der Sicht des Wählers sind Parteien damit auch eine Möglichkeit, die Fülle von Informationen über die zur Wahl stehenden Kandidaten zu bewältigen. Statt einer bestimmten Person wählt man in aller Regel Kandidaten einer bestimmten Partei. Es ist für den Wähler viel einfacher zu sagen, welche Partei einem selbst politisch nahe steht und sich für die eigenen Interessen einsetzt. Parteien sind in unserer Form der Demokratie damit eine zentrale Institution, um die Wahlentscheidung der Bürger zu erleichtern.

Dies setzt natürlich voraus, dass die Bürger die Positionen der Parteien einschätzen können. Die Parteien selbst sorgen dafür, dass ihre Positionen in Programmen, Reden und öffentlichen Diskussionen zum Ausdruck kommen. Die Medien rezipieren diese kritisch, fassen sie zusammen und ordnen sie in den Kontext ein. Die Bürger greifen diese Informationen über die Positionen der Parteien auf – teilweise schon selektiv gefiltert durch die eigenen politischen Einstellungen – und entscheiden sich bei Wahlen primär für den Kandidaten einer Partei, weil sie davon ausgehen, dass dieser für deren Positionen eintreten wird. Insofern ist es eine demokratietheoretisch wichtige Frage, ob die Positionen der Parteien mit denen ihrer Wähler halbwegs übereinstimmen.

In Kapitel 4 haben wir untersucht, inwiefern die Mitglieder der deutschen Parteien in ihrer Sozialstruktur mit der Bevölkerung übereinstimmen. In diesem Fall spricht man in der politikwissenschaftlichen Literatur von sozialstruktureller Repräsentation: Wenn Parteimitglieder in bestimmten sozialstrukturellen Merkmalen wie Geschlecht, Alter, formalen Bildungsgrad und Beruf halbwegs mit der Bevölkerung oder zumindest mit ihren jeweiligen Wählern übereinstimmen, so kann man annehmen, dass sie über ähnliche Interessen verfügen und die Partei bzw. ihre Mitglieder in Parlamenten und Regierungen sich dementsprechend verhalten werden. Allerdings kann man am Konzept der sozialstrukturellen Repräsentation auch erhebliche Zweifel haben: Warum sollte eine Übereinstimmung in der Sozialstruktur von Mitgliedern und Wählern gewährleisten, dass die politischen Interessen und Positionen tatsächlich auch ähnlich sind? Zur Bewertung der Qualität von Repräsentation durch die Parteien erscheint es daher zweckmäßig, direkt auf die politischen Einstellungen und Positionen der Mitglieder abzustellen und diese mit denen der Wähler zu vergleichen (Widfeldt 1995: 166ff; von Beyme 2000: 156f). Dies wird ein zentrales Anliegen des vorliegenden Kapitels sein.

Viele der Kritikpunkte, die in den letzten Jahren gegenüber Parteien geäußert wurden, attestieren diesen eine mangelnde Repräsentation der Einstellungen und Meinungen in der Bevölkerung (Dettling 2005; Steingart 2009). So wird immer wieder die fehlende Unterscheidbarkeit der politischen Parteien beklagt: Sie seien sich in ihren Positionen so ähnlich geworden, dass sie nicht mehr das volle Spektrum der Einstellungen in der Bevölkerung widerspiegeln. Folgt man

8. Welche politischen Einstellungen haben die Mitglieder der Parteien?

dieser Kritik, so wird durch die geringe Unterscheidbarkeit der Parteien die Wahlentscheidung der Bürger erheblich erschwert. Bei Wahlen stehen dann – diesem Standpunkt folgend – keine klaren Alternativen zur Verfügung, kein reines Rot, Gelb, Blau oder Grün, sondern nur leichte Schattierungen derselben Farbe. Eine andere, fast entgegengesetzte Kritik behauptet, dass insbesondere die Mitglieder der Parteien viel zu pointierte Positionen einnehmen, die weitaus radikaler sind, als die ihrer Wähler. In der Politikwissenschaft wird schon seit den 1970er Jahren diskutiert, dass die Mitglieder, Aktivisten und mittleren Eliten der Parteien in ihren politischen Positionen weit von denen ihrer Wähler abweichen (May 1973). Dieser Sichtweise zufolge können nur noch die Spitzenpolitiker mit strategisch gewählten gemäßigten Positionen versuchen, den Eindruck zu erwecken, dass die Positionen der Partei mit denen ihrer Wähler übereinstimmen.

Im Folgenden soll daher die Mitgliedschaft der deutschen Parteien auf ihre politischen Einstellungen hin untersucht werden. Dabei ist es nicht nur von Interesse, wie die Mitglieder der Parteien sich in ihren Einstellungen unterscheiden. Auch mögliche Veränderungen in den Positionen der Mitglieder sollen eingehender betrachtet werden. Die politischen Einstellungen der Mitglieder werden schließlich denen der Wähler der entsprechenden Parteien gegenübergestellt, um überprüfen zu können, ob es tatsächlich Defizite in der Meinungsrepräsentation gibt.

1 Die Links-Rechts-Orientierung der Mitglieder

Welche politischen Positionen nehmen die Mitglieder der deutschen Parteien heute ein? Und wie hat sich diese Positionierung im Verlauf der letzten zehn Jahre verändert? Um politische Positionen bestimmen zu können, ist es zunächst wichtig, sich Gedanken darüber zu machen, wie man derartige Einstellungen überhaupt erfassen kann. Es gibt eine Vielzahl von Sachfragen, in denen verschiedene Menschen in ein und derselben Partei sehr unterschiedlicher Meinung sein können. Diese Vielfalt von Sachfragen kann man weiter nach bestimmten Themengebieten gruppieren, etwa in die Wirtschafts- und Sozialpolitik, die Finanzpolitik oder die Umweltpolitik, in der Hoffnung, dass durch diese Generalisierung eventuell einheitlichere Positionen in den Parteien zu finden sind. Die stärkste Reduktion der Komplexität politischer Positionen ist die Einordnung in das bekannte Links-Rechts-Schema. Diese Einteilung geht auf die Französische Revolution Ende des 18. Jahrhunderts zurück. In der damaligen Nationalversammlung saßen die konservativen, auf Bewahrung der monarchischen Verhältnisse bedachten Kräfte auf der rechten Seite des Parlaments, während die progressiven, auf Wandlung der Verhältnisse ausgerichteten Parlamentarier auf der linken Seite Platz nahmen. Diese historische Einteilung hat sich seither zur Bestimmung von politischen Positionen durchgesetzt. Dabei steht links inzwischen nicht nur für progressive, auf Wandel gerichtete Positionen, sondern in ökonomischer Hinsicht auch für eine stärkere Betonung egalitärer Positionen etwa im Sinne von sozialer Umverteilung und Sozialstaatlichkeit. Rechts hingegen bedeutet nicht nur die Bewahrung des *status quo*, sondern impliziert in ökonomischer Hinsicht auch, dass man für die Betonung des Leistungsgedankens, für freie Marktwirtschaft und gegen gesellschaftliche Umverteilung eintritt.

Natürlich stellt das politische Links-Rechts-Schema bewusst eine starke Vereinfachung politischer Positionen dar, der man durchaus kritisch gegenüberstehen kann. Politische Einstellungen sind in der Realität nicht eindimensional, sondern vielfältig. Eine Person kann in sozial- und wirtschaftspolitischer Hinsicht „rechts" sein, also etwa für freie Marktwirtschaft eintreten, in gesellschafspolitischer Hinsicht aber eher „links" sein, etwa für die Freiheiten und Rechte von Minderheiten eintreten. Und umgekehrt. Allerdings haben verschiedene Untersuchungen festgestellt, dass die meisten Menschen relativ konsistente Vorstellungen vom Links-Rechts-Schema haben und sich selbst wie auch Politiker und Parteien in dieses Spektrum einordnen können (Fuchs/Klingemann 1990; Fuchs/Kühnel 1990). Daher soll hier in einem ersten Schritt die Positionierung der deutschen Parteimitglieder auf der Links-Rechts-Skala untersucht werden, um dann später eine differenziertere Sichtweise folgen zu lassen.

In den Parteimitgliederstudien der Jahre 1998 und 2009 wurden sowohl die Mitglieder der Parteien als auch die Bevölkerung befragt, wie sie sich selbst auf einer Skala von 0 bis 10 einordnen würden, wobei 0 für „sehr links" und 10 für „sehr rechts" stand. Der Wert 5 bildet auf dieser Skala den Mittelpunkt. Nun lassen sich aufgrund dieser Selbsteinstufungen Mittelwerte berechnen, mit denen die mittlere Position für die Mitglieder der einzelnen Parteien und für die Mitglieder aller Parteien auf der Links-Rechts-Skala erfasst werden. Für uns ist dabei nicht nur die mittlere Position der Mitglieder von Interesse, sondern auch, wie homogen oder heterogen diese Position innerhalb der betrachteten Gruppe ist. Mit anderen Worten geht es uns nicht nur um die mittlere Lage der Parteimitglieder auf der Links-Rechts-Skala, sondern auch um die Streuung der einzelnen Positionen um diesen Mittelwert herum. In der Statistik verwendet man zur Ermittlung des Maßes der Streuung von Werten um den zentralen Mittelwert das Konzept der Standardabweichung. Sie erfasst, wie stark die Einzelwerte um den Mittelwert durchschnittlich streuen.[1] Ist die Standardabweichung groß, so haben wir es in Bezug auf die Links-Rechts-Position mit einer eher heterogenen

---

[1] Dabei fallen bei annähernder Normalverteilung rund zwei Drittel der tatsächlichen Werte in den Bereich einer Standardabweichung über bzw. unter den Mittelwert.

8. Welche politischen Einstellungen haben die Mitglieder der Parteien? 125

Gruppe von Parteimitgliedern zu tun. Fällt sie hingegen gering aus, so ist diese Gruppe in dieser Hinsicht eher homogen.

Abbildung 8.1: Links-Rechts-Orientierung der Mitglieder (1998 und 2009)

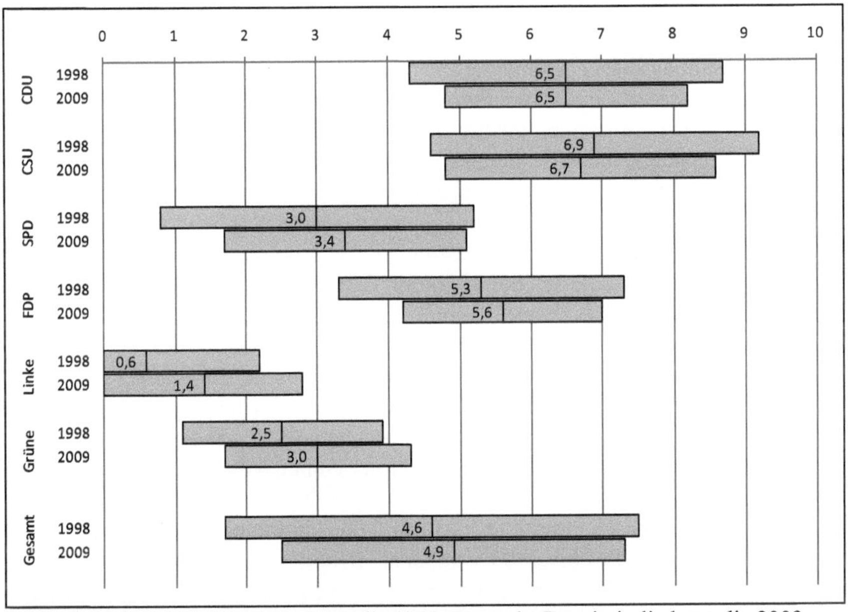

Partei	Jahr	Mittelwert
CDU	1998	6,5
CDU	2009	6,5
CSU	1998	6,9
CSU	2009	6,7
SPD	1998	3,0
SPD	2009	3,4
FDP	1998	5,3
FDP	2009	5,6
Linke	1998	0,6
Linke	2009	1,4
Grüne	1998	2,5
Grüne	2009	3,0
Gesamt	1998	4,6
Gesamt	2009	4,9

Quelle: Potsdamer Parteimitgliederstudie 1998, Deutsche Parteimitgliederstudie 2009.

Abbildung 8.1 zeigt die Links-Rechts-Orientierungen der deutschen Parteimitglieder. Dabei stellt der mit einem konkreten Wert beschriftete Strich den jeweiligen Mittelwert der Positionen der entsprechenden Parteimitglieder dar, während der graue Balken links und rechts von diesem zentralen Wert die Standardabweichung, also die Streuung der Einzelwerte um diesen Mittelwert, erfasst. Für 2009 zeigt sich, dass sich die Parteimitglieder ideologisch weitgehend entsprechend der alltäglichen Erwartungen an die Positionen der Parteien einstufen: Die Mitglieder von CDU und CSU verorten sich mit einem mittleren Wert von 6,5 bzw. 6,7 rechts von der Mitte, während die Mitglieder der SPD sich mit einem Mittelwert von 3,4 etwa im gleichen Maße links von der Mitte positionieren. Die Mitglieder der FDP befinden sich mit einem Wert von 5,6 am nächsten an der politischen Mitte, aber immer noch leicht rechts von dieser. Weiter links sind die Mitglieder von Bündnis 90/Die Grünen zu finden. Sie weisen einen Mittelwert auf der Links-Rechts-Skala von 3,0 auf und befinden sich damit in unmittelbarer Nähe zum mittleren SPD-Mitglied, aber immer noch ein bisschen weiter links. Mit einer mittleren Links-Rechts-Position von 1,4 sind die Mitglieder der Linken diejenigen, die sich selbst am weitesten hin zum linken Rand des politischen Spektrums einordnen. Berechnet man über alle Parteien hinweg die mittlere Position der deutschen Parteimitglieder, so kommen wir auf eine Position von 4,9, die fast genau in der Mitte der Links-Rechts-Skala verortet ist.

Interessant an dieser Abbildung ist aber nicht nur die mittlere Links-Rechts-Position der Parteimitglieder, sondern auch die Homogenität bzw. die Heterogenität dieser Selbstverortungen innerhalb der Parteien. Die Breite des Balkens gibt dabei die durchschnittliche Streuung der einzelnen Positionen um den jeweiligen Mittelwert wieder. Dabei erweisen sich die Volksparteien CDU, CSU und SPD mit einer Standardabweichung von ± 1,7 (CDU und SPD) bzw. ± 1,9 (CSU) als relativ heterogen. Homogener hinsichtlich ihrer ideologischen Positionen sind hingegen die Mitgliedschaften der kleineren Parteien (± 1,4 bei FDP und Linken, ± 1,3 bei Bündnis 90/Die Grünen). Wenn man die Volkspartei nicht nur als eine Partei begreift, die viele Wähler und Mitglieder hat, sondern bemüht ist, möglichst breite Teile der Bevölkerung zu erfassen (Lösche 2009: 6f), so ist verständlich, dass die Volksparteien über eine ideologisch heterogenere Mitgliedschaft verfügen. Die kleineren Parteien sprechen relativ spezifische Bevölkerungssegmente an, die über eine größere Homogenität von politischen Orientierungen verfügen.

Wie hat sich die ideologische Verortung der Parteimitglieder im Verlauf eines Jahrzehnts von 1998 bis 2009 verändert? Schon die Entwicklung der mittleren Links-Rechts-Position innerhalb der Gesamtmitgliedschaft, die in Abbildung 8.1 ganz unten dargestellt ist, weist eine Verschiebung nach rechts auf, von 4,6 auf 4,9. Dennoch kann man nicht von einem allgemeinen ideologischen Rechtstrend der deutschen Parteimitglieder sprechen. Wenn man die Mitgliedschaften der Parteien einzeln betrachtet, so wird deutlich, dass es insbesondere die Parteien des linken Lagers sind, deren mittlere Links-Rechts-Position ihrer Mitglieder sich nach rechts entwickelt hat. Dieser Trend ist bei der SPD mit 0,4 Skalenpunkten noch recht mäßig, fällt bei Bündnis 90/Die Grünen mit 0,5 Punkten schon größer aus und ist interessanterweise bei der Linken mit 0,8 Punkten am stärksten ausgeprägt. Die Mitglieder der CDU haben ihre mittlere Links-Rechts-Position hingegen überhaupt nicht verändert, die Mitglieder der CSU sind sogar um 0,2 Skalenpunkte nach links verrutscht. Es gibt also insgesamt einen gewissen Trend hin zur politischen Mitte, der umso stärker ausfällt, je weiter die mittlere ideologische Position von dieser entfernt war. Ausgerechnet die Mitglieder der FDP, die am ehesten in der politischen Mitte verortet sind, weichen von diesem Trend zur politischen Mitte ab und haben sich von 1998 bis 2009 um 0,3 Skalenpunkte nach rechts entwickelt.

8. Welche politischen Einstellungen haben die Mitglieder der Parteien? 127

Auch die Entwicklung der Homogenität bzw. Heterogenität der ideologischen Positionen der deutschen Parteimitglieder weist im Zeitverlauf einen recht eindeutigen Trend auf. Mit einer einzigen Ausnahme hat die Streuung der politischen Positionen in den Parteien um deren Mittelwert abgenommen. Die deutschen Parteien werden im Hinblick auf ihre Mitglieder im Zeitverlauf ideologisch homogener. Am stärksten ausgeprägt ist dieser Trend zur ideologischen Homogenisierung bei der FDP, am wenigsten bei Bündnis 90/Die Grünen. Nur bei der Linken lässt sich eine ideologische Heterogenisierung beobachten. Wenn man bedenkt, dass 1998 lediglich die Mitglieder der PDS befragt wurden, 2007 aber rund 10.000 Mitgliedern der WASG hinzugekommen sind, so ist verständlich, dass mit der Fusion beider Parteien die Heterogenität der Mitgliedschaft zugenommen hat. Auch hat sich die mittlere Links-Rechts-Position deutlich nach rechts verschoben. Nichtsdestotrotz sind die Mitglieder der Linken immer noch mit weitem Abstand diejenigen, die sich am weitesten links verorten.

Abbildung 8.2: Links-Rechts-Orientierung der Mitglieder in Geburtskohorten (1998 und 2009)

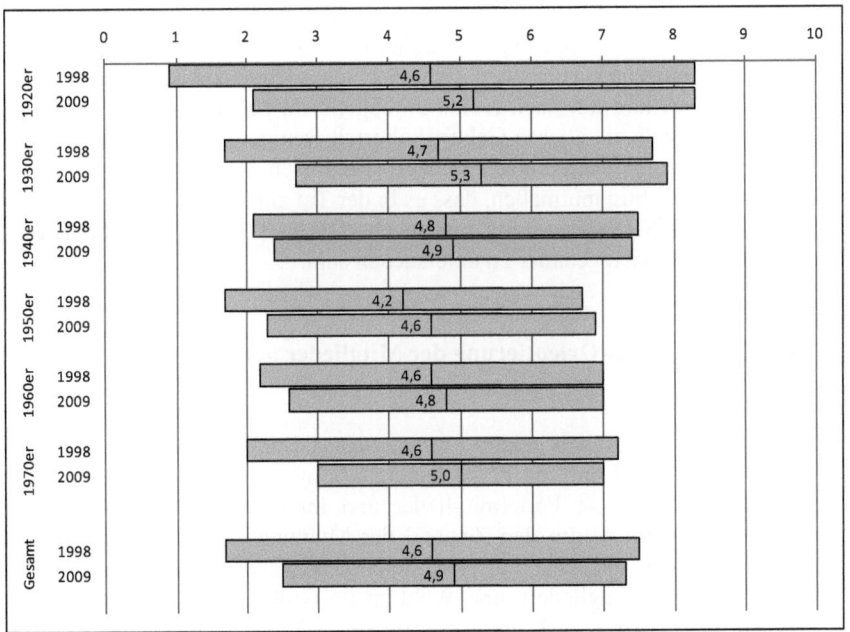

Quelle: Potsdamer Parteimitgliederstudie 1998, Deutsche Parteimitgliederstudie 2009.

Wieso gibt es aber eine Entwicklung, die sich – auf alle Parteimitglieder bezogen – als leichten Trend nach rechts, oder – nach Parteien differenziert – als Trend hin zur politischen Mitte charakterisieren lässt? Der Wandel kann einerseits auf den Austausch bzw. in aller Regel auf den Schwund von Mitgliedern in den Parteien zurückzuführen sein. Da „linke" Parteimitglieder kaum häufiger sterben dürften als „rechte", könnte dies eigentlich nur auf einen häufigeren Austritt „linker" Parteimitglieder zurückzuführen sein. Andererseits könnten sich aber auch die politischen Positionen individueller Parteimitglieder im Verlauf eines Jahrzehnts verändert haben. Um diese beiden Effekte methodisch sauber voneinander zu trennen, müsste man eigentlich dieselben Mitglieder im Abstand von einem Jahrzehnt befragen. Ein derartiges Panel liegt unserer Untersuchung aber leider nicht zugrunde, stattdessen wurden jeweils 1998 und 2009 neue Zufallsstichproben von Parteimitgliedern gezogen. Dennoch kann man sich zumindest damit behelfen, die Entwicklung der mittleren Links-Rechts-Verortungen in verschiedenen Geburtskohorten zu analysieren, in der Hoffnung, so Rückschlüsse ziehen zu können, ob sich die Zusammensetzung der Mitgliedschaft verändert hat, oder doch die einzelnen Parteimitglieder ihre Position verändert haben.

In Abbildung 8.2 finden sich die Links-Rechts-Orientierungen aller Parteimitglieder, unterschieden nach Geburtskohorten und den beiden Befragungszeitpunkten 1998 und 2009. Hier zeigt sich, dass alle Geburtskohorten im Zeitverlauf eine Entwicklung hin nach rechts durchgemacht haben. Wenn man davon ausgeht, dass gerade die älteren Geburtskohorten weniger von Austritten betroffen sind, hier aber dennoch ein sehr starker Trend nach rechts zu beobachten ist, so kann man vorsichtig mutmaßen, dass es in der Tat einen individuellen Wandel der Links-Rechts-Selbsteinstufung hin zu eher rechten Positionen gibt. Dieser Wandel wird aber noch genauer zu untersuchen sein.

2 Die Links-Rechts-Orientierung der Mitglieder und Wähler im Vergleich

Nachdem nun grundsätzlich geklärt ist, wie sich die deutschen Parteimitglieder politisch verorten, soll nun die Frage lauten: Wie unterscheiden sich die politischen Orientierungen der Parteimitglieder und ihrer jeweiligen Wähler? Mit anderen Worten geht es um den Zustand der Meinungsrepräsentation. Gibt es hier Defizite bei den deutschen Parteien? Oder decken sich die politischen Orientierungen von Parteimitgliedern und Wählern im Großen und Ganzen? Zu diesem Zweck haben wir auch Mittelwerte in den Links-Rechts-Positionen für die Wählerschaft der Parteien berechnet. Grundlage für die Zuordnung zu den Wählerschaften war dabei die klassische „Sonntagsfrage": Die Teilnehmer der Be-

8. Welche politischen Einstellungen haben die Mitglieder der Parteien? 129

völkerungsbefragung sollten angeben, welche Partei sie wählen würden, wenn am nächsten Sonntag Bundestagswahl wäre. Dabei haben wir auf die Angabe zur Zweitstimme abgestellt. Wenn im weiteren Verlauf also von den Wählern einer bestimmten Partei gesprochen wird, so handelt es sich um die Personen, die sich zum Befragungszeitpunkt vorstellen können, die entsprechende Partei zu wählen.

Abbildung 8.3: Links-Rechts-Orientierung von Mitgliedern und Wählern (2009)

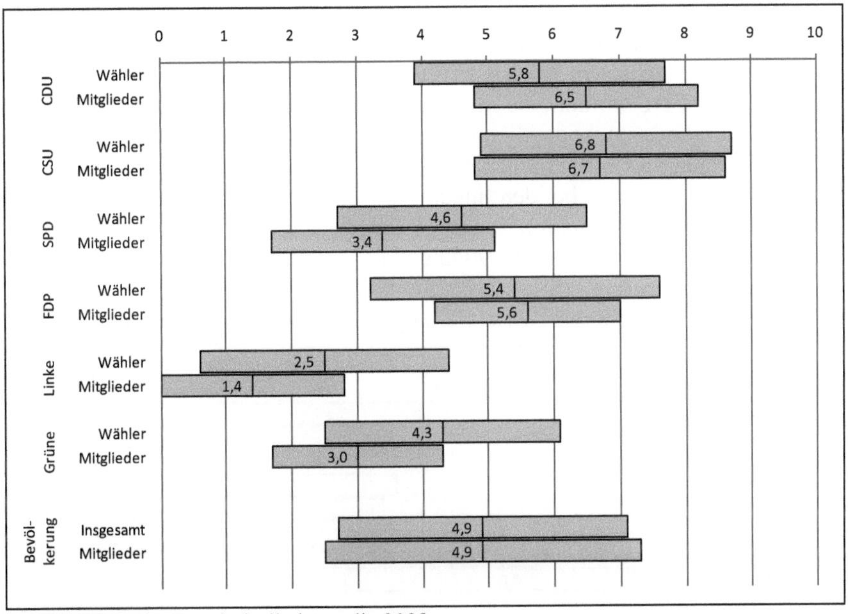

Partei	Gruppe	Wert
CDU	Wähler	5,8
CDU	Mitglieder	6,5
CSU	Wähler	6,8
CSU	Mitglieder	6,7
SPD	Wähler	4,6
SPD	Mitglieder	3,4
FDP	Wähler	5,4
FDP	Mitglieder	5,6
Linke	Wähler	2,5
Linke	Mitglieder	1,4
Grüne	Wähler	4,3
Grüne	Mitglieder	3,0
Bevölkerung	Insgesamt	4,9
Bevölkerung	Mitglieder	4,9

Quelle: Deutsche Parteimitgliederstudie 2009.

In Abbildung 8.3 sind die mittleren Links-Rechts-Orientierungen der Wähler im Vergleich zu den bereits bekannten Werten für die Mitglieder abgetragen. Zunächst ist interessant, dass die Bevölkerung insgesamt eine mittlere Links-Rechts-Position von 4,9 einnimmt – und damit exakt denselben Mittelwert aufweist, wie auch die Gesamtheit der deutschen Parteimitglieder. Grundsätzlich unterscheiden sich Parteimitglieder und Bevölkerung also nicht in ihren politischen Einstellungen, wenn auch die größere durchschnittliche Streuung der konkreten Positionen bei den Mitgliedern größer ausfällt. Vergleicht man jedoch die mittleren ideologischen Positionen von Wählern und Mitgliedern bestimmter Parteien, so ergeben sich nennenswerte Unterschiede. Es fällt ins Auge, dass die Mitglieder der Parteien fast ausnahmslos pointiertere politische Positionen einnehmen als ihre Wähler: Die Mitglieder von CDU und FDP verorten sich rechts von ihren Wählern, während die Mitglieder von SPD, Bündnis 90/Die Grünen und Linken sich links von ihrer Wählerbasis sehen. Einzig bei der CSU sind Wähler und Mitglieder in ihrer ideologischen Orientierung nahezu kongruent.

Allerdings unterscheiden sich die Parteien darin, wie stark die Links-Rechts-Orientierung ihrer Mitglieder von denen ihrer Wähler abweicht. Besonders groß sind die Unterschiede bei den Parteien des linken Spektrums, also bei SPD, Bündnis 90/Die Grünen und der Linken. Hier verorten sich die Mitglieder im Mittel um mehr als einen Skalenpunkt links von ihren Wählern. Nur marginale Unterschiede zwischen Mitgliedern und Wählern gibt es hingegen bei CSU und FDP. Die CDU nimmt eine mittlere Position ein: Sie weicht in den Positionen ihrer Mitglieder zwar deutlich stärker von ihren Wählern ab, als dies bei den anderen Parteien des bürgerlichen Spektrums der Fall ist. Jedoch ist der Unterschied nicht so groß wie bei den linken Parteien. Sofern also überhaupt Defizite in der Meinungsrepräsentation zwischen Mitgliedern und Wählern der Parteien bestehen, dann bei SPD, Bündnis 90/Die Grünen und der Linken.

Abbildung 8.4: Links-Rechts-Orientierung von Mitgliedern und Wählern (1998)

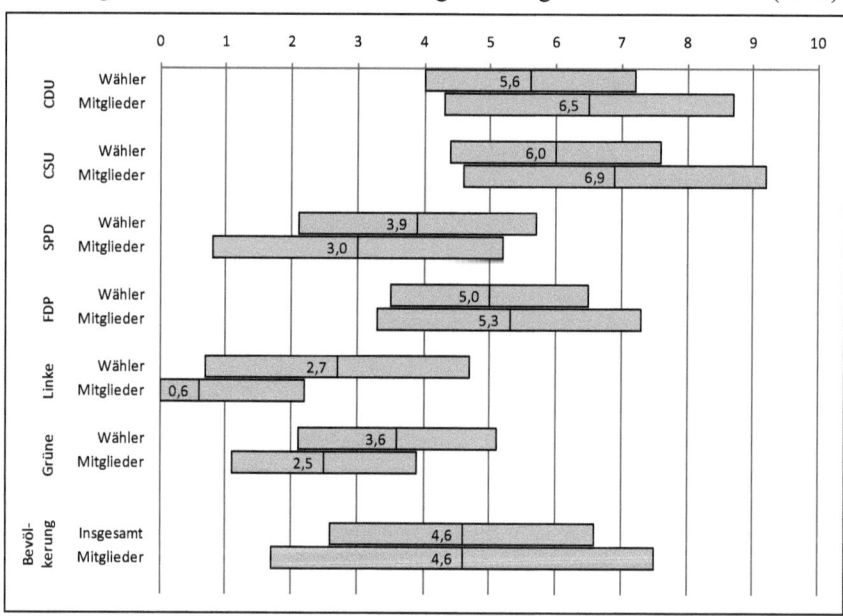

Quelle: Potsdamer Parteimitgliederstudie 1998.

An diesem Befund ändert sich grundsätzlich auch nichts, wenn man den zeitlichen Vergleich zu 1998 anstellt (Abbildung 8.4). Auch vor über zehn Jahren war es so, dass die Mitglieder der Parteien sich stärker nach rechts oder links verorten als ihre Wähler, je nachdem, ob es sich um eine „rechte", also bürgerliche, Partei bzw. eine „linke" Partei handelt. Interessant ist, dass bei einer generellen Betrachtung aller Parteimitglieder bzw. der gesamten Bevölkerung auch 1998 eine perfekte Übereinstimmung zwischen Mitgliedern und Wählern bestand – nur eben leicht weiter nach links verschoben gegenüber 2009. Generell kann man also sagen, dass es – wenn man nicht nach einzelnen Parteien bzw. Wählerschaften differenziert – eine leichte Verschiebung nach rechts auf der Links-Rechts-Skala gibt, die sowohl Parteimitglieder als auch die allgemeine Bevölkerung betrifft.

Das wichtige Ergebnis ist jedoch, dass Parteimitglieder immer im Vergleich zu ihrer Wählerschaft pointiertere Positionen vertreten. Sie stehen rechts von ihren durchschnittlichen Wählern, wenn es sich um bürgerliche Parteien handelt. Und links von ihnen, wenn es die Parteien des linken Spektrums betrifft. Wirklich verwundern kann dieses Ergebnis jedoch nicht: Warum sollte man auch in eine Partei eintreten, wenn man nicht die grundsätzliche Ausrichtung der Partei im Sinne einer Verortung im Links-Rechts-Spektrum pointierter vertritt, als dies die durchschnittlichen Wähler der Partei tun. Vergleicht man die Differenz der mittleren Positionen von Wählern und Mitgliedern der einzelnen Parteien, so kann man zumindest bei vielen der Parteien eine positive Entwicklung von 1998 zu 2009 beobachten: Die Differenz zwischen Mitgliedern und Wählern wird bei CDU, CSU, FDP und der Linken im Zeitverlauf geringer. Bei der Linken haben wir es sogar mit einer deutlichen Zunahme der ideologischen Kongruenz von Mitgliedern und Wählern zu tun. Nur bei der SPD und Bündnis 90/Die Grünen haben sich Mitglieder und Wähler auseinanderentwickelt – allerdings auch nur sehr leicht. Grundsätzlich kann man daher sagen, dass die Mitglieder der Parteien zwar in aller Regel pointiertere Positionen aufweisen, als ihre Wähler, dieser Unterschied aber im Zeitverlauf zurückgeht. Die Übereinstimmungen werden größer, die Repräsentation der Meinungen der Bevölkerung durch die Parteimitglieder nimmt zu.

3 Die Verortung der Mitglieder im politischen Raum

Nun ist mit der Links-Rechts-Skala eine erhebliche Reduktion der Komplexität politischer Einstellungen verbunden, die Unterschiede in verschiedenen Politikbereichen verdecken kann. Deswegen wurden die Mitglieder der Parteien im Rahmen der hier zugrunde gelegten Studien nach ihrer Meinung bezüglich einer ganzen Reihe von politischen Sachfragen gefragt, die es uns erlauben, eine Verortung der Mitgliedschaft der Parteien in Bezug auf zwei wichtige Dimensionen politischer Einstellungen vorzunehmen: ihre Positionen in der Wirtschafts- und Sozialpolitik und in der Gesellschaftspolitik (vgl. Kitschelt 1994, 1995).

Die *sozioökonomische Dimension* der Politik gehört dabei zu den prägendsten Merkmalen für die Entstehung und Entwicklung des Parteienwettbewerbs (von Alemann/Spier 2009: 42). Sie geht zurück auf den klassischen Konflikt zwischen Kapital und Arbeit, der im Gefolge der Industrialisierung entstand, und in seiner modernen Form als Konflikt zwischen „Marktfreiheit" und „sozialer Gerechtigkeit" vor allem die Frage nach der Verteilung des gesellschaftlichen Wohlstands und der Rolle des Staates bei dieser Verteilung umfasst. Auf der einen Seite ist der Markt für die Verteilung des Wohlstands zuständig, höchstens gebunden durch eine staatliche Ordnungspolitik, die einige Rahmenbedingungen des Wirtschaftens festlegt, ohne umfassend in den Wettbewerb einzugreifen. Auf der anderen Seite steht die Vorstellung, dass der Staat durch Umverteilung des gesellschaftlichen Wohlstands für soziale Gerechtigkeit sorgen und so Fehlentwicklungen des Marktes ausgleichen soll. Er tut dies durch wohlfahrtsstaatliche Absicherungsmaßnahmen und eine umverteilende Steuerpolitik. Steuernde staatliche Eingriffe in den Markt sind vor diesem Hintergrund wünschenswert.

Die *soziokulturelle Dimension* der Politik bündelt eine Reihe von gesellschaftspolitischen Fragen, die sich um den Modus gesamtgesellschaftlich verbindlicher Entscheidungen, die Rechte von Minderheiten wie auch den Schutz vor staatlichen Eingriffen in das Privatleben drehen. Libertäre Positionen stehen dabei für eine möglichst direkte Beteiligung der Bürger an staatlichen Entscheidungen, den Schutz von Minderheiten, etwa in den Fragen von Asyl und Einwanderung, und den Erhalt und Ausbau von Bürgerrechten, die die Eingriffe des Staates in das gesellschaftliche Leben begrenzen. Autoritäre Positionen hingegen setzen auf eher hierarchische Formen staatlicher Entscheidungen, ohne unmittelbare Bürgerbeteiligung, auf eine restriktive Einwanderungspolitik und auf *law and order* in der Innen- und Sicherheitspolitik. Bei der Unterscheidung von libertären und autoritären Politikkonzeptionen geht es mit anderen Worten primär um individuelle Freiheit und Mitbestimmung. Zusammen ergeben beide Dimensionen einen zweidimensionalen politischen Raum, der eine deutlich differenziertere Beschreibung der Positionen der Parteimitglieder ermöglicht.

Zur Messung der Positionen in diesem zweidimensionalen politischen Raum greifen wir auf jeweils vier Fragen zu politischen Themen zurück, die den Kern der hier vorgenommenen Unterscheidung von sozioökonomischen und soziokulturellen Positionen treffen und zu einer Skala von -10 bis +10 zusammengefasst werden. Dabei wird die sozioökonomische Position über vier Forderungen gebildet: „Um die Arbeitslosigkeit zu bekämpfen, muss der Staat mehr

8. Welche politischen Einstellungen haben die Mitglieder der Parteien? 133

Geld bereitstellen", „Der Staat muss sich stärker aus dem Wirtschaftsleben zurückziehen", „Die Sozialleistungen müssen gesenkt werden" und „Für jeden, der arbeiten will, sollte auch ein Arbeitsplatz zur Verfügung gestellt werden, der seiner Ausbildung entspricht". Die soziokulturelle Position wurde hingegen über vier andere Forderungen gemessen: „Die Möglichkeit zur Volksabstimmung sollte auch in das Grundgesetz aufgenommen werden", „Der Schwangerschaftsabbruch sollte weniger streng geregelt werden", „Der Zuzug von Asylbewerbern sollte beschränkt werden" und „Straftäter sollten härter bestraft werden".[2]

Abbildung 8.5: Verortung der Mitglieder im politischen Raum (1998 und 2009)

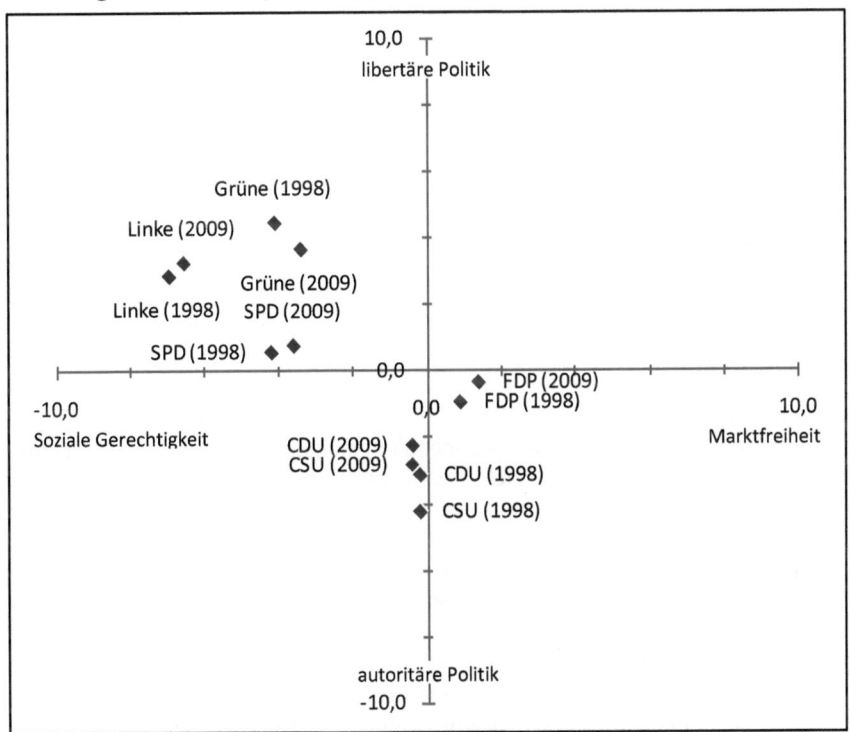

Quelle: Potsdamer Parteimitgliederstudie 1998, Deutsche Parteimitgliederstudie 2009.

---

[2] Die acht Items wurden dabei so rekodiert, dass niedrige Werte die Pole „Soziale Gerechtigkeit" bzw. „autoritäre Politik" darstellen, während hohe Werte die entgegengesetzten Pole „Marktfreiheit" bzw. „libertäre Politik" erfassen. Ein Wert von Null stellt jeweils eine neutrale Position zwischen den Polen dar. Aus jeweils vier Items wurden additive Indizes für beide Dimensionen gebildet.

In Abbildung 8.5 finden sich die mittleren Werte auf beiden Dimensionen für die Mitglieder der im Bundestag vertretenen Parteien, wobei sowohl die Position für das Jahr 1998 als auch für das Jahr 2009 bestimmt und abgetragen wurden. Jenseits einiger zeitlicher Verschiebungen im Detail ist die Verortung der Parteimitglieder in diesem politischen Raum relativ eindeutig: Die Mitglieder der FDP weisen in der Wirtschafts- und Sozialpolitik die Position auf, die am weitesten in Richtung der Betonung von Marktfreiheit geht. Gesellschaftspolitisch nehmen sie jedoch eine relativ neutrale Position zwischen den Polen libertäre und autoritäre Politik ein. Umgekehrt verorten sich die Mitglieder der beiden Unionsparteien auf der sozioökonomischen Achse relativ genau zwischen den Polen „soziale Gerechtigkeit" und „Marktfreiheit", während sie in der Gesellschaftspolitik eher zu autoritären Positionen neigen. SPD, Bündnis 90/Die Grünen und Linke stehen sozioökonomisch klar im Bereich „soziale Gerechtigkeit". SPD und Bündnis 90/Die Grünen haben dabei annähernd gleiche Positionen in der Wirtschafts- und Sozialpolitik, allerdings weisen die Mitglieder von Bündnis 90/Die Grünen die höchste Zustimmung zu libertären Positionen auf, während die Mitgliedschaft der Sozialdemokratie auf dieser Dimension eine eher neutrale Position einnimmt. Die Mitglieder der Linken sind im sozioökonomischen Konflikt diejenigen, die am stärksten den Wert „soziale Gerechtigkeit" befürworten und am wenigsten für „freie Marktwirtschaft" stehen. In gesellschaftspolitischer Hinsicht nehmen sie eine leicht libertäre, zwischen den Mitgliedern von SPD und Bündnis 90/Die Grünen stehende, Position ein.

Auch bei dieser zweidimensionalen Betrachtung der politischen Einstellungen von Parteimitgliedern lassen sich leichte zeitliche Verschiebungen beobachten. Wie bei den Links-Rechts-Positionen lässt sich ein gewisser Trend zu gemäßigteren Positionen auf beiden Achsen erkennen. Die Unionsparteien haben sich in der sozioökonomischen Position ihrer Mitglieder kaum verändert, während sie 2009 in gesellschaftspolitischer Hinsicht libertärer, oder doch zumindest weniger autoritär sind. Bei den Mitgliedern der SPD lässt sich vor allem eine Verschiebung in der sozioökonomischen Position feststellen: Sie stehen weniger stark für soziale Gerechtigkeit und entwickeln sich zumindest leicht hin zum Pol der Marktfreiheit, ohne den Bereich der für soziale Gerechtigkeit stehenden Werte zu verlassen. Bündnis 90/Die Grünen mäßigen sich in beiden Dimensionen. Sie stehen in sozioökonomischer Hinsicht weniger stark für soziale Gerechtigkeit und in soziokultureller Hinsicht weniger stark für libertäre Politik. Nichtsdestotrotz betonen die Mitglieder dieser Partei immer noch am stärksten libertäre Forderungen. Die Mitgliedschaft der Linken ist leicht libertärer geworden und hat sich gleichzeitig ein wenig von ihrer deutlichen Zustimmung zum Pol der sozialen Gerechtigkeit entfernt. Hingegen betonen die FDP-Mitglieder 2009 in noch stärkerem Maße Forderungen, die in sozioökonomischer Hinsicht für Marktfreiheit stehen.

4 Fazit

Im vorliegenden Kapitel haben wir uns mit den Einstellungen der Mitglieder der deutschen Parteien auseinandergesetzt. Dabei standen nicht nur die reine Positionen der Mitglieder im Jahr 2009 im Vordergrund der Betrachtung, sondern auch die Veränderungen dieser Positionen im Verlauf eines guten Jahrzehnts sowie die Unterschiede zwischen den Positionen der Parteimitglieder und denen der Wähler derselben Parteien. Leitend war dabei die demokratietheoretisch relevante Frage, ob die deutschen Parteimitglieder die Meinungen der Wählerschaft in ausreichendem Maße repräsentieren.

Zu Beginn wurde nur auf die Selbstverortung der Mitglieder im Links-Rechts-Spektrum eingegangen. Dabei zeigte sich erwartungsgemäß, dass sich die Mitglieder von CDU und CSU rechts, die der SPD hingegen etwa gleichstark links von der politischen Mitte einstufen. Die Basis der FDP ist ungefähr in der Mitte des politischen Spektrums verortet, während Bündnis 90/Die Grünen leicht und die Linke recht stark links von der Sozialdemokratie situiert sind. Dabei wurde auch festgestellt, dass die Volksparteien deutlich heterogenere politische Positionen ihrer Mitglieder aufweisen, während die kleineren Parteien über Mitglieder aus recht spezifischen Bevölkerungsgruppen verfügen, die deutlich einheitlichere Positionen vertreten. Bei beiden Fragen weist die zeitliche Entwicklung interessante Trends auf: Betrachtet man alle deutschen Parteimitglieder, so lässt sich ein leichter Trend nach rechts beobachten. Dieser geht allerdings, was man bei einer differenzierteren Betrachtung der Entwicklung in den einzelnen Parteien deutlich erkennen kann, auf einen Trend zur politischen Mitte zurück: Die Parteien des linken Lagers entwickeln sich nach rechts, die Unionsparteien bleiben in ihren mittleren Positionen konstant oder entwickeln sich leicht nach links. Nur die FDP macht eine deutliche Entwicklung nach rechts durch, ohne ihre Rolle als Partei der Mitte im Hinblick auf die politische Links-Rechts-Einschätzung ihrer Mitglieder zu verlieren. Gleichzeitig werden die politischen Einstellungen der Mitglieder fast aller Parteien im Zeitverlauf homogener. Stark abweichende politische Positionen gehen in ihrer Zahl zurück. Nur bei der Linken lässt sich eine Heterogenisierung der Einstellungen ihrer Mitglieder beobachten, die auf die Fusion von PDS und WASG mit der Zusammenführung zweier durchaus unterschiedlicher Mitgliedschaften zurückgehen dürfte.

Es ist methodisch nicht einfach, den Grund für die politischen Positionsverschiebungen zu ermitteln. Grundsätzlich denkbar ist, dass sich durch die durch

Ein- und Austritte bewirkte Veränderung der Zusammensetzung der deutschen Parteimitglieder der übergreifende leichte Trend nach rechts erklären lässt. Andererseits ist es aber auch plausibel, dass wir es mit einer Veränderung der individuellen Positionen der Parteimitglieder zu tun haben. Da die leichte Verschiebung nach rechts über alle Geburtskohorten hinweg gleich ausfällt, obwohl zumindest die älteren Parteimitglieder kaum von Austritten betroffen sind, lässt sich zumindest mutmaßen, dass wir es primär mit einer Einstellungsänderung auf der Ebene der individuellen Mitglieder zu tun haben.

Mit dieser Tendenz sind die Parteimitglieder aber auch nicht allein: Der Vergleich mit der Links-Rechts-Selbsteinstufung der Bevölkerung hat gezeigt, dass sich die mittlere Links-Rechts-Position auch dort verändert hat. In ihrer Gesamtheit kommen die deutschen Parteimitglieder auf die gleichen Mittelwerte in ihren Links-Rechts-Positionen wie die deutsche Bevölkerung insgesamt. Und dies galt 1998 wie 2009. Die deutschen Parteimitglieder sind insofern ein perfekter Spiegel der Entwicklung in der Bevölkerung. Allerdings weisen die Mitglieder der einzelnen Parteien im Vergleich zu ihrer jeweiligen Wählerschaft deutlich pointiertere politische Positionen auf. Bei den Parteien des linken Lagers vertreten sie oftmals linkere Positionen als ihre Wähler, bei denen des bürgerlichen Lagers hingegen eher rechtere. Aber auch dieser Befund kann wenig erstaunen, ist es doch mehr als verständlich, dass sich in den Parteien vor allem solche Menschen sammeln, die deutlich und pointiert die Positionen vertreten, die in ihrer Wählerschaft zwar vorhanden sind, aber nicht so stark zum Ausdruck kommen. Auch hier zeigt der zeitliche Verlauf, dass sich die politischen Positionen der Mitgliedschaften der deutschen Parteien in vielen Fällen denen ihrer jeweiligen Wählerschaften annähern. Wenn überhaupt derzeit von einer mangelnden Repräsentation der Meinungen in der Bevölkerung durch die Mitglieder der Parteien gesprochen werden kann, dann ist dieses Repräsentationsdefizit rückläufig.

Neben der einfachen, aber unter Umständen unterkomplexen Betrachtung der politischen Selbstverortung im klassischen Links-Rechts-Spektrum der Politik haben wir auch den Versuch unternommen, die politischen Positionen der Mitglieder differenzierter innerhalb eines zweidimensionalen Raums von sozioökonomischen und soziokulturellen Werten darzustellen. Dabei konnte gezeigt werden, dass sich beispielsweise die Mitglieder der FDP keineswegs in jeder Hinsicht in der politischen Mitte befinden. Vielmehr sind sie in sozioökonomischer Hinsicht diejenigen, die am stärksten für Marktfreiheit stehen. Auch Bündnis 90/Die Grünen zeichnen sich dadurch aus, dass sie in soziokultureller Hinsicht sehr stark zu libertären Positionen neigen, während sie auf der sozioökonomischen Position keineswegs eine Extremposition einnehmen. Bei vielen Parteien lässt sich auch in diesem zweidimensionalen politischen Raum ein

Trend zur jeweiligen Mitte beobachten. Dennoch kann man immer noch nicht von einer Ununterscheidbarkeit der Parteien sprechen. Gerade wenn man differenziertere Konzeptionen der Abbildung politischer Einstellungen verwendet, wird deutlich, dass die Mitglieder der deutschen Parteien für unterschiedliche Positionen stehen, die dem Wähler noch klare Alternativen bei Wahlen bieten.

Literatur

Alemann, Ulrich von/Erbentraut, Philipp/Walther, Jens (2010): Das Parteiensystem der Bundesrepublik Deutschland. Wiesbaden

Alemann, Ulrich von/Spier, Tim (2009): Die deutschen Parteien unter veränderten Rahmenbedingungen. In: Andersen, Uwe (Hrsg.): Parteien in Deutschland. Krise oder Wandel? Wiesbaden, S. 39-61

Beyme, Klaus von (2000): Parteien im Wandel. Von der Volkspartei zur professionalisierten Wählerpartei. Wiesbaden

Dettling, Daniel (2005): Einleitung. In: Dettling, Daniel (Hrsg.): Parteien in der Bürgergesellschaft. Zum Verhältnis von Macht und Beteiligung. Wiesbaden, S. 10-19

Fuchs, Dieter und Kühnel, Steffen (1990): Die evaluative Bedeutung ideologischer Selbstidentifikation. In: Kaase, Max/Klingemann, Hans-Dieter (Hrsg.): Wahlen und Wähler. Analysen aus Anlaß der Bundestagswahl 1987. Opladen, S. 217-252

Fuchs, Dieter/Klingemann, Hans-Dieter (1989): Das Links-Rechts-Schema als politischer Code. Ein interkultureller Vergleich auf inhaltsanalytischer Grundlage. In: Haller, Max/Hoffmann-Nowotny, Hans-Joachim/Zapf, Wolfgang (Hrsg.): Kultur und Gesellschaft. Frankfurt a. M., S. 484-498

Kitschelt, Herbert (1994): The Transformation of European Social Democracy. New York

Kitschelt, Herbert (1995): The Radical Right in Western Europe. A Comparative Analysis. Ann Arbor

Lösche, Peter (2009): Ende der Volksparteien. In: Aus Politik und Zeitgeschichte, Bd. 59, H. 52, S. 6-12

May, John D. (1973): Opinion Structure of Political Parties. The Special Law of Curvilinear Disparity. In: Political Studies, Bd. 21, H. 2, S. 135-151

Steingart, Gabor (2009): Die Machtfrage. Ansichten eines Nichtwählers. München

Widfeldt, Anders (1995): Party Membership and Party Representativeness. In: Klingemann, Hans-Dieter/Fuchs, Dieter (Hrsg.): Citizens and the State. Oxford, S. 134-183

9. Wie zufrieden sind die Mitglieder der Parteien?

Alexandra Nonnenmacher

Unzufriedene Parteimitglieder sind – wie enttäuschte Wähler – immer wieder ein Thema in der Presse. Im Januar 2009 berichtete die WELT, dass „Mobbing, fehlende Basisdemokratie, elitäre Kaderbildung" die Gründe sind, warum „Hessens Linker die Mitglieder davonlaufen" (Crolly 2009). Im Juni 2010 titelte ein Bericht im Schwäbischen Tagblatt „CDU-Regionalkonferenz zeigt, wie verdrossen viele Parteimitglieder sind" und beschrieb die Bemühungen des baden-württembergischen Ministerpräsidenten, „den eigenen Leuten die allgemeine Verunsicherung auszutreiben" (Wieselmann 2010). Die SPD führte im Frühjahr 2010 eine bundesweite Befragung aller Ortsvereine durch, um von ihren Mitgliedern unter anderem die wichtigsten Gründe der Stimmverluste bei der Bundestagswahl 2009 zu erfahren. Am häufigsten genannt wurden die Themen Hartz IV, Rente mit 67, das Verhältnis zur Linken, die Rolle der SPD in der großen Koalition, eine fehlende Glaubwürdigkeit der SPD, Profil- und Farblosigkeit und eine Entfremdung der Partei von Mitgliedern und Bevölkerung (polis + sinus 2010).

Sind die Mitglieder politischer Parteien wirklich so unzufrieden, wie diese medialen Schlaglichter vermuten lassen? Und wenn sie unzufrieden sind: Welche Gründe gibt es, und wie reagieren Parteimitglieder auf ihre Unzufriedenheit? Versuchen sie, wahrgenommene Missstände zu beheben, oder ziehen sie sich eher zurück? Mit diesen drei Fragen beschäftigen wir uns im vorliegenden Kapitel. Im ersten Teil werden wir das Ausmaß untersuchen, in dem die Mitglieder der sechs im Bundestag vertretenen Parteien mit ihrer Mitgliedschaft zufrieden bzw. unzufrieden sind, und Vergleiche verschiedener Gruppen innerhalb der Parteien anstellen. Im Anschluss werden wir auf die Gründe für Unzufriedenheit eingehen. Abschließend werden die Reaktionen auf eine bestehende Unzufriedenheit analysiert.

1 Das Ausmaß der Zufriedenheit der Parteimitglieder

Im Rahmen der postalischen Befragung wurden die Parteimitglieder nach ihrer allgemeinen Zufriedenheit mit ihrer Mitgliedschaft befragt. Abbildung 9.1 zeigt, dass etwas mehr als die Hälfte aller Parteimitglieder (Zeile „Gesamt") zufrieden sind und nur eine Minderheit von 14 Prozent unzufrieden ist.

Abbildung 9.1: Zufriedenheit mit der Parteimitgliedschaft (2009)

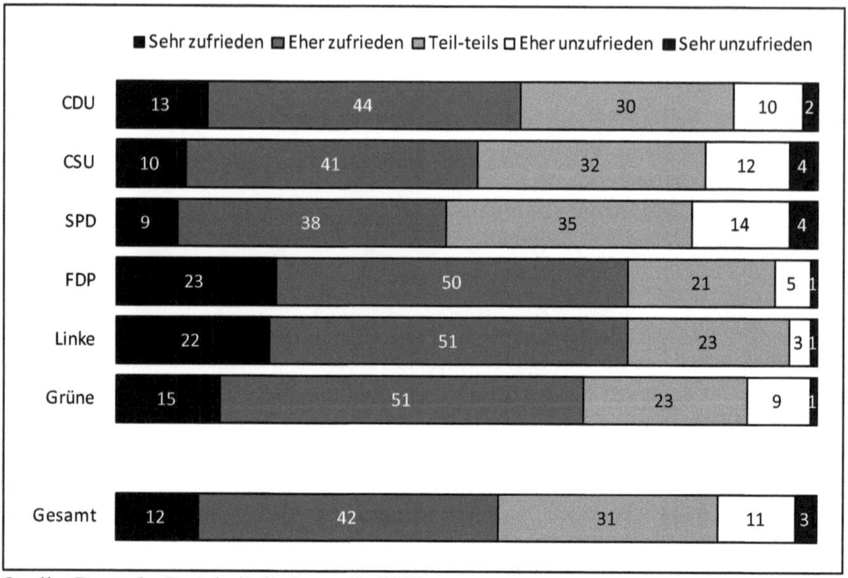

	Sehr zufrieden	Eher zufrieden	Teil-teils	Eher unzufrieden	Sehr unzufrieden
CDU	13	44	30	10	2
CSU	10	41	32	12	4
SPD	9	38	35	14	4
FDP	23	50	21	5	1
Linke	22	51	23	3	1
Grüne	15	51	23	9	1
Gesamt	12	42	31	11	3

Quelle: Deutsche Parteimitgliederstudie 2009.

Die Betrachtung der einzelnen Parteien offenbart allerdings deutliche Unterschiede, wobei eine Zweiteilung in die Volksparteien CDU, CSU und SPD auf der einen und die drei kleineren Parteien auf der anderen Seite ausgemacht werden kann. Bei den kleineren Parteien sind mindestens zwei Drittel aller Mitglieder sehr oder eher zufrieden, bei den Volksparteien dagegen höchstens rund die Hälfte, bei der SPD sogar etwas weniger als die Hälfte. Die Anteile der ambivalenten Parteimitglieder, die teils zufrieden und teils unzufrieden sind, sowie der (sehr oder eher) Unzufriedenen verlaufen in der Regel umgekehrt proportional zu den Anteilen der Zufriedenen. Dies kann als Hinweis darauf gewertet werden, dass aus zufriedenen Parteimitgliedern nicht über Nacht unzufriedene Parteimitglieder werden, sondern diese Veränderung eines längerfristigen Prozesses bedarf.

Zur Frage, warum die Mitglieder der Volksparteien insgesamt weniger zufrieden sind als die Mitglieder der kleineren Parteien, können wir anhand der Ergebnisse nur Vermutungen anstellen. Es ist möglich, dass die Volksparteien allein aufgrund ihrer Größe eine heterogenere Mitgliederschaft haben, bei der es entsprechend wahrscheinlich ist, dass jede Entscheidung oder Handlung von Entscheidungsträgern bei einem Teil der Mitglieder auf Widerstand stößt. Dies gilt auch für die CSU, die zwar mit knapp 160.000 Mitgliedern deutlich kleiner ist als CDU (rund 520.000 Mitglieder) und die SPD (rund 510.000 Mitglieder; vgl. zu den Angaben Niedermayer 2010: 425), aber räumlich auf Bayern beschränkt ist. Entscheidend scheint also die Mitgliederdichte (der Organisationsgrad) zu sein. Eine weitere Erklärung könnte in der Beteiligung einer Partei an den Regierungskoalitionen der letzten Jahre liegen. Eine Regierungsbeteiligung gehört zwar zu den Zielen der meisten politischen Parteien, kann aber auch die Notwendigkeit von Entscheidungen mit sich bringen, die von der Parteibasis nur teilweise getragen werden. Ein prominentes Beispiel ist die Unterstützung der deutschen Beteiligung am Kosovokrieg durch den damaligen grünen Außenminister Fischer im Jahr 1999, die zwar von der Partei mehrheitlich unterstützt wurde, aber auch von innerparteilichen Konflikten begleitet war. In den letzten 10 Jahren vor unserer Befragung, von 1999 bis 2008, hat die SPD durchgehend regiert, entweder zusammen mit Bündnis 90/Die Grünen (6 Jahre bis 2005) oder mit der CDU/CSU (4 Jahre von 2005 bis 2008). FDP und Linke waren in diesen Jahren durchweg in der Opposition. Die Rangfolge der Regierungsdauer der Parteien entspricht der Rangfolge der Zufriedenheit der Parteimitglieder, was als Hinweis für die Erklärung „Unzufriedenheit durch Regierungsbeteiligung" gewertet werden kann. Ihre Erklärungskraft darf aber auch nicht überbewertet werden, da die Zufriedenheit mit der Parteimitgliedschaft nicht nur von Entscheidungen der Parteispitze auf Bundesebene abhängt, wie die im nächsten Abschnitt dargestellten Gründe für Unzufriedenheit zeigen werden.

Zusammenfassend können wir trotz der festgestellten Unterschiede zwischen den Parteien und möglichen Erklärungen für diese Differenzen festhalten, dass Unzufriedenheit bei deutschen Parteimitgliedern die Ausnahme bildet. Der überwiegende Teil aller Mitglieder ist zufrieden oder zumindest teilweise zufrieden. Unsere Analysen zeigen aber auch, dass es selbst bei Parteien wie der FDP oder der Linken, in denen drei Viertel aller Mitglieder zufrieden mit ihrer Mitgliedschaft sind, einen harten Kern an Unzufriedenen gibt. Auf diesen Teil unserer Befragten wollen wir uns im Folgenden konzentrieren und versuchen, die Frage zu beantworten, wer unzufrieden ist und warum.

2 Das soziodemographische Profil der Unzufriedenen

Zur Beantwortung der Frage, wer in den deutschen Parteien unzufrieden ist, zeigt Abbildung 9.2 die prozentualen Anteile der unzufriedenen Parteimitglieder in

Abhängigkeit von soziodemographischen Merkmalen, der Mitgliedschaftsdauer und dem Aktivitätsniveau in der Partei, wobei die Kategorien „sehr" und „eher unzufrieden" zusammengefasst wurden. Einige Gruppen stechen dabei hervor: Die mittleren drei Altersgruppen der 35- bis 79-Jährigen sind unzufriedener als die jüngsten und ältesten Parteimitglieder, Vollzeit-Erwerbstätige sowie Angehörige der unteren Mittelschicht sind häufiger und Beamte und Angestellte im öffentlichen Dienst seltener unzufrieden als alle anderen Gruppen.[1] Auffällig ist außerdem, dass bei der Mitgliedschaftsdauer ein ähnliches Muster wie bei den Altersgruppen erkennbar ist: Die neuesten und die längsten Mitglieder sind – ähnlich wie die Jüngsten und Ältesten – seltener unzufrieden als die mittleren Gruppen, die ihrer Partei seit 5 bis 29 Jahren angehören. Da das Alter und die Dauer der Parteimitgliedschaft naturgemäß einen starken Zusammenhang aufweisen – ältere Mitglieder gehören in der Regel schon länger der Partei an als jüngere und umgekehrt –, ist es bei einem solchen Ergebnis angeraten, mit Hilfe von multivariaten Analysen zu prüfen, ob tatsächlich beide Merkmale einen Einfluss auf Unzufriedenheit mit der Parteimitgliedschaft haben oder nur eines von beiden. Diese Analysen wurden außerdem sowohl für die Gesamtheit unserer Befragten als auch für jede Partei einzeln durchgeführt, um etwaige Unterschiede zwischen den Parteien herausstellen zu können.

Die Ergebnisse der hier nicht graphisch dargestellten Analysen zeigen, dass sowohl das Alter als auch die Mitgliedschaftsdauer die Wahrscheinlichkeit beeinflussen, unzufrieden zu sein, allerdings nur bei der SPD! Die unzufriedensten SPD-Mitglieder sind 50 bis 64 Jahre alt und – anders als Abbildung 9.2 vermuten lässt – seit 10 bis 19 Jahren Parteimitglied. Bei allen anderen Parteien entscheidet das Alter nicht über Zufriedenheit oder Unzufriedenheit. Die Mitgliedschaftsdauer hat dagegen noch bei einer weiteren Partei einen Einfluss: der CDU. Wer der CDU vor höchstens 9 Jahren beigetreten ist, ist wesentlich seltener unzufrieden als ältere Mitglieder.

---

[1] Auf den relativ geringen Anteil Unzufriedener bei den Angehörigen anderer Konfessionen als der evangelischen und katholischen wird hier nicht eingegangen, weil diese Gruppe mit nur 1,5 Prozent aller befragten Parteimitglieder sehr klein ist.

9. Wie zufrieden sind die Mitglieder der Parteien?

Abbildung 9.2: Anteil der unzufriedenen Mitglieder in soziodemographischen Gruppen (2009)

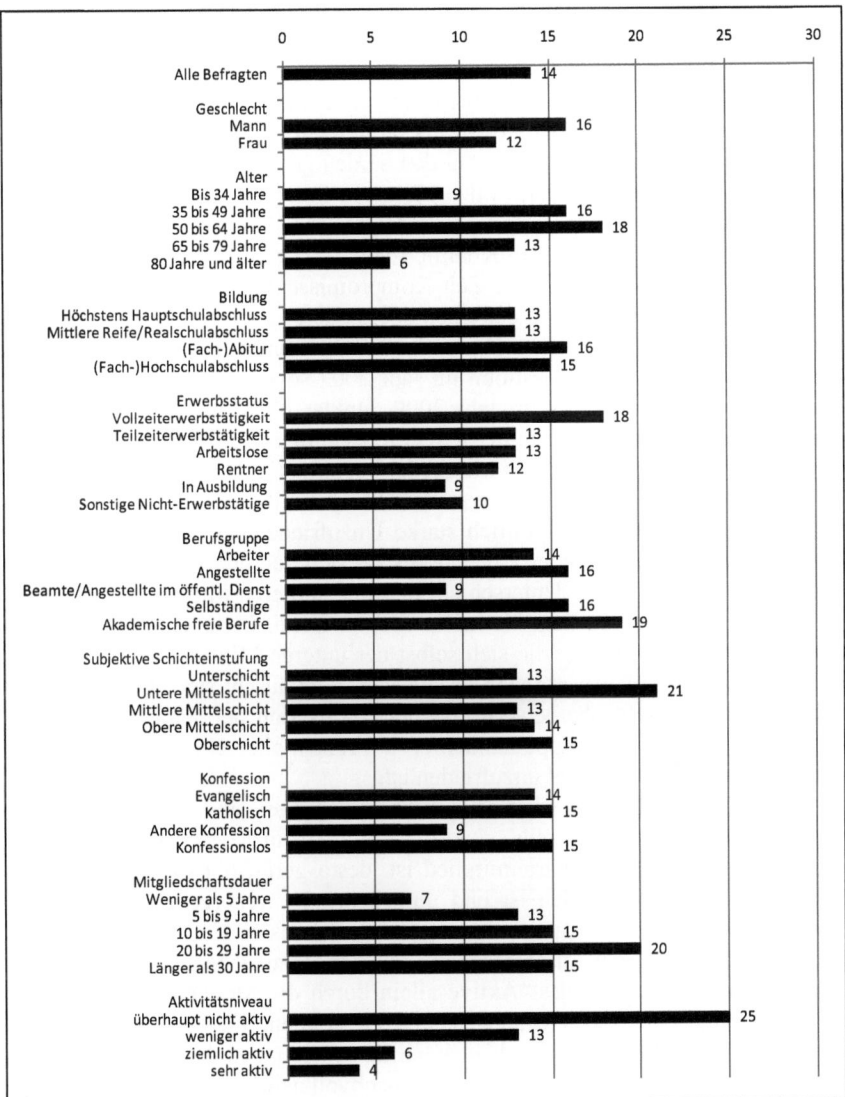

Quelle: Deutsche Parteimitgliederstudie 2009.

Eine mögliche Erklärung für die relativ geringe Unzufriedenheit der neueren Parteimitglieder besteht darin, dass ihre Erwartungen an die Partei in stärkerem Maße erfüllt werden, als dies bei älteren Mitgliedern der Fall ist. Politische Parteien können sich im Laufe von Jahrzehnten verändern, mit der Folge, dass Mitglieder, die vor langer Zeit beigetreten sind, Deckungsungleichheiten zwischen ihren Erwartungen und den Angeboten der Partei wahrnehmen – sei es hinsichtlich ideologischer Grundsätze oder der konkreten Parteiarbeit. Da sich ausschließlich die neueren Mitglieder bei den beiden größten Parteien von den älteren unterscheiden wohingegen in den kleineren Parteien kein solcher Effekt zu finden ist, ist es möglich, dass unsere Befragten ihr Votum zumindest teilweise unter dem Eindruck der Großen Koalition von 2005 bis 2009 abgegeben haben. CDU und SPD mussten in dieser Zeit Kompromisse eingehen, die je nach Entscheidung bei den Mitgliedern der einen oder anderen Partei zumindest Verwunderung ausgelöst haben dürften. Beispiele sind die Mehrwertsteuererhöhung und der Kompromiss beim Mindestlohn im Jahr 2007 sowie die Reformen der Erbschafts- und der Kfz-Steuer im Jahr 2009. Unklar bleibt bei dieser möglichen Erklärung allerdings, warum in der CSU die Beteiligung an der Großen Koalition nicht die Zufriedenheit älterer Mitglieder beeinträchtigt hat.

Ein weiterer Befund der multivariaten Analysen, der ausschließlich die SPD betrifft, ist die überdurchschnittlich starke Unzufriedenheit der unteren Mittelschicht. Dies ist insofern überraschend, als sie sich deutlich von den beiden benachbarten Gruppen – der Unterschicht und der mittleren Mittelschicht – unterscheidet. Eine Erklärung liegt hier nicht auf der Hand. Es scheint, als ob genau diejenigen SPD-Mitglieder, die sich selbst der unteren Mittelschicht zurechnen, in ihren spezifischen Erwartungen an die Partei enttäuscht sind. Dieser Befund sollte aber auch nicht überbewertet werden, da es sich bei der unteren Mittelschicht um eine kleine Gruppe handelt (17,5 Prozent aller SPD-Mitglieder), von der wiederum nur ein Viertel unzufrieden ist.

Ein Merkmal, auf das wir bisher nicht eingegangen sind, ist das Aktivitätsniveau. Wie Abbildung 9.2 zeigt, sinkt der Anteil Unzufriedener mit dem Aktivitätsniveau: Je aktiver ein Parteimitglied ist, desto geringer ist die Wahrscheinlichkeit, dass es unzufrieden ist und umgekehrt. In weitergehenden Analysen konnten wir nachweisen, dass das Aktivitätsniveau das einzige Merkmal ist, das bei allen Parteien einen Zusammenhang mit der Unzufriedenheit aufweist. Als Erklärung bietet sich an, dass Aktive allein durch die Möglichkeit zufriedener sind, die politische Arbeit (mit-)gestalten zu können. Zudem können Aktive durch ihre Einbindung womöglich auch bei Entscheidungen der Partei, mit denen sie selbst nicht einverstanden sind, eher nachvollziehen, wie diese zu Stande gekommen sind, und reagieren entsprechend seltener mit Unzufriedenheit. Denkbar ist allerdings auch, dass nicht Aktivität zu größerer Zufriedenheit führt,

9. Wie zufrieden sind die Mitglieder der Parteien?

sondern umgekehrt die Zufriedenen stärker bereit sind, aktiv in der Partei mitzuarbeiten. Im weiteren Verlauf dieses Kapitels wird gezeigt, dass eine Reaktion auf Unzufriedenheit mit der Parteimitgliedschaft im Rückzug besteht, d. h. Unzufriedenheit kann zu weniger Engagement oder Nichtteilnahme an Versammlungen und geselligen Veranstaltungen führen. Ursache und Wirkung können hier also nicht eindeutig benannt werden. Es ist möglich, dass sich Unzufriedenheit und Aktivitätsniveau gegenseitig bedingen, d. h. die Unzufriedenen ihre Aktivitäten einschränken, in der Folge noch unzufriedener werden usw.

Alle anderen Unterschiede, die in Abbildung 9.2 dargestellt sind, haben nach den Ergebnissen der multivariaten Analysen keinen direkten Einfluss auf die Zufriedenheit. Dies bedeutet, dass z. B. Beamte und Angestellte des öffentlichen Dienstes nur deshalb seltener unzufrieden sind, weil sie in der Partei aktiver sind als andere Berufsgruppen. Anders formuliert: Wären Arbeiter, Angestellte oder Selbständige genauso aktiv wie Beamte, wären sie auch genauso zufrieden. Dasselbe gilt für die überdurchschnittlich unzufriedenen Vollzeit-Erwerbstätigen.

3 Gründe für Unzufriedenheit der Parteimitglieder

Nachdem wir in den bisherigen Ausführungen das Ausmaß der Unzufriedenheit der befragten Parteimitglieder in den Mittelpunkt gestellt haben, werden wir im Folgenden auf die Gründe für Unzufriedenheit mit der Parteimitgliedschaft eingehen. Parallel zu der postalischen Befragung der Parteimitglieder, deren Daten bisher herangezogen wurden, wurde eine Telefonbefragung durchgeführt, an der neben anderen Bevölkerungsgruppen auch Parteimitglieder teilgenommen haben (vgl. Kapitel 3). Im Rahmen dieser telefonischen Befragung wurden zunächst diejenigen, die mit ihrer Parteimitgliedschaft insgesamt nicht zufrieden sind, nach Gründen für ihre Unzufriedenheit gefragt. Alle anderen wurden gefragt, ob es – unabhängig von der allgemeinen Zufriedenheit – in den letzten Jahren Gründe für Unzufriedenheit mit der Parteimitgliedschaft gab. Mit diesen Daten ist es im Folgenden möglich, auf Kritikpunkte aller Parteimitglieder einzugehen, nicht nur auf die der unzufriedenen.

Jeder Befragte hatte die Möglichkeit, beliebig viele Kritikpunkte zu nennen. Mehr als vier Punkte wurden allerdings nicht angesprochen, und 94 Prozent der Befragten nannten höchstens zwei Punkte. Dies muss aber nicht unbedingt heißen, dass es aus Sicht der Befragten jeweils nur wenige Aspekte gibt, mit denen sie nicht zufrieden sind. Wahrscheinlicher ist, dass in der Befragungssituation nicht umfassend reflektiert wurde, sondern diejenigen Antworten gegeben wurden, die sich spontan anboten. Vor diesem Hintergrund müssen die im Folgenden berichteten Befunde als Abbild der wichtigsten, nicht aber aller Gründe für die Unzufriedenheit von Parteimitgliedern betrachtet werden.

Die genannten Gründe für Unzufriedenheit sind in Abbildung 9.3 als prozentualer Anteil all derjenigen Befragten dargestellt, die entweder insgesamt unzufrieden sind oder – bei allgemeiner Zufriedenheit – punktuelle Kritik üben. Ein Wert von 5 in der Tabelle bedeutet beispielsweise, dass der jeweilige Aspekt von 5 Prozent dieser Gruppe genannt wurde. Aufgrund der angesprochenen Mehrfachnennungen addieren sich die Angaben zu mehr als 100 Prozent. Die im Rahmen der Befragung genannten Gründe wurden für die Analyse zu thematischen Kategorien zusammengefasst. Unter „private Gründe", die erste Kategorie, fallen u. a. berufliche, zeitliche, finanzielle (z. B. ein subjektiv zu hoher Mitgliedsbeitrag). Diese Kategorie ist insgesamt nicht sehr bedeutsam. Dasselbe gilt für persönliche politische Gründe, zu denen beispielsweise ein als zu gering empfundener Einfluss (als „einfaches" Parteimitglied) und eine Enttäuschung über das Verfehlen eigener politischer Ziele gehören.

Abbildung 9.3: Gründe für Unzufriedenheit mit der Parteimitgliedschaft (2009)

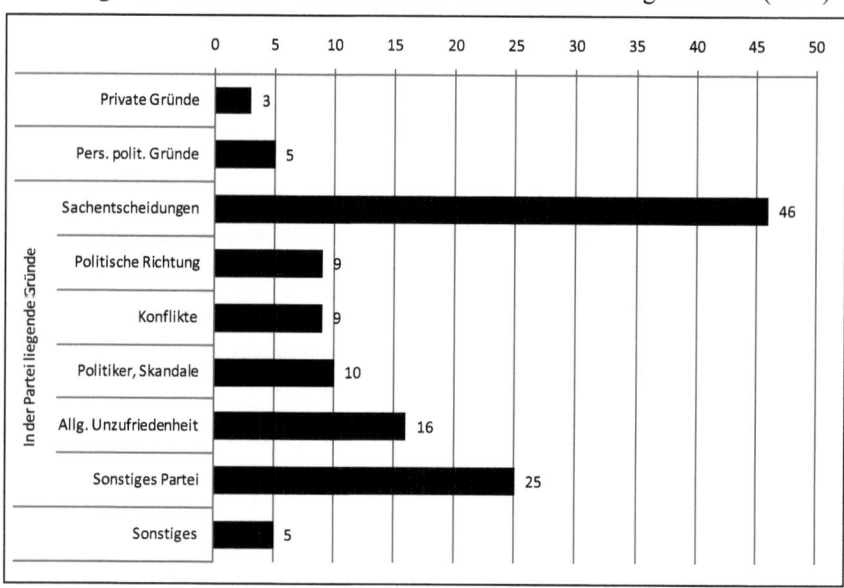

Quelle: Deutsche Parteimitgliederstudie 2009.

Zu den in der Partei liegenden Gründen gehören erstens Sachentscheidungen auf Bundes-, Landes- und Kommunalebene (in den Bereichen Sozial-, Finanz-,

Wirtschafts-, Umwelt- oder Außenpolitik etc.) sowie allgemeine Angaben wie „politische Entscheidungen auf Bundesebene". Derartige Kritikpunkte wurden über alle Parteien hinweg von 46 Prozent der Befragten genannt. Betrachtet man die einzelnen Parteien genauer, fällt auf, dass sich SPD-Mitglieder am häufigsten auf die Sozialpolitik beziehen. Häufig werden die Agenda 2010 bzw. Hartz IV genannt. Das Schlagwort „Hartz IV" fällt auch oft bei den Mitgliedern der Linken, aber mit unterschiedlichen Schwerpunkten: Während die einen Oskar Lafontaines Forderung nach einer Erhöhung der Hartz IV-Sätze (im Rahmen des Bundestagswahlkampfs 2009) kritisieren, nehmen die anderen eine zu wenig nachdrückliche Forderung nach Abschaffung von Hartz IV durch die Linke wahr. Bei Bündnis 90/Die Grünen geht es in mehr als der Hälfte der Kritikpunkte um außenpolitische Themen, insbesondere um Bundeswehreinsätze im Ausland. Die wenigen Nennungen, die die FDP zu verzeichnen hat, beziehen sich ausschließlich auf die Sicherheitspolitik, genauer auf Schlagworte wie „Vorratsdatenspeicherung" und „großer Lauschangriff". Bei CDU und CSU sind keine Häufungen bei bestimmten Politikfeldern auszumachen.

Die nächsten drei Kategorien der in der Partei liegenden Gründe, die politische Richtung, Konflikte innerhalb der Partei (sowohl intern zwischen Parteimitgliedern als auch in die Öffentlichkeit getragene Konflikte auf der Bundes- oder Landesebene) und Politiker oder Skandale (wie z. B. die sogenannten „schwarzen Konten" der CDU), wurden von höchstens einem Zehntel der Unzufriedenen genannt und sind somit insgesamt relativ unbedeutend; bei der SPD werden diese Gründe aber häufiger angegeben als bei der CDU.

Unter „allgemeine Unzufriedenheit" sind solche Kritikpunkte zusammengefasst, die sich auf die Partei im Allgemeinen beziehen. Beispiele sind „Abläufe in der letzten Zeit", „das ganze Agieren der Partei", „[weil sie] nicht mehr auf die Stimme des Volkes hören" oder die „gegenwärtige Politik". Außerdem wurden pauschale Nennungen wie „Wankelmütigkeit", „Unzuverlässigkeit", „Uneinigkeit" oder „Selbstherrlichkeit", die sich keiner bestimmten Personengruppe zuordnen lassen, in diese Kategorie gefasst. Solche Kritikpunkte werden selten von den Mitgliedern der SPD formuliert, bei der CDU aber von jedem fünften Mitglied.

Unter „Sonstiges Partei", die letzte Unterkategorie unter den in der Partei liegenden Gründen für Unzufriedenheit, fällt so Unterschiedliches wie Personalentscheidungen, die innerparteiliche Willensbildung, die Einflussmöglichkeiten der Partei, die konkrete Parteiarbeit, die Außendarstellung oder Wahlergebnisse. Über alle Parteien hinweg (aber vor allem von SPD-Mitgliedern) wurde eine Unzufriedenheit mit anderen Parteimitgliedern am häufigsten genannt, ohne dass es möglich ist, zu bestimmen, ob hiermit Mitglieder der Parteispitze, Mitglieder des eigenen Ortsvereins oder -verbandes oder „die Partei" im Allgemeinen gemeint sind. An zweiter Stelle stehen Personalentscheidungen auf Bundes- oder Landesebene und die Außendarstellung der Partei.

Die letzte Kategorie „Sonstiges" ist als Restkategorie zu betrachten, in die Nennungen fallen, die nicht eindeutig zu verorten sind. Hierunter fallen vor allem Antworten, die sich auf eine Veränderung der politischen Einstellung beziehen, bei denen aber nicht deutlich wird, ob eine Veränderung des Befragten oder der Partei gemeint ist. Außerdem wurden so allgemeine Angaben wie „politische Gründe" unter „Sonstiges" gefasst. Mit einer Nennung von nur 5 Prozent aller Unzufriedenen ist diese Kategorie von geringer Bedeutung.

Zusammenfassend können wir also festhalten, dass Parteimitglieder vor allem dann unzufrieden sind, wenn ihre Partei auf der Bundes-, Landes- oder Kommunalebene politische Entscheidungen fällt, mit denen die Mitglieder nicht übereinstimmen. Am häufigsten genannt wurden hier Entscheidungen auf Bundesebene. Diese Befunde unterstützen die im ersten Teil dieses Kapitels formulierte Annahme, dass eine Regierungsbeteiligung und die mit ihr verbundene politische Gestaltungsnotwendigkeit zu Unzufriedenheit an der Parteibasis führen kann, z. B. aufgrund unvermeidlicher Kompromisse oder der Wahl des „falschen" Koalitionspartners. Ausschlaggebend scheint aber nicht die Regierungsbeteiligung an sich zu sein: Die Antworten unserer Befragten lassen vermuten, dass vor allem politische Entscheidungen, die in den Augen der Mitglieder im Widerspruch zu den Grundsätzen der jeweiligen Partei stehen, Unzufriedenheit schüren. Beispiele sind die Agenda 2010 für die SPD, die Auslandseinsätze der Bundeswehr für Bündnis 90/Die Grünen und die Vorratsdatenspeicherung bzw. der „große Lauschangriff" bei der FDP.

4 Reaktionen der Parteimitglieder auf Unzufriedenheit

Abschließend bleibt zu klären, wie Parteimitglieder auf ihre Unzufriedenheit reagieren: Versuchen sie, wahrgenommene Missstände zu beheben, ziehen sie sich aus der Partei zurück, oder erwägen Sie gar einen Austritt? Auch zur Beantwortung dieser Frage werden wir auf die Daten der telefonischen Befragung zurückgreifen. Da mehrere unterschiedliche Reaktionen denkbar sind (nacheinander oder gleichzeitig), konnten die befragten Parteimitglieder auf die entsprechende Frage beliebig viele Antworten geben. Auch hier werden die genannten Reaktionen als prozentualer Anteil all derjenigen Befragten dargestellt, die entweder insgesamt unzufrieden sind oder – bei allgemeiner Zufriedenheit – punktuelle Kritik üben. Die Werte in Abbildung 9.4 entsprechen dem Anteil dieser Gruppe, der die entsprechende Reaktion genannt hat. Durch Mehrfachnennungen addieren sich die Angaben zu mehr als 100 Prozent.

9. Wie zufrieden sind die Mitglieder der Parteien?

Aufbauend auf dem Konzept von Albert O. Hirschmann (1970), der sich mit den Reaktionsmöglichkeiten von unzufriedenen Organisationsmitgliedern beschäftigt hat, können wir die Angaben der Befragten in zwei Gruppen einteilen: Die erste umfasst *Voice*-Reaktionen. Hierunter werden all diejenigen Handlungen gefasst, die auf eine Veränderung der die Unzufriedenheit auslösenden Situation zielen. Unter *Exit*-Reaktionen, der zweiten Gruppe, sind dagegen all solche Handlungen zu verstehen, die mit einem Rückzug oder einer Ablösung von der Partei verbunden sind. Vereinfacht gesagt hat das Mitglied bei Unzufriedenheit die Wahl zwischen Kommunikation, Beschwerde oder Protest (Voice) auf der einen Seite und einer Ablösung von der Organisation (Exit), z. B. durch Arbeitsplatzwechsel, Emigration oder Anbieterwechsel auf der anderen Seite. Darüber hinaus ist aber auch denkbar, dass keinerlei Reaktion auf eine Unzufriedenheit erfolgt, die Mitglieder also still darauf warten, dass sich die Situation wieder verbessert. Dies kann eintreten, wenn ein Exit nicht möglich ist (z. B. keine alternativen Arbeitsplatzangebote vorliegen), er persönliche Nachteile nach sich ziehen würde (z. B. negative Sanktionen durch Verwandte oder Freunde, ein schlechtes Gewissen) oder die Gefahr wahrgenommen wird, dass sich die Situation nach dem eigenen Austritt noch weiter verschlimmert.

Zu den Voice-Reaktionen unserer Befragten gehört zunächst die Äußerung der Unzufriedenheit im Kreis anderer Parteimitglieder, gegenüber Gremien oder Führungspersonen und in der Öffentlichkeit (Abbildung 9.4). In der Mehrzahl der Fälle wurde angegeben, dass „Diskussionen" oder „Gespräche" geführt wurden. Sind Gremien, Führungspersonen oder die Öffentlichkeit der Adressat, wurden außerdem schriftliche Äußerungen (Briefe, E-Mails, offene Briefe, Leserbriefe, etc.) genannt.

Abbildung 9.4 zeigt, dass Diskussionen oder Gespräche die häufigsten Reaktionen auf Unzufriedenheit mit der Parteimitgliedschaft sind. Über alle Parteien hinweg geben insgesamt 50 Prozent der Befragten an, dass sie in dieser Form reagiert haben. Der mit 20 Prozent größte Anteil entfällt dabei auf „Äußerungen Sonstiges", also diejenigen Angaben, die nicht klar verortet werden können (z. B. „ich habe es angesprochen"). Es ist wahrscheinlich, aber mit unseren Daten nicht eindeutig belegbar, dass auch diese Diskussionen oder Gespräche zu einem erheblichen Teil mit anderen Parteimitgliedern geführt wurden.

Zu den Voice-Reaktionen gehören außerdem „konstruktive Reaktionen", die ein stärkeres Engagement sowie eine Bemühung zur Lösung einer als problematisch wahrgenommenen Situation umfassen. Beispiele sind Nennungen wie „ich klärte das Problem" oder „ich habe mich noch mehr in der Partei engagiert". Derartige Reaktionen kommen ebenso selten vor wie „destruktive Reaktionen". Hierunter fallen wiederum Handlungen, die eine Unzufriedenheit zum Ausdruck bringen können, aber nicht geeignet sind, das wahrgenommene Problem zu lösen: Etwa die Nichtteilnahme an Wahlen, die Wahl einer anderen Partei oder die Einstellung der Zahlung des Mitgliedsbeitrags.

Abbildung 9.4: Reaktionen auf Unzufriedenheit mit der Parteimitgliedschaft (2009)

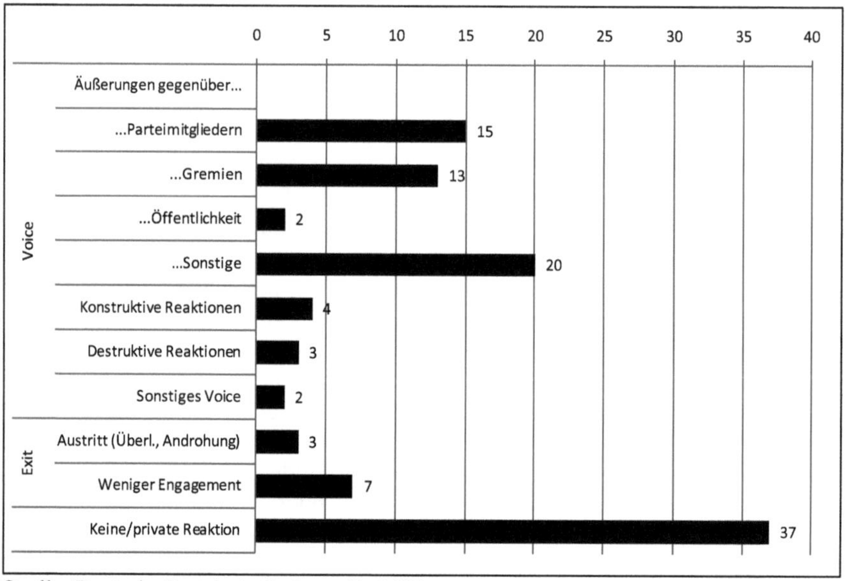

Voice	Äußerungen gegenüber…
	…Parteimitgliedern: 15
	…Gremien: 13
	…Öffentlichkeit: 2
	…Sonstige: 20
	Konstruktive Reaktionen: 4
	Destruktive Reaktionen: 3
	Sonstiges Voice: 2
Exit	Austritt (Überl., Androhung): 3
	Weniger Engagement: 7
	Keine/private Reaktion: 37

Quelle: Deutsche Parteimitgliederstudie 2009.

Zu den Exit-Reaktionen, d. h. zu den Handlungen, die mit einem Rückzug oder einer Ablösung von der Partei verbunden sind, gehören der Austritt bzw. die Austrittsüberlegung oder -androhung[2] und ein geringeres Engagement. Hierunter sind die Antworten von Befragten zusammengefasst, die wörtlich „weniger Engagement" als Reaktion angeben, nicht mehr an Versammlungen oder anderen Zusammenkünften von Parteimitgliedern teilnehmen sowie Ämter oder Funktionen niedergelegt oder eine Kandidatur zurückgezogen haben.

Die abschließende und mit 37 Prozent aller befragten Parteimitglieder am häufigsten genannte Antwortkategorie bildet „keine/private Reaktion". Hierunter

---

[2] Da die Befragten zum Zeitpunkt der Datenerhebung Parteimitglieder sind, überrascht es, dass ein Teil von ihnen angibt, bei Unzufriedenheit ausgetreten zu sein. Dieser scheinbare Widerspruch ist teilweise dadurch zu erklären, dass die Befragten zu einem späteren Zeitpunkt wieder in ihre Partei eingetreten sind. Für die übrigen Fälle kann nur angenommen werden, dass mit ihrer Antwort nicht ein vollzogener Austritt, sondern Austrittsüberlegungen gemeint sind.

fallen emotionale Reaktionen oder Äußerungen der Unzufriedenheit im privaten Umfeld sowie diejenigen Fälle, die explizit angegeben haben, „gar nicht" auf ihre Unzufriedenheit reagiert zu haben. Äußerungen der Unzufriedenheit im privaten Umfeld machen hier nur einen kleinen Teil der Antworten aus. Die meisten sagen, dass sie „verärgert" oder „wütend" waren bzw. machen deutlich, dass sie ihre Unzufriedenheit für sich behalten haben (z. B. „die Faust in der Tasche geballt").

In der Gesamtheit macht Abbildung 9.4 deutlich, dass am häufigsten mit „Voice", d. h. in den meisten Fällen mit einer Äußerung der Unzufriedenheit, reagiert wird, gefolgt von keiner oder einer nicht nach außen gerichteten Reaktion. Exit-Reaktionen folgen erst mit großem Abstand, was auf der positiven Seite dafür spricht, dass Parteimitglieder sich nicht sofort mit Austrittsgedanken tragen, sobald es einen Anlass für Unzufriedenheit gibt. Auf der negativen Seite machen allerdings auch nicht alle Parteimitglieder ihre Unzufriedenheit öffentlich; mehr als ein Drittel schweigt. Da die Basis der Parteispitze als Ideengeber, vor allem aber als Seismograph dienen kann, ist es abschließend für die Parteien wichtig zu wissen, in welchem Maße sie durch Voice-Reaktionen von Unzufriedenheitsgründen Kenntnis erhalten. Dies gilt vor allem dann, wenn der Grund für die Unzufriedenheit in der Partei selbst liegt: Ohne Gespräche oder Diskussionen im Kreis der Parteimitglieder, Briefe an Gremien oder Führungspersonen etc. sind Parteien nur begrenzt in der Lage, Kritik ihrer Basis wahrzunehmen und gegebenenfalls darauf zu reagieren.

Um zu überprüfen, ob unzufriedene Parteimitglieder ihren Parteien diese Möglichkeit geben, wurden die vier eindeutig benennbaren Ursachen für Unzufriedenheit mit der Partei mit den Reaktionen auf Unzufriedenheit in Beziehung gesetzt. Exit-Reaktionen werden aufgrund ihrer Seltenheit nicht betrachtet. Abbildung 9.5 zeigt den prozentualen Anteil der unzufriedenen Mitglieder, der mit Voice-Handlungen bzw. nur privat oder gar nicht reagiert. Abbildung 9.5 zeigt, dass Sachentscheidungen auf Bundes-, Landes- oder Kommunalebene bei zwei Dritteln der Unzufriedenen zu Voice-Reaktionen führen, Kritik an der politischen Richtung immerhin noch bei rund der Hälfte. Nur etwa halb so viele unzufriedene Parteimitglieder reagieren nicht, was bedeutet, dass die Parteien mit großer Wahrscheinlichkeit die Gelegenheit haben, Kritik in diesen Punkten wahrzunehmen. Anders ist dies bei innerparteilichen Konflikten, bei denen diese Chance nur noch 50:50 beträgt, und über Unzufriedenheit mit Politikern oder über Skandale wird ebenfalls eher geschwiegen als gesprochen. Mit Hilfe unserer Daten ist es nicht möglich, die Frage zu beantworten, warum hier mehr als die Hälfte keine Reaktion zeigt. Denkbar ist, dass Kritik an Vertretern der Parteispitze als ungeeignetes Thema für Diskussionen angesehen wird oder dass weniger als bei anderen Kritikpunkten erwartet wird, dass eine Äußerung der Unzufriedenheit zu einer Verbesserung der Situation beiträgt.

Abbildung 9.5: Reaktion auf Unzufriedenheit in Abhängigkeit vom Grund für Unzufriedenheit mit der Parteimitgliedschaft (2009)

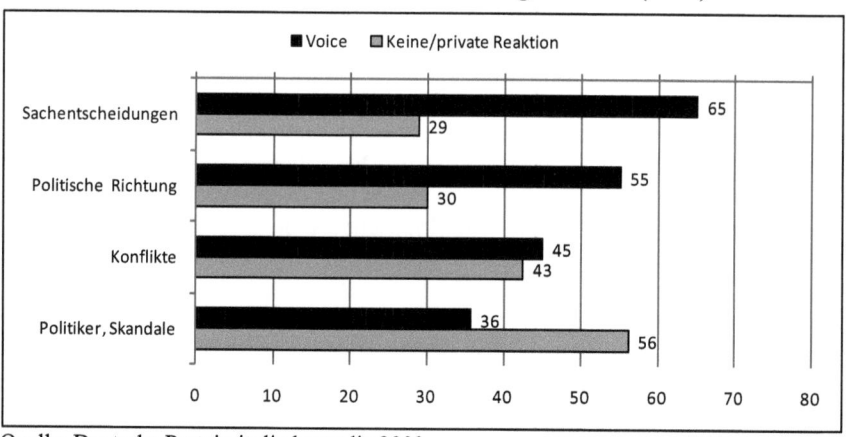

Quelle: Deutsche Parteimitgliederstudie 2009.

Insgesamt erhalten die Parteien somit bei dem zahlenmäßig wichtigsten Kritikpunkt, den Sachentscheidungen, durchaus die Möglichkeit, die Unzufriedenheit ihrer Mitglieder wahrzunehmen, und ebenso bei Kritik an der politischen Richtung. Bei den seltener genannten Kritikpunkten, innerparteilichen Konflikten sowie Politikern und Skandalen, ist die Wahrscheinlichkeit dagegen geringer. Für alle vier Aspekte gilt außerdem, dass wir mit unseren Daten nicht die Frage beantworten können, ob sich diejenigen Mitglieder, die Voice-Reaktionen zeigen, von allen anderen unterscheiden. Es ist also beispielsweise möglich, dass die 65 Prozent aller Parteimitglieder, die Sachentscheidungen kritisieren, bei genauerer Betrachtung mit anderen Entscheidungen unzufrieden sind als die 29 Prozent, die nicht oder nur privat reagieren. Hier müssen in der Zukunft weitere Untersuchungen durchgeführt werden.

5 Fazit

Im vorliegenden Kapitel haben wir die Zufriedenheit deutscher Parteimitglieder mit ihrer Mitgliedschaft sowie den Reaktionen auf eine mögliche Unzufriedenheit untersucht. Es konnte gezeigt werden, dass einerseits der Anteil Zufriedener

9. Wie zufrieden sind die Mitglieder der Parteien?

in allen Parteien den Anteil Unzufriedener deutlich übersteigt, es andererseits aber auch große Unterschiede zwischen den sechs Parteien gibt: Während die Mitglieder von FDP, Bündnis 90/Die Grünen und der Linken zu mindestens zwei Dritteln zufrieden sind, gilt dies nur noch für etwas mehr als die Hälfte der CDU- und CSU-Mitglieder und etwas weniger als die Hälfte der SPD-Mitglieder. Zumindest für die großen Parteien muss festgehalten werden, dass mehr als jeder Zehnte, in der SPD sogar beinahe jeder Fünfte unzufrieden ist. Mit diesem Ergebnis ist zwar nicht zu befürchten, dass den Parteien „die Mitglieder davonlaufen", wie die WELT für die Linke titelte (s. o.). Ein Potenzial für innerparteiliche Konflikte auf allen Organisationsebenen, vielleicht sogar ein Austrittspotenzial, ist aber erkennbar.

Als mögliche Erklärung unseres Befundes, dass die Mitglieder der Volksparteien insgesamt weniger zufrieden sind als die Mitglieder der kleineren Parteien, wurden die heterogeneren Mitgliederschaften der großen Parteien genannt. Eine weitere Erklärung liegt in der Beteiligung einer Partei an den Regierungskoalitionen der letzten Jahre, da diese Rolle Entscheidungen notwendig machen kann, die von der Parteibasis nur teilweise getragen werden und so zu Unzufriedenheit führen können.

Die Frage, welche Gruppen unter den Parteimitgliedern besonders zufrieden oder unzufrieden sind, kann kaum mit Hilfe sozialstruktureller Merkmale wie Geschlecht, Alter oder Bildungsniveau beantwortet werden. In allen Parteien zeigen sich bei der Zufriedenheit kaum Unterschiede zwischen Frauen und Männern, Abiturienten und Haupt- oder Volksschülern, Arbeitern und Beamten usw. Nur bei der SPD konnten Unterschiede zwischen verschiedenen Altersgruppen sozialen Schichten festgestellt werden. Darüber hinaus lässt sich bei SPD und CDU ein Einfluss der Mitgliedschaftsdauer nachweisen: Neuere Mitglieder sind zufriedener als ältere, vor allem diejenigen, die ihrer Partei vor weniger als 10 Jahren beigetreten sind. Da dieser Effekt ausschließlich die beiden Parteien betrifft, die in den Jahren vor unserer Befragung eine Große Koalition bildeten, ist es möglich, dass vor allem die in einer solchen Konstellation notwendigen Kompromisse Unzufriedenheit ausgelöst haben. Wer in genau diesen Jahren in die CDU oder SPD eingetreten ist, sollte zu diesen Kompromissen eine pragmatischere Haltung einnehmen können als diejenigen, die vor 20 oder 30 Jahren mit der Idee eines „natürlichen" Gegensatzes zwischen den beiden Parteien eingetreten sind, der grundsätzlich eine große Partei in der Regierung und die andere in der Opposition verortet.

Während die sozialstrukturellen Merkmale nur wenig Einfluss auf die Zufriedenheit haben, weisen Aktivitätsniveau und Zufriedenheit einen deutlichen Zusammenhang auf: Je aktiver ein Parteimitglied ist, desto zufriedener ist es auch. Aus diesem Befund zu schließen, dass Parteimitglieder einfach stärker in die Arbeit eingebunden werden müssen, um ihre Zufriedenheit zu steigern, wäre allerdings in zweierlei Hinsicht verfrüht: Erstens können wir im Rahmen dieser Untersuchung nicht die genauen Gründe für die größere Zufriedenheit der Aktiven bestimmen, und zweitens ist es möglich, dass nicht Aktivität zu Zufriedenheit führt, sondern umgekehrt Zufriedenheit ein höheres Aktivitätsniveau nach sich zieht – bzw. im Umkehrschluss Unzufriedenheit eine Reduktion oder Einstellung von Aktivitäten in der Partei. Eine solche Reaktion auf eine Unzufriedenheit konnten wir im weiteren Verlauf dieses Kapitels nachweisen.

Unabhängig von der Frage, was zuerst da ist, Aktivität oder Zufriedenheit, bedeutet unser Ergebnis für die Parteien, dass gerade diejenigen Mitglieder, die Versammlungen besuchen, den Wahlkampf unterstützen, Ämter bekleiden etc., die zufriedensten sind – und somit ihre Partei wahrscheinlich weiterhin unterstützen werden. Welchen Stellenwert aktive Mitglieder im Gegensatz zu reinen Beitragszahlern haben, wurde in Kapitel 7 beschrieben: Mit einem zum größten Teil aus *Inaktiven* bestehenden Mitgliederstamm wäre eine Partei kaum in der Lage, ihre politischen Funktionen zu erfüllen.

Den dritten Teil des vorliegenden Kapitels bildete die Analyse der Gründe für eine Unzufriedenheit mit der Parteimitgliedschaft. Die – über alle Parteien gesehen – bedeutsamste Ursachengruppe sind Gründe, die in der Partei liegen. Private und persönliche politische Gründe spielen eine nur untergeordnete Rolle. Unter den in der Partei liegenden Ursachen sind Sachentscheidungen auf der Bundes-, seltener auf Landes- oder Kommunalebene, der häufigste Grund für Unzufriedenheit. Beinahe die Hälfte unserer Befragten übte in diesem Punkt Kritik. Die allgemeine politische Richtung der Partei, innerparteiliche Konflikte und bestimmte (Spitzen-)Politiker oder Skandale werden seltener als Kritikpunkt genannt als Sachentscheidungen, aber immerhin noch von jeweils ca. 10 Prozent der befragten Parteimitglieder.

Dass vor allem Entscheidungen der Parteispitze auf Bundesebene kritisiert werden, unterstützt die Annahme, dass eine Regierungsbeteiligung und die mit ihr verbundene politische Gestaltungsnotwendigkeit zu Unzufriedenheit an der Parteibasis führen können. Ausschlaggebend scheint aber nicht die Regierungsbeteiligung an sich zu sein – die Antworten unserer Befragten lassen vermuten, dass vor allem politische Entscheidungen, die in den Augen der Mitglieder im Widerspruch zu den Grundsätzen der jeweiligen Partei stehen, Unzufriedenheit schüren.

Im vierten Teil dieses Kapitels haben wir die Reaktionen der Parteimitglieder auf ihre Unzufriedenheit untersucht. Die grundsätzlich zu unterscheidenden Möglichkeiten sind *Voice* (die Äußerung der Unzufriedenheit mit dem Ziel der Verbesserung der Situation), *Exit* (der Rückzug aus dem Parteigeschehen bis hin zum Austritt) sowie keine Reaktion. Voice-Reaktionen nehmen den mit Abstand

9. Wie zufrieden sind die Mitglieder der Parteien?

größten Anteil aller Nennungen unzufriedener Parteimitglieder ein. Hierunter sind vor allem Äußerungen, Kritik oder Diskussionen im Kreis der Parteimitglieder, gegenüber Gremien oder Funktionsträgern der Partei sowie in der Öffentlichkeit zu zählen. Exit-Reaktionen wie ein geringeres Engagement innerhalb der Partei, Austrittsüberlegungen oder gar -androhungen kommen vergleichsweise selten vor, aber bei immerhin 10 Prozent der unzufriedenen Mitglieder. Mehr als ein Drittel aller Parteimitglieder reagiert überhaupt nicht auf die eigene Unzufriedenheit.

Betrachtet man den Zusammenhang zwischen den Gründen für eine Unzufriedenheit mit der Parteimitgliedschaft und der Reaktion auf diese Unzufriedenheit, so zeigt sich, dass eine Kritik an Sachentscheidungen oder der politischen Richtung von mehr als der Hälfte auch offen geäußert wird, während ein knappes Drittel der Unzufriedenen schweigt. Bei diesen Kritikpunkten haben die Parteien also die Gelegenheit, die Unzufriedenheit ihrer Basis wahrzunehmen und gegebenenfalls etwas dagegen zu unternehmen. Kritik an innerparteilichen Konflikten erreicht die Partei dagegen schon seltener, noch weniger wird Unzufriedenheit aufgrund bestimmter Politiker oder Skandale artikuliert.

Zusammenfassend sollte die Unzufriedenheit deutscher Parteimitglieder nicht überdramatisiert werden, aber es zeigen sich auch Verbesserungspotenziale, besonders bei den Volksparteien. Mit Blick auf die Möglichkeit, dass die Rolle als Regierungspartei bei einem Teil der Mitglieder zu Unzufriedenheit führen kann, sind aber auch die kleineren Parteien nicht automatisch „sicher". Positiv ist anzumerken, dass der wichtigste Kritikpunkt unzufriedener Parteimitglieder, Sachentscheidungen auf der Bundes-, seltener Landes- oder Kommunalebene, von den Mitgliedern in der Regel öffentlich gemacht und diskutiert wird, sodass Kurskorrekturen möglich sind.

Literatur

Crolly, Hannelore (2009): Massenaustritte nach internem Zwist in der hessischen Linkspartei. In: Die Welt vom 6.1.2009

Hirschman, Albert O. (1970): Exit, Voice and Loyalty. Responses to Decline in Firms, Organizations and States. Cambridge (Mass.)

Niedermayer, Oskar (2010): Die Entwicklung der Parteimitgliedschaften von 1990 bis 2009. In: Zeitschrift für Parlamentsfragen, Bd. 41, H. 2, S. 421-437

polis + sinus (2010): Ergebnisse einer bundesweiten Befragung der SPD-Ortsvereine. Unveröffentlichtes Manuskript. München

Wieselmann, Bettina (2010): CDU-Regionalkonferenz zeigt, wie verdrossen viele Parteimitglieder sind. In: Schwäbisches Tagblatt vom 19.6.2010

10. Was wünschen sich die Mitglieder von ihren Parteien?

Annika Laux

Eine Parteimitgliedschaft ist heute, im Gegensatz vielleicht zu den 1970er und 1980er Jahren, nicht mehr unbedingt die erste Antwort auf den Versuch eines politisch aktiven Bürgers, „mehr Demokratie zu wagen". Die 1990er Jahre sind sogar als das „Jahrzehnt der Parteienverdrossenheit" (Kießling 2001: 29) bezeichnet worden. Es sind nicht nur die harten Zahlen, der Mitgliederrückgang, mit dem fast alle Parteien seit den 1980er Jahren kämpfen, die zu dieser Einschätzung beigetragen haben. Einen solchen Mitgliederverlust erleben nämlich viele Großorganisationen, wie Gewerkschaften und Kirchen, um nur zwei Beispiele zu nennen. Die These vom Jahrzehnt der Parteienverdrossenheit geht tiefer. In den Jahren des Mitgliederbooms ist es den Parteien gelungen, fast schon als natürliche Treffpunkte politisch interessierter Bürger wahrgenommen zu werden. Wer etwas bewegen wollte, wurde ebenso Parteimitglied wie derjenige, der in erster Linie seine Sympathie mit einer politischen Richtung und Zielsetzung ausdrücken wollte. Entsprechend bescherten die 1970er und 1980er Jahre dank vieler politischer Kontroversen, die in weiten Teilen der Bevölkerung politisches Interesse weckten, den Parteien starke Mitgliederzuwächse (Wiesendahl 2006: 32ff). Zugleich entstanden mit den sogenannten Neuen Sozialen Bewegungen, den Bürgerbewegungen verschiedenster Art, Umwelt-, Frauen- und Friedensinitiativen, neue Angebote für politisch Interessierte. Im Vergleich zu diesen Bewegungen und Initiativen erschien eine Parteimitgliedschaft zwar einerseits als die traditionellere und effektivere Art, politischen Einfluss auszuüben, andererseits aber auch als unflexibler und indirekter. Manch einer, der eingetreten war, um sich aktiv für die Demokratie zu engagieren, fand sich schnell enttäuscht von den tatsächlichen Möglichkeiten, innerhalb der Parteien als Einzelner etwas zu bewirken. Stellten sich die Bewegungen in der Regel basisdemokratisch auf und boten freie Mitarbeit, war die politische Beteiligung in den Parteien an starre Mitgliedschaften gebunden und durch das Delegiertenprinzip für viele Mitglieder nur eine mittelbare Erfahrung. Den im Zuge der gesellschaftlichen Veränderungsprozesse gewandelten Ansprüchen, den Wünschen nach unmittelbarer, direkter und flexibler Beteiligung, konnten die Parteien so nicht gerecht werden (Klein 2003: 104). Auf Mitgliederboom und Euphorie folgten Mitgliederschwund und Parteienverdrossenheit. Zwar gab es abgesehen von einigen kurzen Phasen keine Massenaustritte, aber den Parteien gelang es immer weniger, neue Mitglieder zu rekrutieren. Daran konnten auch die Wiedervereinigung und das damit verbundene kurzzeitige Mitgliederhoch der meisten Parteien nichts ändern. Die Parteien haben nachhaltig an Attraktivität für politisch Interessierte eingebüßt.

Die 1990er Jahre als Jahrzehnt der Parteienverdrossenheit haben dementsprechend innerhalb wie außerhalb der Parteien eine intensive Debatte über deren organisatorische Schwächen, mangelnde innerparteiliche Demokratie oder allgemein gesagt, über deren Reformbedürftigkeit mit sich gebracht. Schnell hat sich jedoch herausgestellt, dass die Parteien nicht bereit waren und sind, den Mitgliederschwund und die Unzufriedenheit einfach kampflos hinzunehmen. Auch wenn nicht alle Parteien gleichermaßen offensiv mit der Problematik umgegangen sind, haben sich doch letztlich alle dem Projekt Parteireform gestellt – freilich mit unterschiedlich weitreichenden Ergebnissen. Daher werden die 1990er Jahre nicht nur als das Jahrzehnt der Parteienverdrossenheit, sondern eben auch als das „Jahrzehnt der Parteireformen" (Kießling 2001: 29) bezeichnet.

In Kapitel 9 konnte als ein Ergebnis festgehalten werden, dass die Parteimitglieder vor allem dann unzufrieden sind, wenn auf Bundesebene politische Entscheidungen gefällt werden, mit denen die Mitglieder nicht übereinstimmen und insbesondere, wenn politische Entscheidungen getroffen werden, die ihres Erachtens im Widerspruch zu den Grundsätzen ihrer Partei stehen. Daran anschließend werden wir im Folgenden die Ergebnisse der Parteimitgliederstudien 1998 und 2009 zur Einstellung der Parteimitglieder in Hinblick auf Parteireformen vorstellen, um die Frage zu beantworten, was sich die Parteimitglieder eigentlich von ihren Parteien wünschen.

1 Das Organisationsverständnis der Parteimitglieder

Hinter einzelnen Reformmaßnahmen steht immer auch das Organisationsverständnis einer Partei. Also die Antwort auf die Frage, wie eine Partei sein und sich in der Politik verhalten sollte. Zwar haben im Grunde alle Parteien erkannt, dass Veränderungen notwendig sind, um die Parteimitgliedschaft wieder attraktiver zu machen, doch spielen sich Reformen normalerweise nicht vollkommen voraussetzungslos ab. Wie weit sie gehen und welcher Art sie sind, hängt auch davon ab, wie die Ausgangsposition und die Ziele einer Partei eingeschätzt werden.

10. Was wünschen sich die Mitglieder von ihren Parteien?

Ganz grundsätzlich befinden sich Parteien in einem Spannungsfeld aus drei Zielen: Sie wollen Wahlen gewinnen, öffentliche Ämter besetzen und politische Inhalte umsetzen (Strøm/Müller 1999: 5). Diese Ziele sind zwar eng miteinander verbunden und keine Partei wird in der Realität wohl ausschließlich eins davon verfolgen, zugleich geht man aber davon aus, dass Parteien durchaus unterschiedliche Gewichtungen vornehmen (Harmel/Janda 1994: 268f). So kann eine Partei in erster Linie als pragmatische Wählerpartei auftreten, mit einer breiten und flexiblen Programmatik und effizienten Organisationsstrukturen. Ihr vornehmliches Ziel besteht dann darin, Wahlen und Ämter zu gewinnen, im Zweifelsfall nimmt sie dafür auch größere inhaltliche Kompromisse in Kauf. Versteht sie sich dagegen als politische Gesinnungsgemeinschaft, kann die Umsetzung ihrer spezifischen politischen Inhalte auch dann noch Vorrang haben, wenn dies zum Verlust von Wählerstimmen führt. Darüber hinaus kann eine Partei sich eher exklusiv ausrichten, also die Parteiarbeit ebenso wie die Kandidatur für Ämter und Mandate von einer formellen Mitgliedschaft abhängig machen, oder sie kann sich als inklusive Interessenorganisation auch für Nichtmitglieder öffnen.

Entsprechend dieser Überlegungen sind in den Parteimitgliederstudien 1998 und 2009 insgesamt sechs Möglichkeiten erfragt worden, wie die Parteien jeweils sein bzw. sich in der Politik verhalten sollten. Wenden wir uns zunächst den Aussagen zu, die den Grad der Wählerorientierung der Partei in den Augen ihrer Mitglieder widerspiegeln. Wie in Abbildung 10.1 dargestellt, ist ein großer Anteil der deutschen Parteimitglieder der Meinung, dass die Geschlossenheit der Partei nicht durch innerparteiliche Diskussionen gefährdet werden dürfe. Für die Gesamtmitgliedschaft hat sich diese Einschätzung im Zeitverlauf kaum verändert. 1998 haben 65 Prozent der Befragten die Geschlossenheit der Partei wichtiger eingeschätzt, 2009 sind es immerhin noch 62 Prozent.

Ein Blick auf die einzelnen Parteien zeigt allerdings zum Teil beträchtliche Unterschiede. Während die Mitglieder der beiden Unionsparteien diese Meinung zu beiden Befragungszeitpunkten noch stärker als der Durchschnitt der Parteimitglieder vertreten, sind die Mitglieder der übrigen Parteien durchaus skeptischer. Vor allem bei den Sozialdemokraten lässt sich zudem ein deutlicher Abwärtstrend konstatieren. Zwar ist es mit 59 Prozent noch immer eine Mehrheit der SPD-Mitglieder, im Vergleich zu 1998 (68 Prozent) sinkt aber der Anteil derer, die bereit sind, innerparteiliche Diskussionen zum Wohle der Geschlossenheit zurückzustellen. Auch innerhalb der Linken ist die Zustimmung um immerhin 6 Prozentpunkte von 61 Prozent 1998 auf 55 Prozent 2009 zurückgegangen. Die Mitglieder von Bündnis 90/Die Grünen sind als einzige zu beiden Befragungszeitpunkten nicht mehrheitlich der Meinung, dass die Intensität innerparteilicher Diskussionen zum Wohle der Geschlossenheit der Partei beschränkt werden sollte. Konstant nur 30 Prozent stimmen dieser Aussage zu.

Abbildung 10.1: Pragmatische Wählerorientierung

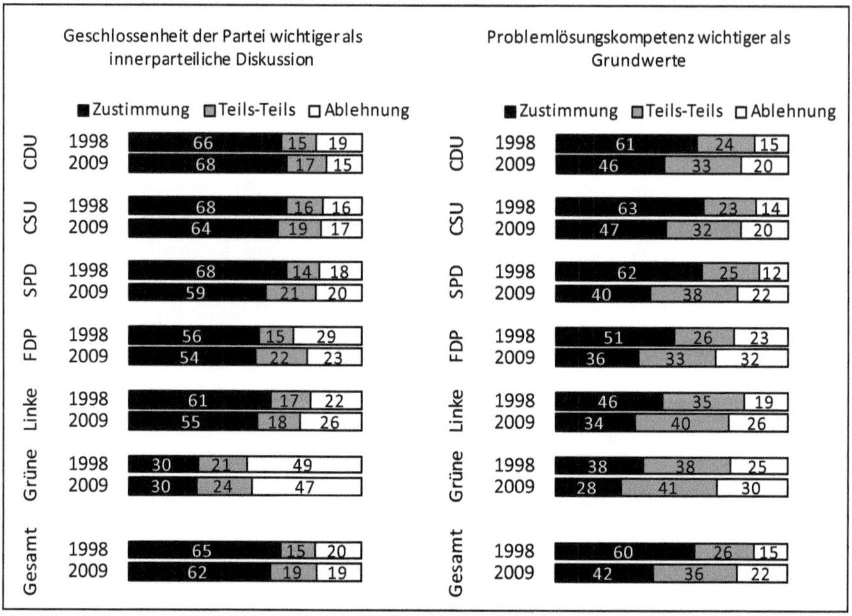

		Geschlossenheit der Partei wichtiger als innerparteiliche Diskussion			Problemlösungskompetenz wichtiger als Grundwerte
		■ Zustimmung ☒ Teils-Teils ☐ Ablehnung			■ Zustimmung ☒ Teils-Teils ☐ Ablehnung
CDU	1998	66 / 15 / 19	CDU	1998	61 / 24 / 15
	2009	68 / 17 / 15		2009	46 / 33 / 20
CSU	1998	68 / 16 / 16	CSU	1998	63 / 23 / 14
	2009	64 / 19 / 17		2009	47 / 32 / 20
SPD	1998	68 / 14 / 18	SPD	1998	62 / 25 / 12
	2009	59 / 21 / 20		2009	40 / 38 / 22
FDP	1998	56 / 15 / 29	FDP	1998	51 / 26 / 23
	2009	54 / 22 / 23		2009	36 / 33 / 32
Linke	1998	61 / 17 / 22	Linke	1998	46 / 35 / 19
	2009	55 / 18 / 26		2009	34 / 40 / 26
Grüne	1998	30 / 21 / 49	Grüne	1998	38 / 38 / 25
	2009	30 / 24 / 47		2009	28 / 41 / 30
Gesamt	1998	65 / 15 / 20	Gesamt	1998	60 / 26 / 15
	2009	62 / 19 / 19		2009	42 / 36 / 22

Quelle: Potsdamer Parteimitgliederstudie 1998, Deutsche Parteimitgliederstudie 2009.

Die überwiegende Mehrheit der Parteimitglieder wünscht sich also ein geschlossenes Auftreten ihrer Partei, wenn auch bei allen Parteien außer der CDU mit sinkender Tendenz. Demnach sind offensichtlich viele Parteimitglieder bereit, im Zweifelsfall Unstimmigkeiten innerhalb ihrer Partei zugunsten der Gesamtpartei zurückzustellen. Innerparteiliche Diskussionen dürfen nicht so weit gehen, dass in der Öffentlichkeit der Eindruck entsteht, die Partei sei zerstritten und handlungsunfähig. Diese Gewichtung zugunsten einer einheitlichen Außenwirkung deckt sich mit dem Organisationsverständnis einer pragmatischen Wählerpartei, die effizienten Strukturen den Vorrang vor allzu viel Basisdemokratie gibt. Die Abweichung der Mitglieder von Bündnis 90/Die Grünen kann indes aus ihrem Bewegungserbe und der daraus resultierenden gewachsenen innerparteilichen Streitkultur heraus erklärt werden. Obwohl auch sie heute weit davon entfernt sind, eine rein basisdemokratische Partei zu sein, scheint doch zumindest bei den grünen Mitgliedern das Bedürfnis nach innerparteilicher Pluralität überdauert zu haben. Dagegen haben die Unionsparteien sich ursprünglich am reformskeptischsten gezeigt, weil sie befürchteten, die Geschlossenheit der Partei könne durch einen widersprüchlichen Meinungspluralismus gefährdet werden (Walter-Rogg/Mößner 2004: 160). Diese Einstellung scheint auch bei ihren Mitgliedern weit verbreitet zu sein, wobei sich allerdings innerhalb der CSU wie in fast allen übrigen Parteien, insbesondere der SPD und der Linken, offenbar eine wachsende Skepsis gegenüber der unbedingten Geschlossenheit abzeichnet.

Nun sind für eine Partei, die in erster Linie nach erfolgreichen Wahlen und der Besetzung von Ämtern strebt, aber nicht nur effiziente Strukturen wichtig, sie muss auch Problemlösungskompetenz vermitteln. Je breiter und flexibler entsprechend ihre Programmatik ist und je weniger sie sich starren Grundwerten verschreibt, desto mehr Wähler kann sie grundsätzlich ansprechen. Sind 1998 immerhin 60 Prozent aller Parteimitglieder der Meinung gewesen, es sollte für ihre Partei wichtiger sein, konkrete Probleme zu lösen, als an ihren Grundwerten festzuhalten, unterstützen dies 2009 nur noch 42 Prozent.

Dieser Trend lässt sich auch bei den einzelnen Parteien feststellen. Obwohl bei CSU, CDU, SPD und FDP noch je eine relative Mehrheit der Mitglieder die Lösung konkreter Probleme für wichtiger erachtet, liegt die Zustimmung doch bei keiner Partei mehr über 50 Prozent. Bei allen Parteien lehnen im Vergleich zu 1998 deutlich mehr Mitglieder eine Priorität der Problemlösungskompetenz ab, vor allem beurteilt ein weit höherer Prozentsatz der Mitglieder sie ambivalent. Die Skepsis scheint hier im Zeitverlauf deutlich angestiegen zu sein. Am größten ist sie wiederum innerhalb von Bündnis 90/Die Grünen. Nur 28 Prozent der grünen Mitglieder (1998: 38 Prozent) halten die Lösung konkreter Probleme für wichtiger als die Grundwerte. Damit ist Zahl der Befürworter innerhalb der Partei seit 1998 sogar noch einmal deutlich zurückgegangen. Das unklarste Bild zeigt sich 2009 bei der FDP, deren Mitglieder zu fast gleichen Anteilen alle drei Kategorien besetzen. Mit 36 Prozent spricht sich zwar eine knappe relative Mehrheit zugunsten der Problemlösungskompetenz aus, jedoch lehnen das zugleich beinahe ebenso viele ab oder ordnen sich in die mittlere Kategorie ein. 1998 fand die Vorrangstellung der Problemlösungskompetenz innerhalb der FDP mit 51 Prozent dagegen noch eine klare Mehrheit. Insgesamt scheinen mittlerweile deutlich weniger Parteimitglieder bereit zu sein, die Grundwerte ihrer Parteien zurückzustellen, um konkrete Probleme lösen zu können. Dies zeigt sich sowohl für die Gesamtmitgliedschaft aller Parteien, als auch für die einzelnen Parteien. Dabei steigt vor allem auch der Anteil derer an, die sich in der mittleren Kategorie verorten. Dies könnte sowohl als Übergangskategorie auf einem allgemeinen Abwärtstrend interpretiert werden, als auch als Bedürfnis vieler Parteimitglieder, sich gegen diese Prioritätensetzung als solche auszusprechen.

Im Vergleich zu 1998 scheint das Organisationsverständnis einer pragmatischen Wählerpartei alles in allem an Prägekraft verloren zu haben. Zwar spricht sich noch immer eine Mehrheit innerhalb der Gesamtmitgliedschaft dafür aus, die Geschlossenheit der Partei gegenüber innerparteilichen Diskussionen zu wahren und eine relative Mehrheit für den Vorrang einer Problemlösungskompetenz, doch gerade die Grundwerte der Parteien scheinen den Parteimitgliedern 2009 nicht mehr so leicht zu veräußern zu sein. Die größte Zustimmung für das pragmatische, wählerorientierte Organisationsverständnis findet sich dabei in den Unionsparteien, die geringste bei den Mitgliedern von Bündnis 90/Die Grünen. Der deutlichste Veränderungsprozess weg von diesem Organisationsverständnis lässt sich bei den Mitgliedern der SPD feststellen. Abgesehen von den Parteitraditionen der Grünen könnte ein weiterer Grund für den Imageverlust der pragmatischen Wählerorientierung die rot-grüne Regierungszeit auf Bundesebene sein. Sie könnte vor allem den starken Zustimmungseinbruch bei den Mitgliedern der SPD erklären.

Insbesondere die wachsende Skepsis in der Parteimitgliedschaft, die Grundwerte der Parteien zurückzustellen, könnte indes einem anderen Organisationsverständnis Auftrieb geben, nämlich dem mittlerweile eher als antiquiert geltenden Konzept der politischen Gesinnungsgemeinschaft. Im Gegensatz zu der pragmatischen Wählerorientierung werden hier die Mitgliederansichten und inhaltlichen Ziele betont.

Ein Blick auf die Ergebnisse für die Gesamtmitgliedschaft zeigt uns, dass es im Vergleich zu 1998 tatsächlich mehr Parteimitglieder gerne sehen würden, wenn sich die Parteien stärker an den Meinungen der Mitglieder orientieren würden, anstatt den Meinungen der Wähler nachzulaufen (Abbildung 10.2). 2009 befürworten dies 57 Prozent, ein Anstieg um 7 Prozentpunkte gegenüber 1998. Auch bei den Auswertungen für die einzelnen Parteien bestätigt sich dieser Trend. Bei allen Parteien ist 2009 ein höherer Anteil der Mitglieder als 1998 der Ansicht, die Meinung der Parteimitglieder müsste stärker berücksichtigt werden. Einzige Ausnahme ist die FDP, hier ist der Anteil mit 58 Prozent gleich geblieben. Allerdings bleibt der Anteil auf hohem Niveau unverändert, denn im Vergleich zu den anderen Parteien hat diese Gewichtung zugunsten der Mitgliedermeinung bei den FDP-Mitgliedern schon 1998 den größten Zuspruch gefunden. Den geringsten Anklang findet sie dagegen zu beiden Erhebungszeitpunkten mit 49 Prozent (1998: 44 Prozent) bei den Mitgliedern der Linken.

Noch deutlicher sprechen sich die Parteimitglieder dafür aus, konsequent politische Inhalte zu verfolgen. 61 Prozent der Gesamtmitgliedschaft verlangen von den Parteien in der Programmatik nicht dem Zeitgeist nachzulaufen, selbst wenn dies zum Verlust von Wählerstimmen führt. 1998 waren es 53 Prozent. Politische Inhalte sind für die Parteimitglieder 2009 also nicht nur nach wie vor

10. Was wünschen sich die Mitglieder von ihren Parteien? 163

von Bedeutung, sondern sogar in stärkerem Maße als vorher. Eine beliebige Anpassung der Programmatik an Wählerkonjunkturen wird nicht geschätzt. Das zeigt sich auch bei der Auswertung für die einzelnen Parteimitgliedschaften. Mit 69 Prozent (1998: 63 Prozent) vertreten die Mitglieder von Bündnis 90/Die Grünen am klarsten den Wunsch, der Mitgliedermeinung mehr Gewicht zu geben, gefolgt von den FDP-Mitgliedern mit 67 Prozent (1998: 61 Prozent). Bei allen Parteien ist ein Anstieg zu verzeichnen und bei allen Parteien spricht sich eine Mehrheit für eine vom „Zeitgeist" unabhängige Programmatik aus.

Abbildung 10.2: Politische Gesinnungsgemeinschaft

		Meinung der Mitglieder wichtiger als Meinung der Wähler				Keine "Zeitgeist"-Programmatik		
		■ Zustimmung ■ Teils-Teils □ Ablehnung				■ Zustimmung ■ Teils-Teils □ Ablehnung		
CDU	1998	49	32	19	CDU	58	26	16
	2009	57	29	14		62	26	12
CSU	1998	49	32	19	CSU	55	27	18
	2009	56	29	16		58	29	14
SPD	1998	52	30	17	SPD	47	33	19
	2009	59	29	13		58	29	13
FDP	1998	58	27	15	FDP	61	26	13
	2009	58	30	12		67	23	10
Linke	1998	44	36	20	Linke	50	28	22
	2009	49	35	17		62	24	14
Grüne	1998	47	32	21	Grüne	63	25	11
	2009	55	29	15		69	22	9
Gesamt	1998	50	31	18	Gesamt	53	29	18
	2009	57	29	14		61	27	13

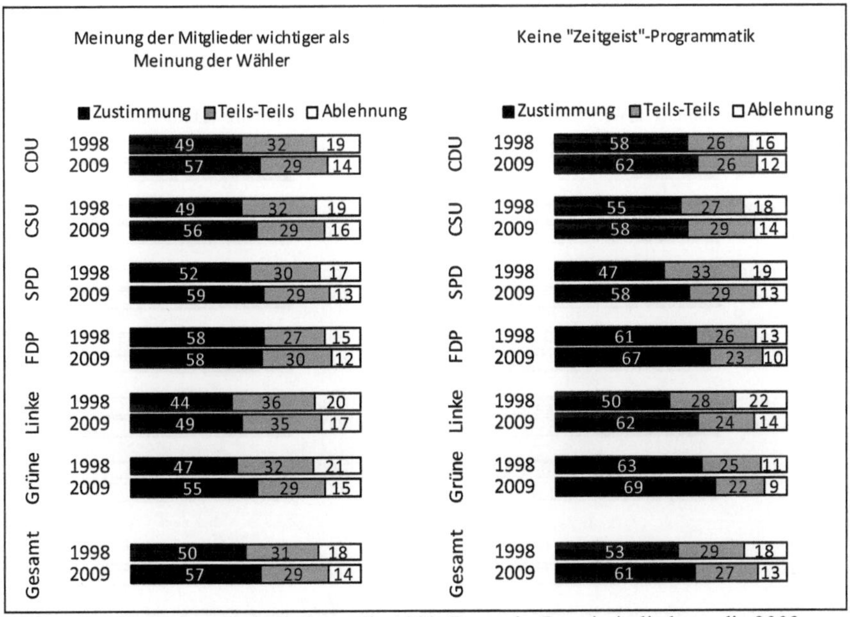

Quelle: Potsdamer Parteimitgliederstudie 1998, Deutsche Parteimitgliederstudie 2009.

Während die pragmatische Wählerorientierung an Zustimmung verloren hat, findet das Leitbild der politischen Gesinnungsgemeinschaft unter den Parteimitgliedern wachsenden Anklang. Die Mitglieder möchten Gehör in ihrer Partei finden, sie wollen dass ihre Meinung wichtiger genommen wird, als die der Wähler, und vor allem wollen sie von ihrer Partei, dass sie ihre politischen Ziele verfolgt – selbst wenn das mit schlechteren Wahlergebnissen einhergeht. Am stärksten werden diese Wünsche von den Mitgliedern der FDP und von Bündnis 90/Die Grünen vertreten, am schwächsten bei den Mitgliedern der Linken.

Neben der Frage, wie sich eine Partei hinsichtlich der Ziele Wahlgewinne, Ämtergewinne und Durchsetzung politischer Inhalte verortet, gibt darüber hinaus auch ihr Verhalten gegenüber Nichtmitgliedern Aufschluss über das Organisationsverständnis. Sie kann sich dabei, wie bereits erläutert, entweder exklusiv oder inklusiv aufstellen. Wie Abbildung 10.3 zeigt, wird eine Öffnung der Partei über die engen Grenzen der formalen Mitgliedschaft hinaus eher zurückhaltend unterstützt. Nur 38 Prozent (1998: 40 Prozent) der Parteimitglieder sprechen sich dafür aus, Nichtmitglieder gleichberechtigt mitarbeiten zu lassen.

Abbildung 10.3: Inklusive Interessenorganisation

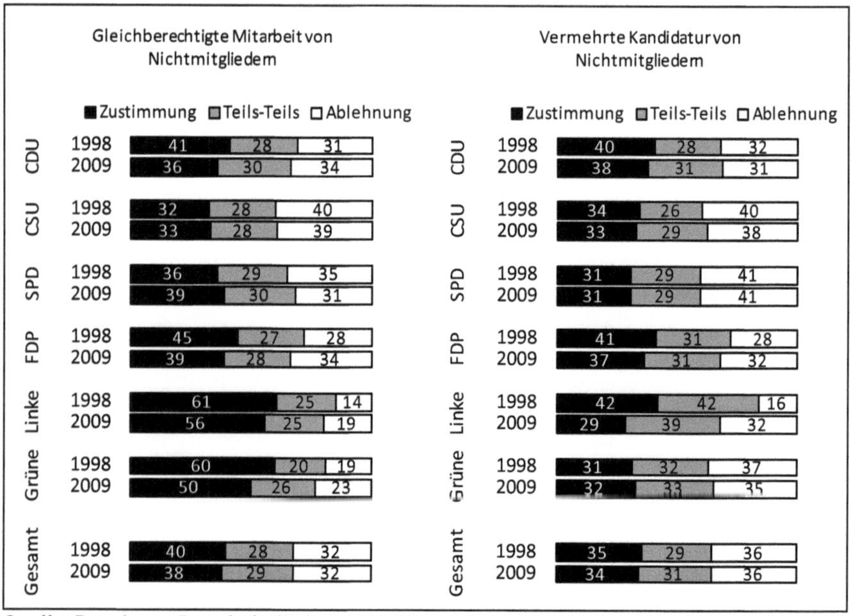

		Gleichberechtigte Mitarbeit von Nichtmitgliedern			Vermehrte Kandidatur von Nichtmitgliedern		
		■Zustimmung □Teils-Teils □Ablehnung			■Zustimmung □Teils-Teils □Ablehnung		
CDU	1998	41	28	31	40	28	32
CDU	2009	36	30	34	38	31	31
CSU	1998	32	28	40	34	26	40
CSU	2009	33	28	39	33	29	38
SPD	1998	36	29	35	31	29	41
SPD	2009	39	30	31	31	29	41
FDP	1998	45	27	28	41	31	28
FDP	2009	39	28	34	37	31	32
Linke	1998	61	25	14	42	42	16
Linke	2009	56	25	19	29	39	32
Grüne	1998	60	20	19	31	32	37
Grüne	2009	50	26	23	32	33	35
Gesamt	1998	40	28	32	35	29	36
Gesamt	2009	38	29	32	34	31	36

Quelle: Potsdamer Parteimitgliederstudie 1998, Deutsche Parteimitgliederstudie 2009.

Mit deutlichem Abstand zu den übrigen Parteien stehen die Mitglieder der Linken und von Bündnis 90/Die Grünen einer solchen Öffnung der Partei besonders aufgeschlossen gegenüber, allerdings mit fallender Tendenz. Waren 1998 noch 61 Prozent der Mitglieder der Linken und 60 Prozent der Mitglieder von Bündnis 90/Die Grünen für diese gleichberechtigte Mitarbeit, sind es 2009 nur noch 56 Prozent bzw. 50 Prozent. Damit liegen sie zwar nach wie vor weit über den Werten der anderen Parteien, die nachlassende Öffnungsbereitschaft wird aber insbesondere bei Bündnis 90/Die Grünen deutlich. Auch bei CDU und FDP sinkt

10. Was wünschen sich die Mitglieder von ihren Parteien?

die Zustimmung auf niedrigem Niveau, nur SPD und CSU können einen leichten Zustimmungsanstieg verzeichnen.

Noch weniger Unterstützung findet der weitergehende Vorschlag, verstärkt fachlich qualifizierte Nichtmitglieder als Kandidaten für Ämter und Mandate zu nominieren. Nur 34 Prozent (1998: 35 Prozent) der Gesamtparteimitgliedschaft sprechen sich dafür aus. Dabei ist es mit Blick auf die einzelnen Parteien nicht immer so, dass diejenigen Parteien, die schon einer Öffnung für die gleichberechtigte Mitarbeit von Nichtmitgliedern skeptisch gegenüber stehen, erst recht eine Nominierung externer Kandidaten ablehnen. Vielmehr stößt diese weitergehende Forderung ausgerechnet bei den Mitgliedern von Bündnis 90/Die Grünen und der Linken ebenso wie bei denen der SPD auf den geringsten Anklang. Für Bündnis 90/Die Grünen und die SPD galt das schon 1998, bei den Mitgliedern der Linken ist dagegen die Zustimmung von 42 Prozent 1998 auf 29 Prozent 2009 zurückgegangen. Am stärksten unterstützt wird die verstärkte Nominierung parteiexterner Kandidaten dagegen in der FDP und der CDU. Allgemein zeigt sich bei fast allen Parteien ein Zustimmungsrückgang, mit Ausnahme von Bündnis 90/Die Grünen und der SPD.

Insgesamt scheinen die Parteimitglieder noch immer, sogar mit leicht steigender Tendenz, ein exklusiveres Organisationsverständnis zu favorisieren. Zumindest aber halten sich Gegner und Befürworter einer Öffnung für Nichtmitglieder die Waage. Viele Mitglieder nehmen auch eine Mittelposition ein. Welcher Art eine Öffnung der Parteien sein und wie weit sie gehen soll, lässt sich aus den Ergebnissen nicht klar ermitteln. Zwar findet eine gleichberechtigte Mitarbeit von Nichtmitgliedern innerhalb der Gesamtparteimitgliedschaft etwas mehr Zustimmung als die Forderung nach vermehrter Nominierung von Nichtmitgliedern für Ämter und Mandate, doch haben wir gesehen, dass sich dieses Zustimmungsgefälle keineswegs bei allen Einzelparteien repliziert. Während die Mitglieder von Bündnis 90/Die Grünen zwar eine gleichberechtigte Mitarbeit begrüßen, aber die vermehrte Nominierung externer Kandidaten eher ablehnen – also offenbar den Umfang der Öffnung für Nichtmitglieder begrenzen wollen – lässt sich eine solche Grenzziehung für die Unionsparteien und die FDP kaum feststellen. Eine Annäherung der Parteien an inklusive Interessenorganisationen ohne feste Mitgliedschaften, wie z. B. Bürgerbewegungen scheint jedenfalls bislang bei den Parteimitgliedern keinen breiten Rückhalt zu haben.

Fragt man die Parteimitglieder, wie die Parteien sein und sich in der Politik verhalten sollen, so sind Wahlgewinne ganz offensichtlich nicht alles. Natürlich sollen die Parteien professionell und handlungsfähig wirken, dafür sind die meisten Mitglieder auch bereit, in innerparteilichen Diskussionen zurückzustecken, um die Geschlossenheit nicht zu gefährden. Ebenso sollen die Parteien konkrete Probleme lösen können, allerdings, und hier hat ein deutlicher Wandel statt gefunden, sind die Mitglieder 2009 vorsichtiger damit, dafür auch die Grundwerte der Partei zur Disposition zu stellen. Überhaupt hat der Wunsch danach, das eigene politische Programm jenseits kurzfristiger Wählerkonjunkturen zu verfolgen, in allen Parteien stark an Bedeutung gewonnen. Man will, dass sich die Partei auf ihre Inhalte und auch ihre Basis besinnt, anstatt sich dem Zeitgeist und vermeintlichen Wählermeinungen anzupassen. Das Leitbild der Partei als politische Gesinnungsgemeinschaft scheint wieder an Fahrt aufgenommen zu haben.

Die Frage nach einer Öffnung für Nichtmitglieder, einer zumindest teilweisen Entkoppelung von den starren Mitgliedschaftsregelungen, findet dagegen bislang keine eindeutige Antwort. Nach wie vor scheint es starke exklusive Beharrungskräfte in den Parteien zu geben. So bleibt offenbar der Wunsch bestehen, die wenigen mit der Parteimitgliedschaft verbundenen Privilegien zu behalten, auch wenn keine der sechs Parteien einem inklusiveren Organisationsverständnis eindeutig ablehnend gegenübersteht.

2 Die Bewertung von Reformmaßnahmen durch die Parteimitglieder

Abgesehen von diesen allgemeinen Wünschen der Mitglieder zur Ausrichtung ihrer Parteien, gibt es auch ganz konkrete Forderungen, wie sich die Parteien verändern müssten, um Parteimitgliedschaften wieder attraktiver zu machen. Um diese abbilden zu können, haben wir in der Befragung von 2009 die Meinung der Mitglieder zu verschiedenen geplanten oder gegebenenfalls bereits umgesetzten Parteireformprojekten erhoben.[1] Die insgesamt neun Maßnahmen, die dabei von den Mitgliedern bewertet werden sollten, können drei Gruppen zugeordnet werden: Reformen, durch die den Mitgliedern mehr Einfluss bei Personal- und Sachfragen eingeräumt werden soll; Reformen, die darauf abzielen zu verhindern, dass Einzelne oder Gruppen in der Partei zu viel Macht bekommen; und schließlich Reformen, durch die die Partei offener für Nichtmitglieder wird (Walter-Rogg/Mößner 2004: 156) bzw. Sondervorteile für Mitglieder eingeführt werden.

Wie Abbildung 10.4 zeigt, werden alle drei Maßnahmen, durch die den Mitgliedern mehr Einfluss gewährt wird, von einer Mehrheit der Parteimitglieder unterstützt. 58 Prozent fänden es sinnvoll, wenn der Bundesvorsitzende ihrer Partei durch einen Mitgliederentscheid bestimmt würde, sogar 66 Prozent, wenn dies für Bundestagskandidaten gelten würde. Wiederum 58 Prozent der Mitglieder aller Parteien würden Mitgliederentscheide über zentrale Sachfragen begrüßen.

---

[1] In der Studie von 1998 waren die Fragen in dieser Form noch nicht enthalten, sodass auf einen Zeitvergleich verzichtet werden muss.

10. Was wünschen sich die Mitglieder von ihren Parteien? 167

Abbildung 10.4: Reformmaßnahmen zur Einflussstärkung der Mitglieder

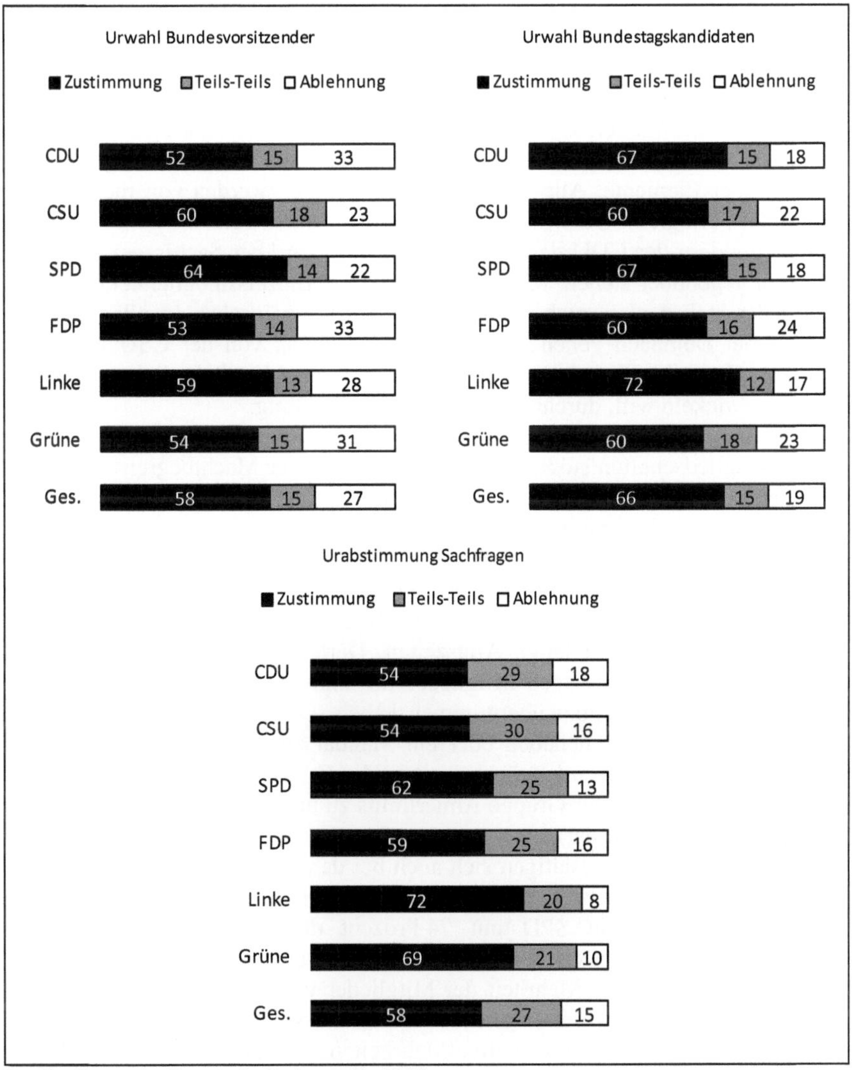

	Urwahl Bundesvorsitzender			Urwahl Bundestagskandidaten		
	Zustimmung	Teils-Teils	Ablehnung	Zustimmung	Teils-Teils	Ablehnung
CDU	52	15	33	67	15	18
CSU	60	18	23	60	17	22
SPD	64	14	22	67	15	18
FDP	53	14	33	60	16	24
Linke	59	13	28	72	12	17
Grüne	54	15	31	60	18	23
Ges.	58	15	27	66	15	19

	Urabstimmung Sachfragen		
	Zustimmung	Teils-Teils	Ablehnung
CDU	54	29	18
CSU	54	30	16
SPD	62	25	13
FDP	59	25	16
Linke	72	20	8
Grüne	69	21	10
Ges.	58	27	15

Quelle: Deutsche Parteimitgliederstudie 2009.

Dieser Wunsch nach mehr Einfluss ist über alle Parteigrenzen hinweg zu erkennen. Mit je 72 Prozent hat ein Mitgliederentscheid über die Bundestagskandidaten sowie über zentrale Sachfragen bei der Linken die meisten Anhänger, eine Urwahl des Bundesvorsitzenden findet dagegen mit 64 Prozent bei der SPD die größte Mehrheit. In der CSU, die lange Zeit Urwahlen jeglicher Art äußerst skeptisch gegenüber stand und noch im Jahr 2000 den Vorstoß ihres damaligen Parteichefs Stoibers ablehnte, Bundestags- und Landtagskandidaten per Mitgliederentscheid bestimmen zu lassen (Kießling 2001: 34), überwiegt laut den Ergebnissen der Parteimitgliederstudie ebenfalls die positive Bewertung direktdemokratischer Elemente. Alle drei Reformmaßnahmen werden von mehr als der Hälfte der befragten CSU-Mitglieder befürwortet, auch wenn sie gemeinsam mit den Mitgliedern der CDU den Mitgliederentscheiden über Sachfragen am skeptischsten gegenüber stehen. Mehr und verbesserte Einflussmöglichkeiten für die Mitglieder stehen also auch bei konkreten Reformwünschen in allen Parteien weit vorne. Demnach gehen Projekte wie das jüngst von der CSU ins Leben gerufene „Leitbild 2010plus", mit dem die CSU im Mitgliederdialog ein neues Image entwickeln will, durchaus in die richtige Richtung.

Während jede Form der Einflussstärkung durchweg auf ein positives Echo in den Mitgliedschaften stößt, ergibt sich bezüglich der Machtbegrenzungen von Einzelnen oder Gruppen innerhalb der Partei ein ambivalentes Bild (Abbildung 10.5). Eine große Mehrheit (71 Prozent) aller Parteimitglieder findet es zunächst sinnvoll, die Anzahl der Parteiämter von Funktionären zu begrenzen, auch unterstützen immerhin noch 54 Prozent die Begrenzung von Amtszeiten. Einzelnen soll demnach keine zu große Macht zugestanden werden, weder durch Ämteranhäufung, noch durch zu lange Amtszeiten. Derlei Machtbegrenzungen halten sogar überwiegend diejenigen Mitglieder für sinnvoll, die selbst schon einmal ein Parteiamt oder Mandat übernommen haben. Lediglich bei denjenigen, die aktuell ein Parteiamt innehaben oder ein Mandat ausüben, finden beide Maßnahmen etwas weniger Unterstützung als in der Gesamtmitgliedschaft. So stimmen nur 69 Prozent dieser Gruppe Ämterlimits zu und 49 Prozent Amtszeitlimits (nicht einzeln ausgewiesen).

Diese Tendenzen bestätigen sich auch bei den einzelnen Parteien. Ämterlimits für Parteifunktionäre werden mehrheitlich von allen Parteimitgliedschaften befürwortet, wobei die SPD mit 74 Prozent den höchsten, die FDP mit 63 Prozent den niedrigsten Wert erreicht. Eine Begrenzung der Amtszeit der Funktionäre hält je eine Mehrheit der Mitglieder von CDU, CSU und SPD für sinnvoll, die Mitglieder der Linken, der FDP und von Bündnis 90/Die Grünen kommen hier jedoch nur auf relative Mehrheiten. Im Falle von Bündnis 90/Die Grünen könnten als Erklärung die negativen Erfahrungen mit der Ämterrotation in der Frühphase der Partei angeführt werden, die womöglich eine größere Skepsis gegenüber zeitlichen Begrenzungen mit sich gebracht haben.

10. Was wünschen sich die Mitglieder von ihren Parteien?

Abbildung 10.5: Reformmaßnahmen zur Machtbegrenzung innerhalb der Parteien

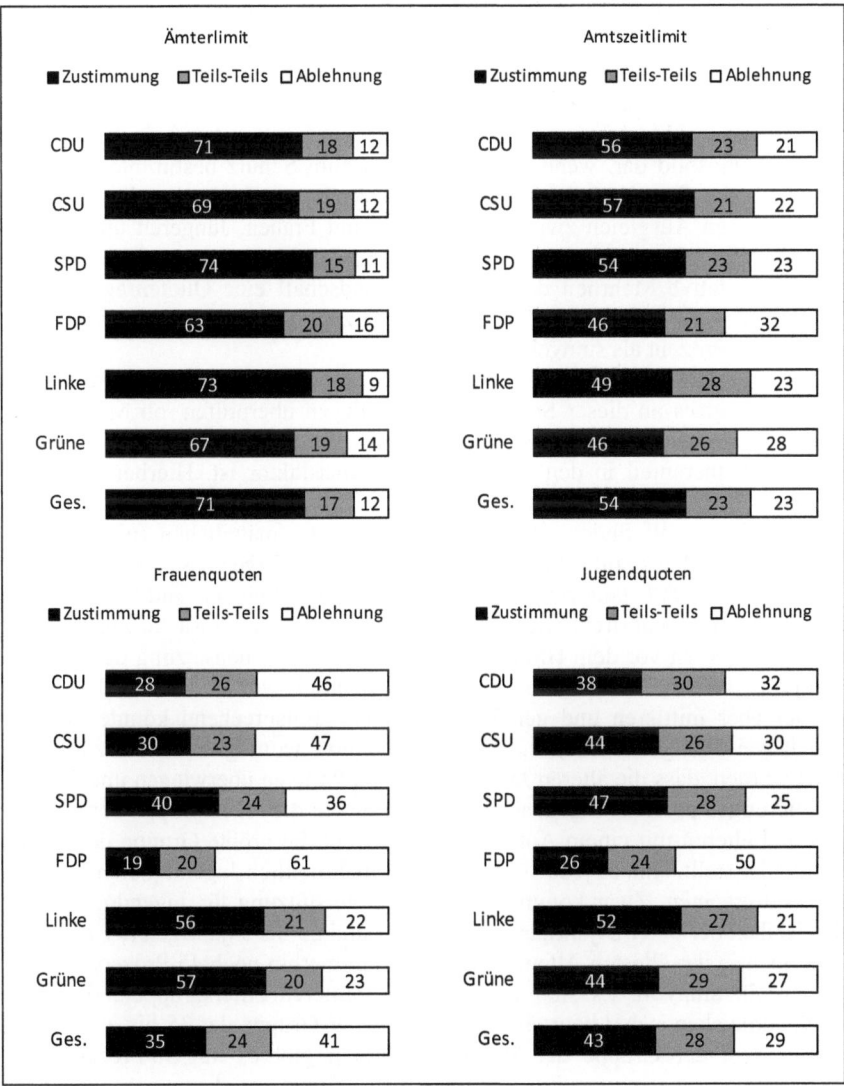

Quelle: Deutsche Parteimitgliederstudie 2009.

Jedoch bestätigt sich mit Blick auf die übrigen Ergebnisse der grünen Parteimitglieder nicht die weitergehende These, Bündnis 90/Die Grünen müssten als einzige Partei einen Reformprozess mit umgekehrten Vorzeichen führen, um ihre Effektivitäts- und Professionalisierungsdefizite im Vergleich zu den übrigen Parteien aufzuwiegen (Walter-Rogg/Mößner 2004: 170f). Zumindest die Mitglieder der Grünen scheinen hier genauso wie die anderer Parteien eine weiterhin starke Stellung der Basis zu befürworten.

Soweit zur Machtbegrenzung von Einzelnen. Ganz anders jedoch stellt sich das Meinungsbild dar, wenn wir Regelungen zum Schutz bestimmter Gruppen innerhalb der Partei in den Blick nehmen. Reformmaßnahmen, die für einen parteiinternen Ausgleich zwischen Männern und Frauen, Jüngeren und Älteren sorgen sollen, finden deutlich weniger Anhänger. So befürwortet mit 43 Prozent nur eine relative Mehrheit der Gesamtmitgliedschaft eine Quotenregelung zugunsten jüngerer Mitglieder. Eine Quotierung zugunsten von Frauen wird sogar nur von 35 Prozent als sinnvoll eingestuft.

Angesichts der bekannten geschlechtlichen Mehrheitsverhältnisse in den Parteien liegt es an dieser Stelle natürlich nah, zu überprüfen, ob Männer und Frauen diese Quote unterschiedlich beurteilen und ob demnach der merklich höhere Männeranteil in den Parteien ein Einflussfaktor ist. Hierbei zeigt sich tatsächlich, dass 50 Prozent der weiblichen Parteimitglieder eine Frauenquote sehr wohl sinnvoll finden, aber nur 30 Prozent der männlichen (nicht einzeln ausgewiesen). Dies sollte bei der Interpretation des Ergebnisses berücksichtigt werden, gerade falls langfristig eine Angleichung des Männer- und Frauenanteils in den Parteien angestrebt wird. Ebenso könnte die eher schwache Zustimmung zu Jugendquoten vor dem Hintergrund der Alterszusammensetzung der Parteien überprüft werden. Wie bereits in Kapitel 4 deutlich wurde, sind die Parteimitglieder eher mittleren und gehobeneren Alters. Entsprechend könnte die vergleichsweise magere Zustimmung zur Jugendquote womöglich darauf zurückgeführt werden, dass die älteren Jahrgänge in den Parteien überwiegen und solchen Quotierungen ablehnend gegenüberstehen. Obwohl die Altersgruppe der 65jährigen und älteren mit einem Anteil von 39 Prozent die größte Gruppe der Parteimitglieder stellt, sind es jedoch nicht sie, die mehrheitlich Jugendquoten für nicht sinnvoll erachten. Zwar kommt die größte Unterstützung für Jugendquoten aus den Reihen der unter 24jährigen (56 Prozent) und 25 bis 34jährigen (51 Prozent), aber auch in der ältesten Altersgruppe halten immerhin noch 45 Prozent Jugendquoten für sinnvoll. Es sind vielmehr die mittleren Altersgruppen, die diese Maßnahme skeptischer beurteilen. Sowohl in der Gruppe der 35 bis 49jährigen, als auch in der Gruppe der 50 bis 64jährigen gibt es mit 38 Prozent bzw. 39 Prozent die geringsten Zustimmungswerte. Dies kann damit zusammenhängen, dass die Altersgruppen von der Maßnahme unterschiedlich betroffen wären. Die jüngeren Altersgruppen würden als einzige direkt davon profitieren, insofern stimmen sie mehrheitlich zu. Die ältesten Parteimitglieder können aus den Quo-

10. Was wünschen sich die Mitglieder von ihren Parteien?

ten zwar selbst keinen Nutzen mehr ziehen, ihnen entstehen aber in der Regel auch keine persönlichen Nachteile mehr daraus, weil sie selbst weniger Ambitionen auf Parteiämter haben dürften. Dagegen kann man davon ausgehen, dass gerade die mittleren Altersklassen hier potenziell aktiv sind. Dennoch bleibt festzuhalten, dass die Maßnahme letztlich in keiner der Altersgruppen von einer Mehrheit abgelehnt wird, die Jugendquote insgesamt also eher auf breite Zustimmung als die Frauenquote trifft.

Im Gegensatz zu den Maßnahmen zur Machtbegrenzung Einzelner, wird der Sinn von Quotierungen zudem auch deutlich parteispezifischer beurteilt. So halten 57 Prozent der Mitglieder von Bündnis 90/Die Grünen und 56 Prozent der Linken eine Frauenquote für sinnvoll, dagegen nur 19 Prozent der FDP, um die beiden Extrempole zu nennen. Erneut aufgeschlüsselt nach dem Geschlecht der Befragten ergibt sich ergänzend, dass die männlichen Parteimitglieder von CDU, CSU und SPD eine Frauenquote mehrheitlich ablehnen, wohingegen die weiblichen Mitglieder der jeweiligen Parteien sie mehrheitlich befürworten. Bei den Mitgliedern von Bündnis 90/Die Grünen und der Linken halten dagegen sowohl männliche als auch weibliche Parteimitglieder mehrheitlich solche Quoten für sinnvoll. Im Falle der FDP lehnen dagegen zwei Drittel der männlichen und immerhin fast die Hälfte der weiblichen Mitglieder Frauenquoten ab, nur 15 Prozent der männlichen und 31 Prozent der weiblichen Mitglieder stufen sie als sinnvoll ein. Demnach zeigt sich bei CDU, CSU und SPD, dass der höhere Männeranteil die Einschätzung der Frauenquote durch die Mitgliedschaft durchaus beeinflusst, während bei den Grünen und der Linken unabhängig davon eine Mehrheit der Mitglieder für und bei der FDP gegen eine Frauenquote ist. Auch die Beurteilung einer Jugendquote weist parteispezifische Unterschiede auf. Etwas mehr als die Hälfte der Mitglieder der Linken erkennt darin eine sinnvolle Maßnahme, wohingegen diese Einschätzung erneut innerhalb der FDP mit nur 26 Prozent den geringsten Anklang findet. Dies ist bemerkenswert, da ausgerechnet die Linke diejenige Partei mit dem höchsten Mitgliederanteil in der ältesten Altersgruppe ist. Für die einzelnen Parteien ergibt sich spezifiziert nach Altersgruppen folgendes Bild (nicht einzeln ausgewiesen): Bei CDU, CSU und auch bei Bündnis 90/Die Grünen halten die beiden jüngsten Altersgruppen (bis 24 Jahre und 25-34 Jahre) eine Jugendquote mehrheitlich für sinnvoll, am skeptischsten stehen ihr die beiden mittleren Altersgruppen (35-49 Jahre und 50-64 Jahre) gegenüber, wohingegen die Angehörigen der ältesten Gruppe die Quote wieder etwas positiver beurteilen. Auch für die Mitglieder von SPD und Linke stimmt diese Grundtendenz. Bei ihnen kommt jedoch hinzu, dass die Quoten sowohl bei den zwei jüngsten als auch bei der ältesten Gruppe mehrheitlich auf Zustimmung treffen, nur in den beiden mittleren Altersgruppen liegt die Zustimmung unter 50 Prozent. In der FDP werden Jugendquoten dagegen in keiner

Altersgruppe mehrheitlich als sinnvoll eingeschätzt, nicht einmal in den beiden jüngsten Altersgruppen.

Abbildung 10.6 zeigt schließlich die Haltung der Mitglieder zu der letzten Gruppe von Reformmaßnahmen. Eine begrenzte Öffnung der Parteiarbeit für Nichtmitglieder durch die Möglichkeit einer Gast- oder Schnuppermitgliedschaft halten 57 Prozent aller Parteimitglieder für sinnvoll. Im Gegensatz dazu stoßen unpolitische Lockversuche, also mit der Parteimitgliedschaft verbundene Vergünstigungen, Rabatte bei Einkäufen und Dienstleistungen, auf Ablehnung. Nur 13 Prozent der Parteimitglieder halten solche Maßnahmen für sinnvoll.

Abbildung 10.6: Reformmaßnahmen in Bezug auf Nichtmitglieder

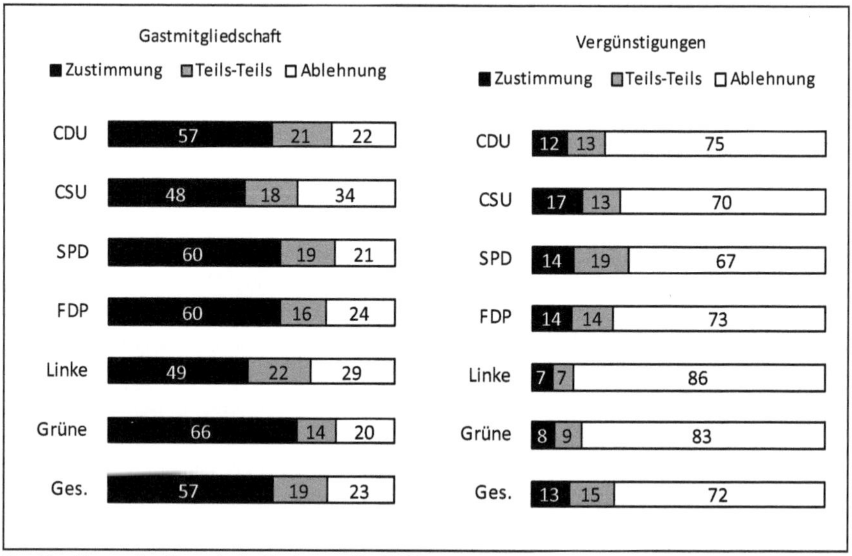

	Gastmitgliedschaft				Vergünstigungen		
	■ Zustimmung	☐ Teils-Teils	☐ Ablehnung		■ Zustimmung	☐ Teils-Teils	☐ Ablehnung
CDU	57	21	22	CDU	12	13	75
CSU	48	18	34	CSU	17	13	70
SPD	60	19	21	SPD	14	19	67
FDP	60	16	24	FDP	14	14	73
Linke	49	22	29	Linke	7	7	86
Grüne	66	14	20	Grüne	8	9	83
Ges.	57	19	23	Ges.	13	15	72

Quelle: Deutsche Parteimitgliederstudie 2009.

Mit Blick auf die einzelnen Parteimitgliedschaften lassen sich auch diese Ergebnisse differenzieren. Obwohl die Linke, wie wir weiter oben gesehen haben, zu den Parteien gehört, deren Mitgliedschaft einer gleichberechtigten Mitarbeit von Nicht-Parteimitgliedern am aufgeschlossensten gegenüber steht, die CSU-Mitglieder demgegenüber dagegen am skeptischsten eingestellt sind, bilden beide gemeinsam das Schlusslicht bei der Bewertung der Gast- oder Schnuppermitgliedschaft. Weniger als die Hälfte der Mitgliedschaft beider Parteien hält das für eine sinnvolle Maßnahme. Das Feld der Befürworter führen dagegen die Mitglieder von Bündnis 90/Die Grünen an, die eine Gastmitgliedschaft mit

10. Was wünschen sich die Mitglieder von ihren Parteien?

66 Prozent als sinnvoll einstufen. Dies deckt sich mit ihrer positiven Bewertung der gleichberechtigten Mitarbeit von Nichtmitgliedern. Am Beispiel der Gastmitgliedschaft zeigt sich jedoch auch, dass die Bewertung der einzelnen Reformmaßnahmen nicht unbedingt davon abhängt, ob die Mitglieder bereits Erfahrungen damit sammeln konnten oder nicht: Sowohl die Linke und die CSU als auch Bündnis 90/Die Grünen haben die Möglichkeit einer Gastmitgliedschaft in ihrer Satzung verankert. Trotzdem gehen die Meinungen darüber in den drei Parteien stark auseinander. Nicht politikbezogene Anreize dagegen, in diesem Fall also mit der Parteimitgliedschaft verbundene Vergünstigungen und Rabatte, stoßen unabhängig von der spezifischen Parteizugehörigkeit fast gleichermaßen auf breite Ablehnung bei den Mitgliedern. Mit 17 Prozent Zustimmung kommt die Maßnahme bei den Mitgliedern der CSU noch am besten an, am schlechtesten mit 7 Prozent innerhalb der Linken. Nach Meinung einer klaren Mehrheit der Parteimitglieder sind Rabatte und Vergünstigungen für Mitglieder daher keine sinnvolle Maßnahme. Auch wenn bei dieser Frage natürlich allgemein die soziale Erwünschtheit der Antworten einkalkuliert werden sollte, sind die Ergebnisse recht deutlich. Obwohl viele Parteien ihren Mitgliedern mittlerweile in unterschiedlicher Weise Sondervergünstigungen einräumen, scheinen materielle Anreize in deren Augen obsolet zu sein. Das Streben danach, Parteimitgliedschaften attraktiver zu machen, soll offenbar nicht zum unpolitischen Buhlen verkommen, nicht zur Attraktivität um jeden Preis.

Diese Attraktivität wollen die Mitglieder anders erreichen. Zusammenfassend lässt sich feststellen: Ob es um den Bundesvorsitzenden, die Bundestagskandidaten oder Sachfragen geht – eine Mehrheit der Parteimitglieder hält es für sinnvoll, über diese Fragen Mitgliederentscheide durchzuführen. Die Einstellung der Parteimitglieder zu den einzelnen Reformmaßnahmen korreliert in diesem Punkt weitgehend mit der Entwicklung des Organisationsverständnisses. So wie sich die Mitglieder parteiübergreifend wünschen, mehr Gehör in ihrer Partei zu finden, so bewerten sie auch vornehmlich diejenigen Reformmaßnahmen besonders positiv, die ihnen mehr Einfluss bringen. Urwahlen und Urabstimmungen finden daher großen Anklang. So sehr materielle Lockmittel, um Parteimitgliedschaften exklusiver zu machen, einhellig abgelehnt werden, so schwer tun sich die Mitglieder andererseits, Nichtmitglieder effektiv in die Parteiarbeit einzubinden. Gast- und Schnuppermitgliedschaften werden zwar von mehr als der Hälfte aller Parteimitglieder als sinnvolles Angebot eingeschätzt, doch nicht in allen Parteien finden solche Maßnahmen gleichermaßen breite Unterstützung. Hierin bestätigen sich die nur vorsichtigen inklusiven Tendenzen, die wir bereits weiter oben feststellen konnten. Zuletzt scheint Mechanismen zur innerparteilichen Machtbegrenzung von vielen Mitgliedern durchaus attraktivitätssteigerndes Potenzial zugebilligt zu werden. Reformen gegen die Anhäufung von Ämtern, aber auch zu lange Amtszeiten Einzelner werden überwiegend von allen Parteimitgliedern als sinnvoll begrüßt. Quotenregelungen jedoch werden deutlich skeptischer gesehen und unterliegen stärker parteispezifischen Bewertungen.

Soweit die ersten Eindrücke. In den vorangegangenen Kapiteln ist jedoch bereits ausführlich dargestellt worden, dass sich die Zusammensetzung der Parteimitgliedschaft in Deutschland im letzten Jahrzehnt verändert hat. Auch wurde darauf verwiesen, dass es für die Parteien relevant sein kann, innerhalb ihrer Mitgliedschaft nach verschiedenen Aktivitätstypen zu unterscheiden. Gerade im Hinblick auf konkrete Parteireformen mag es durchaus eine Rolle spielen, wer sich für bestimmte Reformen stark macht. Sollten sich beispielsweise vornehmlich diejenigen Mitglieder für mehr Einfluss einsetzen, die wenig bis überhaupt nicht in der Partei aktiv werden, kann sich dies anders auf die Partei auswirken, als wenn besonders aktive Mitglieder solche Forderungen erheben. In Kapitel 7 sind vier Typen unterschieden worden: *Inaktive* üben kaum innerparteiliche Aktivitätsformen aus, *Versammlungsbesucher* besuchen zwar Mitgliederversammlungen, beteiligen sich darüber hinaus aber nur sehr beschränkt. Die *geselligkeitsorientierten Aktiven* nehmen neben den Parteiversammlungen vornehmlich an Festen und geselligen Veranstaltungen der Partei teil, wohingegen die *ämterorientierten Aktiven* in fast allen Formen aktiv sind, aber insbesondere Ämter in der Partei übernehmen und für öffentliche Ämter kandidieren (vgl. Kapitel 7). Vor diesem Hintergrund wollen wir abschließend in einem kurzen Ausblick das bisher gewonnene Meinungsbild über Parteireformen exemplarisch nach zwei Aktivitätstypen differenzieren, wobei interessant erscheint, inwieweit diejenigen, die besonders aktiv in einer Partei sind, womöglich andere Veränderungen anstreben, als diejenigen, die vornehmlich ihren Mitgliedsbeitrag entrichten. Entsprechend werden im Folgenden Inaktive und die ämterorientierten Aktiven hinsichtlich ihrer Meinungen zu den Parteireformen verglichen.

Tatsächlich lassen sich einige der vorangegangen Befunde relativieren, wenn wir nach diesen Aktivitätstypen differenzieren. So halten zwar beispielsweise 62 Prozent der Inaktiven die Urwahl des Bundesvorsitzenden für sinnvoll, aber nur 51 Prozent der ämterorientierten Aktiven (nicht einzeln ausgewiesen). Man könnte nun annehmen, insgesamt würden die Maßnahmen zur stärkeren Mitgliederbeteiligung von den Inaktiven eher begrüßt als von den ämterorientierten Aktiven, weil die Aktiven ohnehin durch ihre Tätigkeit involvierter innerhalb der Partei sind. Allerdings bestätigt sich diese Annahme in ersten Auswertungen so nicht. Bei der Urwahl der Bundestagskandidaten bestehen kaum Differenzen zwischen den Aktivsten und Inaktivsten der Parteien, und Mitgliederentscheide zu Sachfragen finden unter den ämterorientierten Aktiven sogar etwas mehr Zustimmung als unter den Inaktiven. Ein möglicher Grund dafür könnte die letztlich geringe Bereitschaft der Inaktiven sein, Zeit in die Parteiarbeit zu investieren. Legt man zugrunde, dass Kandidaten für den Bundesvorsitz in der Regel bekannte Persönlichkeiten sind und die Entscheidung zwischen ihnen daher nur wenig Vorabinformationen erforderlich macht, erscheinen eine Auswahl der Bundestagskandidaten oder Sachentscheide ungleich voraussetzungsvoller. Insofern streben die Inaktiven zwar womöglich durchaus eine stärkere Mitgliederbeteiligung an, aber nur, solange diese nicht mit größerem Zeitaufwand einhergeht.

Auch bei den Maßnahmen zur Machtbegrenzung innerhalb der Partei gibt es keine eindeutige Tendenz. Die Quotierungen schneiden bei den ämterorientierten Aktiven etwas besser ab, als bei den Inaktiven, dafür zeigt sich bei den Ämter- und Amtszeitlimits aber das umgekehrte Bild. 74 Prozent der Inaktiven halten Ämterbegrenzungen für sinnvoll, während die ämterorientierten Mitglieder diese Maßnahme nur zu 67 Prozent unterstützen (nicht einzeln ausgewiesen). Ebenso befürworten mehr Inaktive als ämterorientierte Aktive Amtszeitlimits. Die kritischere Haltung der ämterorientierten Aktiven zu Ämter- und Amtszeitbegrenzungen könnte einmal natürlich schlicht darauf zurückgeführt werden, dass solche Reformen die eigenen Karriereambitionen beschneiden würde. Andererseits scheint diese Interpretation alleine zu kurz zu greifen, denn immerhin zeigen sich bei den Quotierungen, die u.U. eine ähnliche Wirkung entfalten könnten, keine solchen Unterschiede zwischen Aktiven und Inaktiven.

Am stärksten schließlich unterscheiden sich die ämterorientierten Aktiven von den Inaktiven aber, was Reformen im Hinblick auf Nichtmitglieder angeht. Mit der Parteimitgliedschaft verbundene Vergünstigungen finden 16 Prozent der ämterorientierten Aktiven, aber nur 12 Prozent der Inaktiven sinnvoll, eine Gast- oder Schnuppermitgliedschaft wird sogar von 68 Prozent der ämterorientierten Mitglieder unterstützt, aber nur von 55 Prozent der Inaktiven. Ausschlaggebend dürfte für diese unterschiedlichen Bewertungen vermutlich am ehesten ein anderes Problembewusstsein der Aktiven sein. Während für die Inaktiven wenig Notwendigkeit besteht, Nichtmitglieder in die aktive Parteiarbeit einzubinden, weil sich ihre eigene Aktivität meist auf die Zahlung des Mitgliedsbeitrags beschränkt, können parteipolitisch Aktive leicht die Erfahrung von Personalmangel in der täglichen Parteiarbeit machen. Zudem dürften sich parteipolitisch Aktive auch eher in der Rolle wiederfinden, selbst für die Mitgliedschaft in ihrer Partei zu werben und dementsprechend stärker in den Prozess involviert sein, Attraktivitätspotenziale ausfindig zu machen.

3 Fazit

Was wünschen sich die Mitglieder von ihren Parteien? In erster Linie können wir wohl festhalten, dass die Mitglieder stärker von den Parteieliten wahrgenommen und eingebunden werden wollen. Sie möchten nicht erst an zweiter Stelle hinter den Wählern kommen, sondern im eigentlichen Sinne des Wortes als Basis fungieren. Direktdemokratische Einflusselemente haben nicht nur außerhalb, sondern eben auch innerhalb der Parteien Konjunktur. Alles in allem steht also an erster Stelle der Wunsch nach mehr innerparteilicher Demokratie. Darüber hinaus gewinnen Grundwerte und politische Inhalte wieder an Bedeutung. Auch hierbei zeigt sich, dass die Mitglieder in den Parteien nicht einfach Wahlkampfapparate sehen, sondern die Parteien noch immer als politische Heimat gefordert sind. Ihre Mitglieder zumindest wünschen sich von ihnen nicht nur die Fähigkeit, aktuelle Probleme zu lösen, sondern eben auch Verlässlichkeit.

Weniger relevant scheint dagegen aus Mitgliedersicht der Versuch der Parteien zu sein, Nichtmitglieder in die Parteiarbeit einzubinden. Obwohl mit der Parteimitgliedschaft verbundene unpolitische Sondervorteile abgelehnt werden, gibt es umgekehrt kein starkes Bedürfnis danach, die politischen Vorteile von der Mitgliedschaft zu entkoppeln. In Konkurrenz zu den Bürgerbewegungen wollen die Parteimitglieder offensichtlich eher nicht treten. Gerade diese Befunde könnten sich jedoch ändern, sofern die ämterorientierten Aktiven in den Parteien in den nächsten Jahren an Gewicht gewinnen. Denn in dieser Gruppe wird solchen inklusiven Reformmaßnahmen deutlich mehr Bedeutung beigemessen, als unter den Mitgliedern, die ohnehin selbst nicht aktiv sind.

Literatur

Harmel, Robert/Janda, Kenneth (1994): An Integrated Theory of Party Goals and Party Change. In: Journal of Theoretical Politics, Bd. 6, H. 3, S. 259-287
Kießling, Andreas (2001): Politische Kultur und Parteien in Deutschland. Sind die Parteien reformierbar? In: Aus Politik und Zeitgeschichte, Bd. 51, H. 10, S. 29-37
Klein, Ansgar (2003): Konkurrenz für die Parteien? Überlegungen zur Zukunft der „neuen" sozialen Bewegungen. In: Glaab, Manuela (Hrsg.): Impulse für eine neue Parteiendemokratie. Analysen zu Krise und Reform. München, S. 95-116
Strøm, Kaare/Müller, Wolfgang C. (1999): Political Parties and Hard Choices. In: Strøm, Kaare/Müller, Wolfgang C. (Hrsg.): Policy, Office or Votes? How Political Parties in Western Europe make hard Decisions. Cambridge, S. 1-35
Walter-Rogg, Melanie/Mößner, Alexandra (2004): Vielfach gefordert, selten verwirklicht: Parteimitglieder und das Thema Parteireformen. In: Walter-Rogg, Melanie/Gabriel, Oscar W. (Hrsg.): Parteien, Parteieliten und Mitglieder in einer Großstadt. Wiesbaden, S. 149-181
Wiesendahl, Elmar (2006): Mitgliederparteien am Ende? Eine Kritik der Niedergangsdiskussion. Wiesbaden

11. Warum treten Mitglieder aus Parteien aus?

Katharina Rohrbach

Seit 1990 ist ein stetiger Rückgang an Parteimitgliedern festzustellen, vor allem die beiden großen Volksparteien SPD und CDU mussten in dieser Hinsicht große Einbußen hinnehmen. Bei der SPD ist die Mitgliederzahl seit 1990 um mehr als 45 Prozent gesunken und auch die CDU hat 2009 rund 34 Prozent weniger Mitglieder als noch 1990 (Niedermayer 2010: 425).

Dieser Mitgliederschwund erklärt sich zum einen durch eine geringere Zahl an Parteibeitritten, wofür in der Literatur eine Reihe von Gründen angeführt wird: Auf gesellschaftlicher Ebene werden die zunehmende Individualisierung sowie die Erosion der traditionellen Milieus für diese Entwicklung verantwortlich gemacht. Damit zusammenhängend sei eine veränderte Motivlage in der Bevölkerung festzustellen, die sich beispielsweise in einem geringeren Stellenwert von normativen Anreizen zeige, was dem Mitwirken in einer Partei nicht unbedingt zuträglich sei. Weiterhin bestünde auf politischer Ebene eine Fülle von Alternativangeboten mit thematisch und zeitlich begrenzten Beteiligungsmöglichkeiten (vgl. etwa Gabriel/Niedermayer 2001; Wiesendahl 2006), die vielen attraktiver erschienen als die „dauerhafte und verpflichtungsintensive" (Wiesendahl 2005: 34) Bindung an eine Partei. Vor diesem Hintergrund hat sich die Zahl der Beitritte zu den beiden deutschen Volksparteien bei etwa 20.000 Neuzugängen pro Jahr eingependelt. Nur ein Teil der Mitgliederverluste lässt sich somit – im Vergleich zu den Mitgliederboomjahren in den 1970ern – auf verminderte Beitritte zurückführen.

Ein nicht zu vernachlässigender Grund des Mitgliederrückgangs sind vielmehr auch Parteiaustritte. Für die CDU und die SPD schwankt die Zahl der Abgänge im Zeitraum von 1990 bis 2004 zwischen 20.000 und knapp 60.000 und liegt damit im Schnitt deutlich über der Zahl der Neuzugänge (Wiesendahl 2006: 47). Ein erheblicher Teil dieser Abgänge ist auf das Ableben von Parteimitgliedern zurückzuführen. Allerdings kommt ein schwer zu beziffernder Rest auch dadurch zustande, dass Mitglieder sich bewusst zu einem Austritt entschließen (Niedermayer 2009: 92).

Umso verwunderlicher, dass die Gruppe der ehemaligen Parteimitglieder bisher nicht systematisch erforscht wurde. Mit diesem Kapitel soll der Anfang gemacht werden, diesen wissenschaftlichen Missstand zu beheben. Um eine genaue Vorstellung vom ehemaligen Mitglied, seinen soziodemographischen

Merkmalen sowie seinen Einstellungen und Motivationen zu gewinnen, wird die Frage „Warum treten Mitglieder aus Parteien aus?" in drei Teilbereiche gegliedert. Bevor das ehemalige Mitglied in den Mittelpunkt der Analysen gestellt wird, sehen wir uns zunächst die aktuellen Mitglieder an. Hier ist eine Gruppe von Mitgliedern zu identifizieren, die als *Stammmitglieder* bezeichnet werden können. In diesem Abschnitt werden wir versuchen zu klären, für welchen Parteimitgliedertyp ein Austritt überhaupt nicht in Frage kommt. Ein anderer Teil der aktuellen Parteimitgliedschaft ist jedoch alles andere als gebunden, sondern denkt bereits über einen Austritt nach. Diese Gruppe der *Austrittsgefährdeten* wird in Abschnitt 2 genauer unter die Lupe genommen.

Da die ausgetretenen Mitglieder über Mitgliederbefragungen grundsätzlich nur bedingt zu erfassen sind – schließlich sind diese größtenteils nicht mehr in den Mitgliederkarteien der Parteizentralen aufgeführt –, wurde im Rahmen der Deutschen Parteimitgliederstudie 2009 in einer begleitenden Bevölkerungsumfrage erstmals eine repräsentative Stichprobe ehemaliger Mitglieder befragt. Diese Daten kommen im dritten Abschnitt zum Einsatz, um das *ehemalige Mitglied* – das „unbekannte Wesen" – besser kennenzulernen. In diesem Zusammenhang können wir verschiedene Fragen klären: Wer sind die Mitglieder, die sich tatsächlich für einen Parteiaustritt entschieden haben? Und wie unterscheiden sie sich in Hinblick auf ihre soziostrukturelle Zusammensetzung, Einstellungen und Motivationen von den aktuellen Mitgliedern? Schließlich können die Daten der telefonischen Befragung Aufschluss über besondere Anlässe geben, welche die Mitglieder zu einem Austritt bewogen haben.

1 Die Stammmitglieder

Unter den Parteienforschern werden aufgrund der stetig sinkenden Mitgliederzahlen immer wieder Untergangsszenarien entwickelt, die ein Ende der Mitgliederparteien prophezeien. Ob sich diese Befürchtungen tatsächlich bewahrheiten, kann unter anderem daran abgelesen werden, in welchem Ausmaß sich die aktuellen Parteimitglieder ihrer Partei verbunden fühlen. Im schriftlichen Teil der Deutschen Parteimitgliederstudie 2009 wurde gefragt, ob die Mitglieder einen Parteiaustritt prinzipiell ausschließen. Anhand von Abbildung 11.1, in der die prozentualen Anteile der Stammmitglieder nach Parteien dargestellt sind, wird ersichtlich, dass für gut zwei Fünftel aller Mitglieder ein Parteiaustritt nicht in Frage kommt. Somit können 42 Prozent aller Mitglieder für die Partei als sichere Mitgliedschaftsbasis gewertet werden, was die Untergangsthese zumindest auf den ersten Blick etwas entkräftet. Aufgeschlüsselt nach Parteien zeigt sich, dass die Zahl der fest gebundenen Mitglieder in den Unionsparteien und in der SPD

11. Warum treten Mitglieder aus Parteien aus?

durchschnittlich ausfällt. Die FDP weist hingegen einen um 3 Prozentpunkte geringeren Anteil an Mitgliedern auf, für die ein Austritt grundsätzlich nicht in Frage kommt. Bei Bündnis 90/Die Grünen ist der Anteil derer, die sich ihrer Partei fest verbunden fühlen, mit 22 Prozent am kleinsten. Die relative Ungebundenheit der Mitglieder von Bündnis 90/Die Grünen könnte durch ihre Entstehungsgeschichte erklärbar sein: Die Wurzeln der Partei liegen in den Neuen Sozialen Bewegungen. Zu den Charakteristika einer sozialen Bewegung zählt unter anderem, dass die Mitglieder sich eher kurzfristig und themengebunden engagieren (Geißel/Thillman 2006). Im Vergleich zu Bündnis 90/Die Grünen ist der Anteil bei der Linken mit 50 Prozent mehr als doppelt so hoch – die Mitglieder der Linken sind somit auch im Vergleich zu den anderen Parteien am stärksten in ihrer Organisation verhaftet.

Abbildung 11.1: Anteil der Stammmitglieder nach Parteien

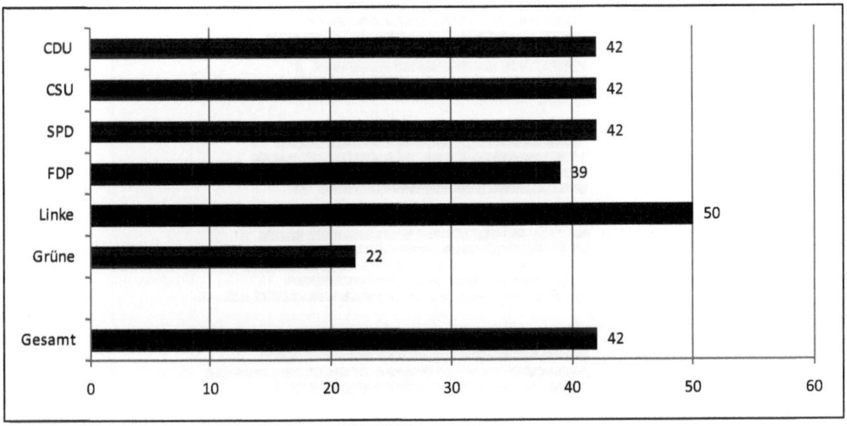

Partei	Anteil
CDU	42
CSU	42
SPD	42
FDP	39
Linke	50
Grüne	22
Gesamt	42

Quelle: Deutsche Parteimitgliederstudie 2009.

Betrachten wir den festen Mitgliederstamm der Parteien, so ist in diesem Zusammenhang von Interesse, in welchen soziodemographischen Gruppen die Verbundenheit besonders stark ausgeprägt ist oder aber der Parteiaustritt durchaus für möglich gehalten wird (vgl. Abbildung 11.2). Als Vergleichswert dient hier der Anteil der Stammmitglieder über alle Parteien hinweg – bei einem Anteil von mehr als 42 Prozent wird im Folgenden von einer überdurchschnittlichen Verbundenheit die Rede sein. Der Geschlechterunterschied ist im Hinblick auf die Frage, ob ein Parteiaustritt prinzipiell in Frage kommt, nicht besonders ausgeprägt. Es zeigt sich lediglich, dass Frauen leicht überdurchschnittlich an ihre Partei gebunden sind.

Abbildung 11.2: Anteil der Stammmitglieder in soziodemographischen Gruppen (2009)

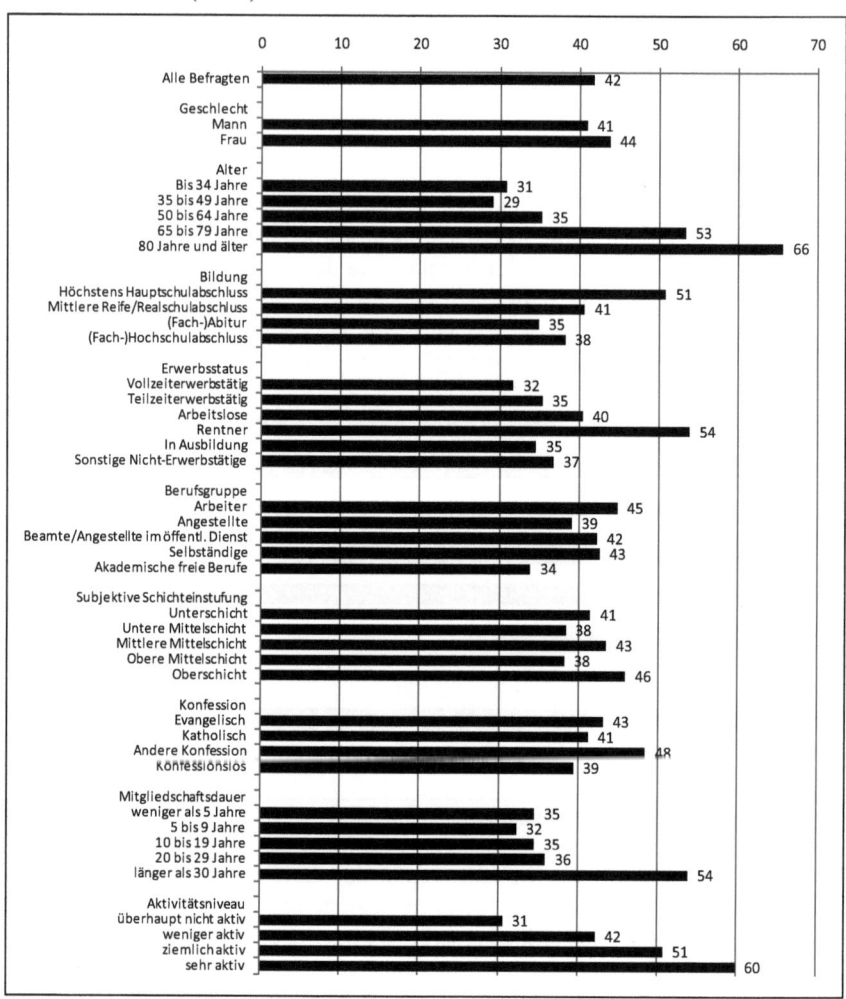

Quelle: Deutsche Parteimitgliederstudie 2009.

Deutlichere Unterschiede ergeben sich beim Alter: Während von den Parteimitgliedern bis 49 Jahre ein Anteil von rund 30 Prozent einen Parteiaustritt ausschließt, steigt dieser Anteil bei den 50- bis 64-jährigen um 5 Prozentpunkte an. Als überdurchschnittlich gebunden können allerdings nur die über 65-jährigen

11. Warum treten Mitglieder aus Parteien aus?

gelten. Dass vor allem die ältesten Parteimitglieder am stärksten mit ihrer Partei verbunden sind, bedeutet für die Parteien und ihre Mitglieder eine folgenschwere Entwicklung: Denn von den jüngeren Mitgliedern, welche die zukünftige Basis der Parteimitgliedschaften stellen sollten, schließt nur ein Drittel prinzipiell aus, das Parteibuch zurückzugeben. Der Anteil der fest gebundenen Mitglieder variiert auch mit dem Bildungsniveau. Während Mitglieder mit einem niedrigen Schulabschluss überdurchschnittlich an ihre Partei gebunden sind, können sich diejenigen mit einem höheren Bildungsniveau eher vorstellen, auszutreten. Besonders ungebunden ist die Gruppe der Mitglieder mit Abitur, von denen lediglich 35 Prozent einen Austritt ausschließen.

Sehen wir uns den Erwerbsstatus an, fällt auf, dass die Mitglieder, die bereits in Rente sind, ihrer Partei überdurchschnittlich verbunden sind, während sowohl die erwerbstätigen als auch die arbeitslosen und in Ausbildung befindlichen Mitglieder im Vergleich zur Gesamtheit der Befragten weniger stark darin verwurzelt sind. Der Befund, dass Rentner als besonders gebunden gelten, steht im Einklang mit den vorherigen Erkenntnissen in Bezug auf das Alter. Auch hier zeigte sich bereits, dass vor allem ältere Parteimitglieder offenbar keinen Anlass sehen, aus der Partei auszutreten. Differenzieren wir die Bleibebereitschaft nach der Berufsgruppe, der die Mitglieder angehören, wird deutlich, dass vor allem die Arbeiter in überdurchschnittlichem Maße einen Austritt ausschließen, während sich die Anteile unter den Beamten und Angestellten im Durchschnitt bewegen. Für Mitglieder, die in akademischen und freien Berufen tätig sind, ist ein Parteiaustritt hingegen eher denkbar.

Welcher Schicht sich die Befragten selbst zuordnen, ist insofern von Bedeutung, als mit einer höheren sozialen Position in der Gesellschaft ein höheres Ausmaß an partizipationsrelevanten Ressourcen einhergeht (vgl. Kapitel 6). Es zeigt sich zwar kein einheitliches Bild, wenn wir uns den Anteil der fest gebundenen Mitglieder in den einzelnen Schichten ansehen. Allerdings sind insbesondere Mitglieder aus der Oberschicht überdurchschnittlich in ihrer Partei verwurzelt, was für die These gemäß der Ressourcentheorie sprechen würde. Die Konfessionszugehörigkeit spielt für die Parteiverbundenheit keine große Rolle. In allen Konfessionen bewegt sich der Anteil der Mitglieder, die einen Parteiaustritt prinzipiell ausschließen, nahe am Durchschnitt. Auffällig ist jedoch, dass Mitglieder, die einer anderen als der evangelischen oder katholischen Konfession angehören, überdurchschnittlich oft angeben, dass für sie ein Parteiaustritt nicht in Frage kommt. Hierbei ist jedoch zu beachten, dass diese Konfessionsgruppen nur einen sehr geringen Teil der Gesamtmitgliedschaft ausmachen und der entsprechende Wert daher mit Vorsicht zu interpretieren ist.

Neben den sozialstrukturellen Merkmalen gibt es noch zwei weitere Faktoren, die wir heranziehen können, um das *Stammmitglied* besser zu beschreiben:

Es ist zu vermuten, dass mit einer längeren Mitgliedschaftsdauer die Bereitschaft sinkt, die Partei wieder zu verlassen: Mitglieder, für die sich ihre Mitgliedschaft über die Jahre bewährt hat, sollten einen Austritt eher ausschließen als Mitglieder, die erst kürzlich der Partei beigetreten sind und erst noch herausfinden müssen, ob die Partei ihre Erwartungen erfüllen kann. In der Tendenz erweist sich diese Annahme als richtig, wie Abbildung 11.2 zu entnehmen ist. Auch in Bezug auf das Aktivitätsniveau ist anzunehmen, dass Mitglieder, die sich stärker in ihrer Partei engagieren, weniger dazu neigen, der Partei den Rücken zuzukehren. In der Deutschen Parteimitgliederstudie 2009 wurde den Befragten die Möglichkeit gegeben, ihre innerparteiliche Aktivität selbst einzustufen. Es zeigt sich, dass unter den Mitgliedern, die sich selbst für überhaupt nicht aktiv halten, nur 31 Prozent einen Austritt prinzipiell ausschließen, während der Anteil unter sehr aktiven Mitgliedern fast doppelt so hoch ist.

Insgesamt können wir festhalten, dass unter den fest gebundenen Mitgliedern die über 65-jährigen und Personen, die höchstens über einen Hauptschulabschluss verfügen, dominieren. Darüber hinaus sind es vor allem Rentner, die diesem Typus angehören und damit zusammenhängend diejenigen, die schon auf eine sehr lange Mitgliedschaft zurückblicken können. Als besonders loyal erweisen sich Mitglieder mit einem sehr hohen Aktivitätsniveau.

2 Die Austrittsgefährdeten

Wenn man sich mit dem Austritt aus politischen Parteien beschäftigt, ist natürlich von besonderem Interesse, wie die aktuelle Lage in Hinsicht auf das Austrittspotenzial der Mitgliedschaft einzuschätzen ist: Wie viele Mitglieder sind 2009, also zum Zeitpunkt der Erhebung, akut austrittsgefährdet? Wie aus Abbildung 11.3 ersichtlich wird, spielt insgesamt rund ein Zehntel aller Parteimitglieder mit dem Gedanken, aus der Partei auszutreten[1]. Besonders viele Austrittswillige sind mit 14 Prozent in der CSU zu verzeichnen, dicht gefolgt von der SPD mit 13 Prozent und der CDU mit 12 Prozent. Am wenigsten Austrittsgedanken machen sich 2009 die Mitglieder der FDP und der Linken (7 bzw. 5 Prozent).

---

[1] Im schriftlichen Teil der Deutschen Parteimitgliederstudie 2009 wurde die Austrittsabsicht in mehreren Stufen erfragt. Zunächst ging es darum, ob ein Parteiaustritt prinzipiell ausgeschlossen wird. Diejenigen Befragten, die angaben, einen Parteiaustritt nicht prinzipiell auszuschließen, wurden dann gefragt, ob sie in der Vergangenheit bereits über einen Austritt nachgedacht haben. Wurde diese Frage bejaht, so folgte die Frage, ob aktuell über einen Austritt nachgedacht wird.

11. Warum treten Mitglieder aus Parteien aus?

Abbildung 11.3: Anteil der Austrittsgefährdeten nach Parteien

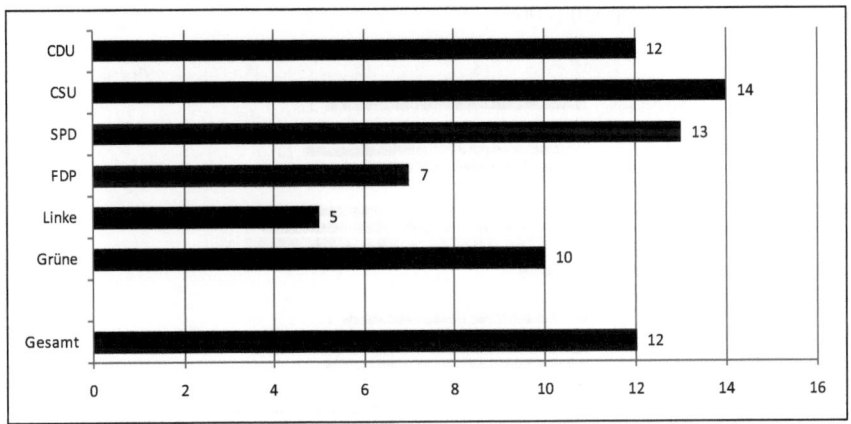

Quelle: Deutsche Parteimitgliederstudie 2009.

Auch hier bieten die Daten der Deutschen Parteimitgliederstudie 2009 detailliertere Informationen zum Austrittspotenzial im Hinblick darauf, in welchen soziodemographischen Gruppen eine erhöhte Austrittsgefahr besteht. Wie Abbildung 11.4 zeigt, sind Männer eher austrittsgefährdet als Frauen. Mit einem Anteil von rund 15 Prozent ist die Austrittsbereitschaft in fast allen Altersgruppen in etwa gleich hoch, lediglich die Mitglieder über 65 Jahre denken aktuell weniger darüber nach, ihr Parteibuch zurückzugeben. Ein deutlicher Zusammenhang zwischen dem Bildungsniveau und dem Austrittspotenzial lässt sich nicht erkennen: Allein unter den Mitgliedern, die als höchsten Bildungsabschluss Abitur oder Fachabitur nannten, besteht aktuell eine leicht erhöhte Austrittsgefahr.

In der Gruppe der Vollzeiterwerbstätigen ist der Anteil der Austrittsgefährdeten überdurchschnittlich hoch, aber auch die Teilzeiterwerbstätigen denken noch etwas häufiger über einen Austritt nach als der Durchschnitt aller Mitglieder und als diejenigen, die nicht erwerbstätig sind. Eine Erklärung dafür könnte sein, dass ein Teil der wertvollen Freizeit für die Mitgliedschaft in einer Partei und die ggf. damit zusammenhängenden Aktivitäten „geopfert" wird und daher bei Unzufriedenheit schneller nach einer gewinnbringenderen Möglichkeit der Freizeitgestaltung Ausschau gehalten wird. Sehen wir uns das Austrittspotenzial in den einzelnen Berufsgruppen an, stellen wir fest, dass insbesondere Selbstständige in einem höheren Maße geneigt sind, ihre Partei zu verlassen. Bei den anderen Berufsgruppen zeigen sich nur leichte Abweichungen vom Durchschnitt.

Abbildung 11.4: Anteil der Austrittsgefährdeten in soziodemographischen Gruppen (2009)

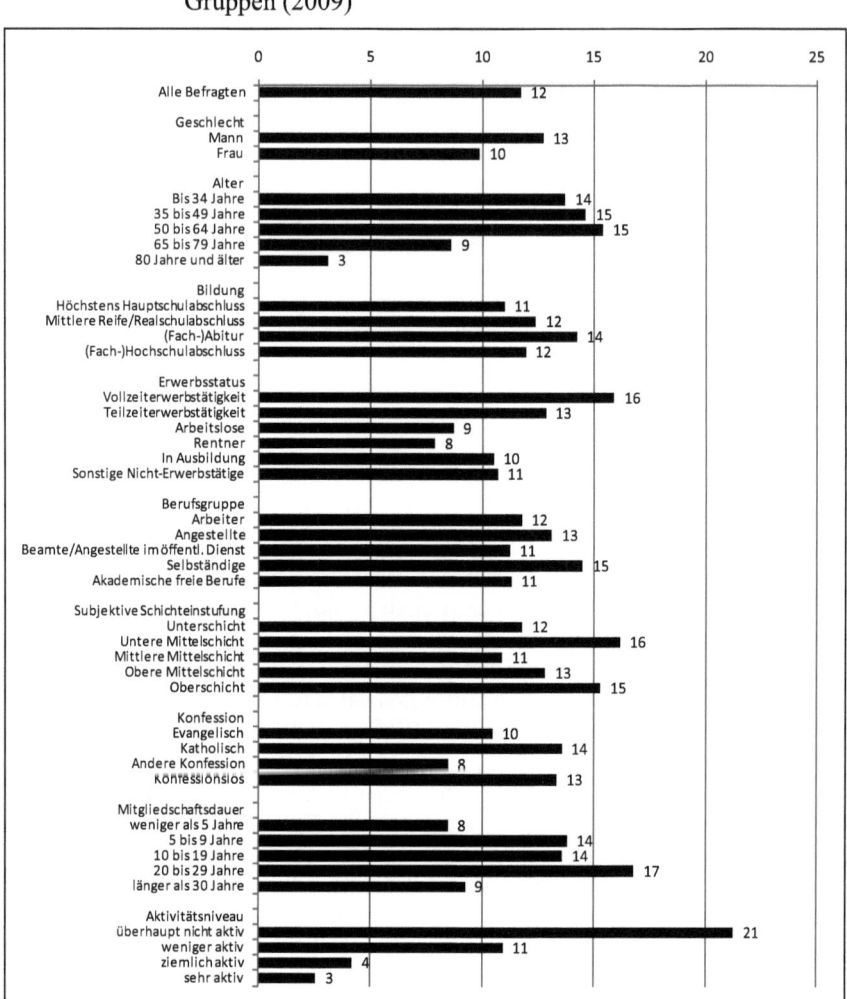

Quelle: Deutsche Parteimitgliederstudie 2009.

Die Zuordnung zu sozialen Schichten zeigt kein einheitliches Muster hinsichtlich der Austrittsgefahr: So ist vor allem der Anteil der Austrittswilligen unter Mitgliedern, die sich selbst in die untere Mittel- und die Oberschicht einstufen, überdurchschnittlich, während das Austrittspotenzial in den anderen Schichten

11. Warum treten Mitglieder aus Parteien aus?

im Schnitt liegt. Austrittsgedanken machen sich zum Zeitpunkt der Erhebung insbesondere Katholiken, unterdurchschnittlich austrittsgefährdet sind hingegen Angehörige anderer Konfessionen.

Nachdem wir nun die Anteile der Austrittsgefährdeten in den verschiedenen soziodemographischen Gruppen betrachtet haben, geht es im Folgenden darum, wie sich die Mitgliedschaftsdauer und der Aktivitätsgrad auf das Austrittspotenzial auswirken. Dabei stellt sich der Zusammenhang zwischen Mitgliedschaftsdauer und Austrittpotenzial anders dar als vermutet: So sind nicht etwa die jüngst beigetretenen Mitglieder, die sich noch in einer „Orientierungsphase" befinden könnten, am ehesten austrittsgefährdet, sondern Mitglieder, die bereits auf eine Mitgliedschaftsdauer von 20 bis 29 Jahren zurückblicken können. Der Anteil der Austrittsgefährdeten in dieser Gruppe liegt bei 17 Prozent und damit immerhin 5 Prozentpunkte über dem Durchschnitt. Im Vergleich dazu äußern nur 8 Prozent der Mitglieder, die erst weniger als fünf Jahre in ihrer Partei sind, dass sie aktuell über einen Austritt nachdenken. Mit Abstand das größte Austrittspotenzial ist in der Gruppe der Nicht-Aktiven zu finden: Hier halten 21 Prozent einen Austritt für aktuell möglich. Mit einem höheren Aktivitätsniveau sinkt jedoch die Austrittsgefahr stetig: Bei den weniger Aktiven liegt der Anteil an Austrittsbereiten nur noch bei 11 Prozent; unter den Mitgliedern, die sich selbst als sehr aktiv einstufen, ist 2009 sogar nur noch für 3 Prozent ein Austritt vorstellbar.

Wollen wir nun anhand von soziodemographischen Merkmalen Gruppen identifizieren, in denen die Austrittsgefahr hoch einzuschätzen ist, so sind in etwas höherem Maße männliche Mitglieder betroffen. Weiterhin handelt es sich mit einer größeren Wahrscheinlichkeit um Mitglieder im Alter von 35 bis 64 Jahren, Personen mit Abitur und Erwerbstätige. Darüber hinaus zeichnet sich das austrittsbereite Mitglied dadurch aus, dass es schon längere Zeit Mitglied in seiner Partei ist und sich in keiner Form innerparteilich engagiert. Erinnern wir uns nun an das oben dargestellte Stammmitglied zurück, so war eines seiner charakteristischen Merkmale die hohe Aktivität innerhalb der Partei. Auch wenn die Richtung des Zusammenhangs an dieser Stelle nicht eindeutig zu klären ist, können diese Informationen für die Parteien als Anhaltspunkt dienen, an welchen Stellschrauben gegebenenfalls angesetzt werden kann, um das Austrittspotenzial zu verringern: So könnte man beispielsweise versuchen, inaktive Mitglieder in das Parteileben zu integrieren, um damit ihre Bindung zur Partei zu vergrößern.

Bisher wurde noch keine Aussage darüber getroffen, welche Gründe konkret für die Austrittsgedanken verantwortlich zu machen sind. Diese Frage soll im Folgenden beantwortet werden. Hierzu liegen aus der telefonischen Befragung offene Antworten auf die Frage „Gab oder gibt es einen konkreten Anlass, der Sie zum Nachdenken über einen Austritt angeregt hat?" vor. Jeder Befragte konnte beliebig viele Anlässe anführen, mehr als vier Gründe wurden aber nicht genannt. Insgesamt geben gut drei Viertel der per Telefon befragten Mitglieder, die aktuell oder in der Vergangenheit bereits einen Austritt in Erwägung gezogen haben, an, dass für sie ein konkreter Anlass bestand, der sie zum Nachdenken über einen Austritt angeregt hat. Die Nennungen wurden im Prozess der Datenaufbereitung in ein sehr feingliedriges Kategorienschema eingeordnet, aus Gründen der Übersichtlichkeit fassen wir diese für die Analyse aber wieder zu größeren Kategorien zusammen.

Abbildung 11.5: Anlässe zum Nachdenken über einen Austritt (2009)

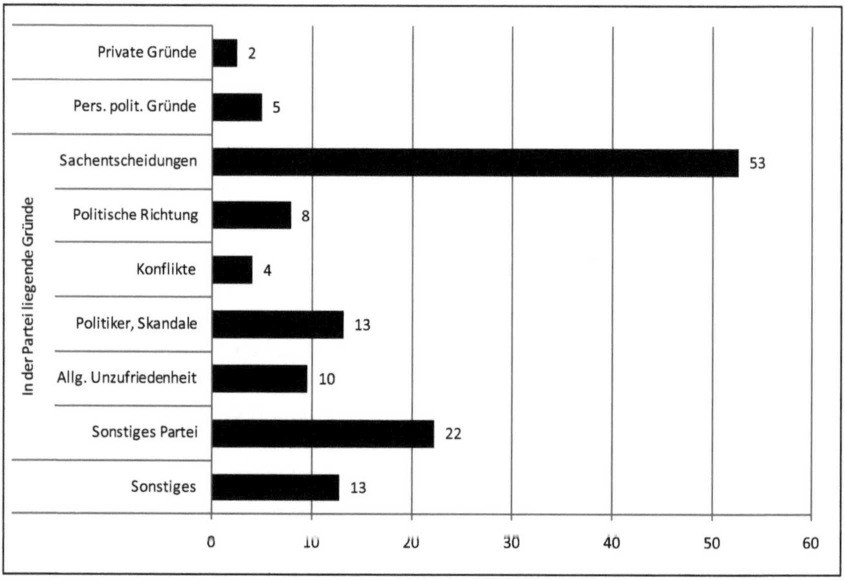

Kategorie	Prozent
Private Gründe	2
Pers. polit. Gründe	5
Sachentscheidungen	53
Politische Richtung	8
Konflikte	4
Politiker, Skandale	13
Allg. Unzufriedenheit	10
Sonstiges Partei	22
Sonstiges	13

(In der Partei liegende Gründe: Politische Richtung, Konflikte, Politiker/Skandale, Allg. Unzufriedenheit, Sonstiges Partei)

Quelle: Deutsche Parteimitgliederstudie 2009.

Sehen wir uns die Gründe nun im Detail an (vgl. Abbildung 11.5), so wird deutlich, dass insgesamt politische Sachentscheidungen mit 53 Prozent die größte Rolle spielen. Im Besonderen kritisieren die Befragten hier Entscheidungen in der Sozial- und Außenpolitik. An zweiter Stelle werden mit 34 Prozent sonstige, in der Partei liegende Gründe für die Austrittsgedanken verantwortlich gemacht. Darunter fallen beispielsweise die Unzufriedenheit mit Personalentscheidungen und mit der politischen Richtung der Partei sowie innerparteiliche Konflikte. Auch Politiker können ein Anlass sein, aus der Partei austreten zu wollen – sie machen einen Anteil von 13 Prozent aus. Eine von den Befragten nicht genauer spezifizierte allgemeine Unzufriedenheit mit ihrer Partei gibt 10 Prozent der

Mitglieder Grund dazu, über einen Austritt nachzudenken. Persönliche politische Gründe, die zum Beispiel die Enttäuschung über das Verfehlen eigener politischen Ziele oder einen geringen persönlichen Einfluss beinhalten, sind für 5 Prozent ein Anlass. Private Gründe wie Umzug, familiäre, zeitliche oder berufliche Gründe spielen so gut wie keine Rolle.

3 Die ehemaligen Parteimitglieder

Um den Prozess des Austritts möglichst vollständig abzubilden, und die Frage zu klären „Warum treten Mitglieder aus Parteien aus?", darf in diesem Kapitel ein Blick auf die ehemaligen Parteimitglieder natürlich nicht fehlen. Sie werden im Folgenden den aktuellen Mitgliedern gegenübergestellt, um die Unterschiede zwischen beiden Gruppen herauszuarbeiten. Hierfür kommen die Daten der Telefonbefragung zur Verwendung.

In den Kapiteln 5 und 6 haben wir anhand verschiedener theoretischer Ansätze dargestellt, wer Mitglied in einer Partei wird und warum. Eben diese Ansätze werden nun erneut herangezogen, um Aufschluss über die Gründe zu erhalten, die zum Austritt aus der Partei führen. Zunächst soll die Frage beantwortet werden, „Wer tritt aus Parteien aus?": Dafür sind in Abbildung 11.6 die Verteilungen verschiedener sozialstruktureller Merkmale gemäß dem Ressourcenansatz (Brady/Verba/Schlozman 1995) im Vergleich von aktuellen und ehemaligen Mitgliedern dargestellt. Es zeigt sich, dass der Anteil weiblicher Mitglieder unter den ehemaligen größer ist als unter den aktuellen. Frauen treten also mit einer höheren Wahrscheinlichkeit aus als Männer. In Bezug auf das Alter gibt es lediglich geringe Unterschiede zwischen aktuellen und ehemaligen Mitgliedern. Die Interpretation dieser Differenzen soll hier aber nicht überstrapaziert werden, da es sich um das Alter zum Zeitpunkt der Befragung und nicht um das zum Zeitpunkt des Parteiaustritts handelt. Das Durchschnittsalter der Mitglieder beim Austritt beträgt 40 Jahre, wobei die Mitglieder ihrer Partei im Mittel 12 Jahre treu blieben, bevor sie sich zu einem Austritt entschlossen.

Es lässt sich eine Tendenz erkennen, dass eher höher Gebildete die Partei verlassen. Der Anteil von Personen, die höchstens einen Hauptschulabschluss aufweisen, ist in der Gruppe der ehemaligen Mitglieder um 8 Prozentpunkte geringer als bei den Aktuellen; dafür gibt es unter den Ehemaligen mehr Personen mit (Fach-)Hochschulreife oder -abschluss. Auffällig in Hinsicht auf den Erwerbsstatus ist, dass vor allem Rentner unter den ehemaligen Mitgliedern unterrepräsentiert sind – der Unterschied zu den Aktuellen beträgt hier 9 Prozentpunkte. Große Differenzen sind im Hinblick auf die Stellung im Beruf nicht zu erkennen: Lediglich der Anteil der Angestellten ist bei den ehemaligen Mitgliedern etwas höher (61 Prozent im Vergleich zu 57 Prozent bei den aktuellen Mitgliedern), dafür sind weniger Beamte oder Angestellte im öffentlichen Dienst unter den Ehemaligen vertreten. Was die subjektive Einstufung in Schichten anbelangt, dominieren unter den Ehemaligen eher Personen aus der Unter- und der unteren Mittelschicht, während Vertreter der oberen Mittelschicht weniger in der Gruppe der ausgetretenen Mitglieder zu finden sind.

Abbildung 11.6: Sozialstrukturelle Merkmale aktueller und ehemaliger Mitglieder

		Aktuelle Mitglieder	Ehemalige Mitglieder
Geschlecht	männlich	72	64
	weiblich	28	36
Alter	bis 34 Jahre	13	9
	35 bis 49 Jahre	23	27
	50 bis 64 Jahre	27	33
	65 bis 79 Jahre	29	26
	80 Jahre und älter	9	5
höchster Bildungsabschluss	Höchstens Hauptschule	37	29
	Mittlere Reife/Realschule	19	22
	(Fach-)Abitur bzw. (Fach-)Hochschule	44	49
Erwerbsstatus	Nicht erwerbstätig	8	13
	Erwerbstätig	48	53
	Rentner	44	35
Stellung im Beruf	Arbeiter	13	14
	Angestellte	57	61
	Beamte/Angestellte im öffentl. Dienst	16	11
	Selbständige	12	12
	Akad. Freie Berufe/Freiberufler	2	2
Schicht	Unterschicht	2	4
	Untere Mittelschicht	18	23
	Mittlere Mittelschicht	57	57
	Obere Mittelschicht	22	15
	Oberschicht	1	2

Quelle: Deutsche Parteimitgliederstudie 2009.

Die Unterschiede zwischen aktuellen und ehemaligen Parteimitgliedern sind im Hinblick auf sozialstrukturelle Merkmale erwartungsgemäß nicht besonders groß – schließlich besagt der Ressourcenansatz, dass Personen, die über ein höheres Ausmaß von partizipationsrelevanten Ressourcen verfügen, wie beispielsweise

11. Warum treten Mitglieder aus Parteien aus?

einen höheren Bildungsabschluss, eher einer Partei beitreten. Der Annahme nach müssten also aktuelle und ehemalige Mitglieder ein ähnlich hohes Maß an Ressourcen aufweisen, da es unwahrscheinlich ist, dass sich dieses im Laufe der Mitgliedschaft stark vermindert. Allerdings steht zu vermuten, dass Personen, die mit vielen Mitteln ausgestattet sind, welche eine politische Beteiligung erleichtern, erhöhte Erwartungen bezüglich ihres Engagements an den Tag legen. Sie könnten von den Parteien daher auch leichter enttäuscht werden und häufiger mit Austritt reagieren. Diese Annahme soll nun mit Hilfe fortgeschrittener statistischer Analysen überprüft werden; die Ergebnisse sind in Abbildung 11.7 graphisch dargestellt.[2]

Abbildung 11.7: Sozialstrukturelle Einflussfaktoren auf den Parteiaustritt

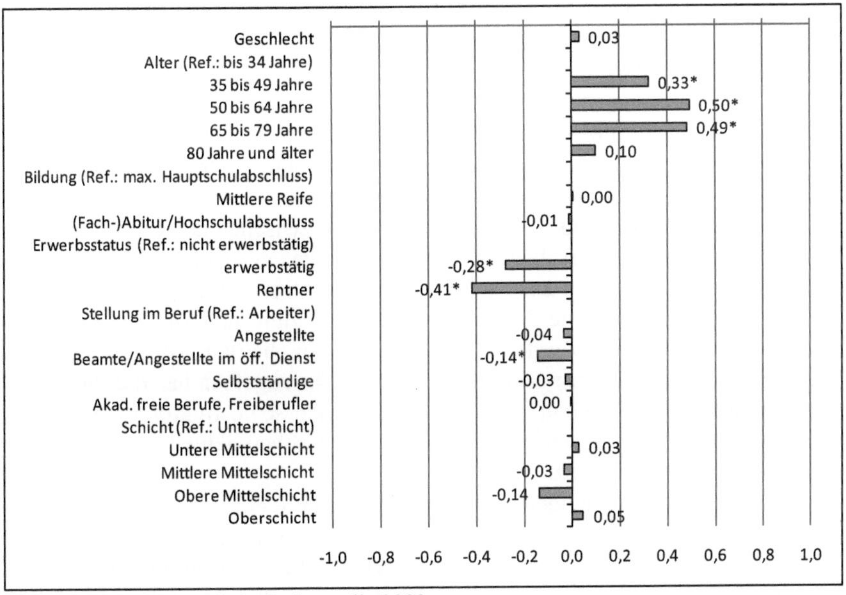

Merkmal	Koeffizient
Geschlecht	0,03
Alter (Ref.: bis 34 Jahre)	
35 bis 49 Jahre	0,33*
50 bis 64 Jahre	0,50*
65 bis 79 Jahre	0,49*
80 Jahre und älter	0,10
Bildung (Ref.: max. Hauptschulabschluss)	
Mittlere Reife	0,00
(Fach-)Abitur/Hochschulabschluss	-0,01
Erwerbsstatus (Ref.: nicht erwerbstätig)	
erwerbstätig	-0,28*
Rentner	-0,41*
Stellung im Beruf (Ref.: Arbeiter)	
Angestellte	-0,04
Beamte/Angestellte im öff. Dienst	-0,14*
Selbstständige	-0,03
Akad. freie Berufe, Freiberufler	0,00
Schicht (Ref.: Unterschicht)	
Untere Mittelschicht	0,03
Mittlere Mittelschicht	-0,03
Obere Mittelschicht	-0,14
Oberschicht	0,05

Quelle: Deutsche Parteimitgliederstudie 2009.

---

[2] Es wurde eine multivariate logistische Regression berechnet, bei der die abhängige Variable die dichotome Unterscheidung in aktuelle und ehemalige Mitglieder ist und die Merkmale aus den verschiedenen Ansätzen als unabhängige Variablen ins Modell eingehen. In den Grafiken sind die standardisierten Regressionskoeffizienten (Logits) dargestellt, signifikante Einflussfaktoren sind mit einem Stern gekennzeichnet (p<0,05).

Der Vorteil des hier verwendeten statistischen Verfahrens liegt darin, dass alle sozialstrukturellen Faktoren, die eine Auswirkung auf den Austritt haben könnten, gleichzeitig überprüft werden. Zeigt sich ein signifikanter Effekt, so bedeutet dies, dass dieser Einfluss unter Konstanthaltung aller anderen Faktoren besteht. Im Vergleich zu den oben berichteten Unterschieden zwischen aktuellen und ehemaligen Mitgliedern können sich bei diesem Vorgehen Zusammenhänge als nicht relevant erweisen bzw. kann sich die Richtung des Effekts umkehren.

Insgesamt sind nur wenige Einflussfaktoren signifikant, lassen sich also nicht nur auf zufällige Variationen der einzelnen Merkmale zurückführen. Balken im positiven Bereich bedeuten, dass ein positiver Effekt vorliegt, wobei die Balkenlänge zudem Aufschluss über die Stärke des Einflusses gibt. Zunächst wird deutlich, dass das Geschlecht unter Berücksichtigung der anderen soziodemographischen Merkmale keinen signifikanten Einfluss auf die Wahrscheinlichkeit hat, auszutreten. Das Alter ist für die Austrittswahrscheinlichkeit hingegen relevant: Insbesondere die mittleren Altersgruppen zwischen 35 und 80 Jahren neigen auch bei Kontrolle der übrigen Faktoren eher zu Parteiaustritten. Allerdings ist hier wiederum zu beachten, dass sich dieses Ergebnis auf das aktuelle Alter der Befragten bezieht, nicht auf das Alter zum Zeitpunkt des Austritts. Daher sollte dieser Befund nicht überbewertet werden.

In Bezug auf das Bildungsniveau lassen sich zwischen den beiden Gruppen keine signifikanten Unterschiede feststellen. Hingegen sinkt für Erwerbstätige und Rentner im Vergleich zu den Nicht-Erwerbstätigen die Wahrscheinlichkeit für einen Parteiaustritt. Die Austrittsgefahr für Beamte und Angestellte im öffentlichen Dienst ist im Vergleich zu den Arbeitern ebenfalls geringer einzustufen. Keinen überzufälligen Einfluss auf die Austrittsgefahr hat die subjektive Schichteinstufung. Wir können festhalten, dass sich soziostrukturelle Merkmale insgesamt nur mäßig eignen, die Unterschiede zwischen aktuellen und ehemaligen Mitgliedern zu erklären.

Plausibler scheint hingegen die Annahme, dass sich im Laufe der Parteimitgliedschaft die Einstellungen verändern, die laut sozialpsychologischem Ansatz (Fishbein/Ajzen 1972) für den Parteibeitritt entscheidend waren. So treten beispielsweise Personen mit einem ausgeprägten politischen Interesse eher in eine Partei ein, da mit dem Interesse auch eine erhöhte Neigung einhergeht, sich in diesem Bereich zu engagieren (siehe Kapitel 6). Es ist gut vorstellbar, dass für manches Mitglied die Realität, wie z. B. Entscheidungen in einer Partei getroffen werden, ernüchternd ist und sich so aufgrund der Erfahrungen auch die Einstellungen verändern. Ob die Daten diese Vermutung widerspiegeln, soll im Folgenden überprüft werden.

11. Warum treten Mitglieder aus Parteien aus?

Abbildung 11.8: Mittelwerte sozialpsychologischer Merkmale nach aktuellen und ehemaligen Mitgliedern

	Aktuelle Mitglieder	Ehemalige Mitglieder
Politikinteresse allgemein	4,2	4,0
Politikinteresse kommunale Ebene	4,0	3,6
Politikinteresse Landesebene	3,9	3,6
Politikinteresse Bundesebene	4,0	3,9
Internal Efficacy	3,1	2,4
External Efficacy	3,7	3,5

Quelle: Deutsche Parteimitgliederstudie 2009.

Abbildung 11.8 zeigt die Mittelwerte für das Politikinteresse auf verschiedenen Ebenen, wobei höhere Werte, gemessen auf einer Skala von 1 bis 5, ein größeres Politikinteresse bedeuten. Es ist davon auszugehen, dass beide Gruppen in hohem Maß politisch interessiert sind, was sich anhand der Daten auch bestätigt. Insgesamt ist das politische Interesse auf allen Ebenen bei den ehemaligen Mitgliedern etwas geringer ausgeprägt. Deutlicher sind die Unterschiede im Hinblick auf *internal* und *external Efficacy*. Unter internal Efficacy ist die politische Eigenkompetenz zu verstehen, d. h., inwieweit sich eine Person zutraut, politisch zu partizipieren, während es bei external Efficacy um das Gefühl geht, dass man mit seinem Engagement auch etwas erreichen kann.[3] Ehemalige Parteimitglieder schätzen ihre politische Eigenkompetenz geringer ein als aktuelle Mitglieder und sind auch der Meinung, dass ihr politisches Engagement weniger bewirkt. Eine mögliche Erklärung für die niedrigeren Werte wäre, dass die Mitglieder, die sich zum Austritt entschlossen haben, resigniert haben, da sich ihre Erwartungen im Hinblick auf die Parteimitgliedschaft nicht erfüllten. Ein endgültiger Nachweis kann anhand dieser Querschnittsstudie nicht erbracht werden – dazu wäre eine Betrachtung über die Zeit notwendig, um zu überprüfen, ob sich die Einstellungen tatsächlich im Laufe der Mitgliedschaft verändern.

Wie beim Ressourcenansatz werden nun alle sozialpsychologischen Merkmale gleichzeitig als Einflussfaktoren des Austritts überprüft (vgl. Abbildung 11.9). Es zeigt sich, dass mit einem steigenden Interesse für die Kommunalpolitik die Austrittswahrscheinlichkeit sinkt. Dies könnte damit zusammenhängen, dass Parteimitgliedschaften vor allem für ein Engagement im kommunalpolitischen Bereich von Vorteil sind. Wer hingegen auf Bundesebene politisch inte-

---

[3] Internal und external Efficacy wurden über je zwei Items gemessen, aus denen dann Mittelwertindices mit einem Wertebereich von 1 bis 5 gebildet wurden.

ressiert ist, ist eher in der Gruppe der Ehemaligen anzusiedeln. Ein weiterer Faktor, der die Austrittswahrscheinlichkeit verringert, ist die internal Efficacy: Je höher die politische Eigenkompetenz eingeschätzt wird, desto unwahrscheinlicher, dass man aus der Partei austritt. Als stärkster Einflussfaktor auf den Austritt erweist sich mit großem Abstand die external Efficacy. Personen, die in höherem Maße davon überzeugt sind, mit ihrer Parteimitgliedschaft etwas bewirken zu können, sind mit einer viel kleineren Wahrscheinlichkeit zu den ehemaligen Mitgliedern zu zählen. Dieser Befund kann als Indiz für die oben aufgestellte Vermutung gelten, dass sich im Laufe der Mitgliedschaft eine Ernüchterung dahingehend einstellt, was man als einfaches Mitglied erreichen kann, und diese Erkenntnis den Austritt letztendlich begünstigt.

Abbildung 11.9: Sozialpsychologische Einflussfaktoren auf den Parteiaustritt

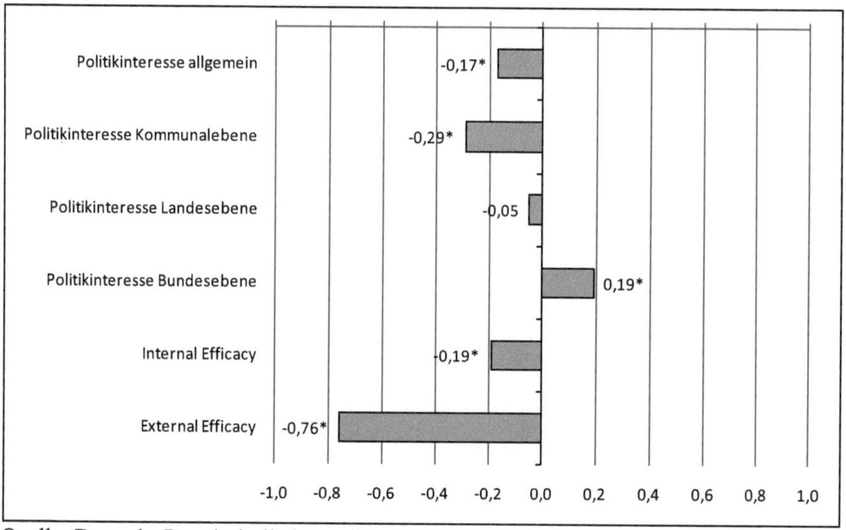

Variable	Koeffizient
Politikinteresse allgemein	-0,17*
Politikinteresse Kommunalebene	-0,29*
Politikinteresse Landesebene	-0,05
Politikinteresse Bundesebene	0,19*
Internal Efficacy	-0,19*
External Efficacy	-0,76*

Quelle: Deutsche Parteimitgliederstudie 2009.

In den Kapiteln 5, 6 und 7 wurden bereits die Motive aus dem General-Incentives-Modell (Seyd/Whiteley 1992) vorgestellt und als Erklärungsfaktoren für den Parteibeitritt und die innerparteiliche Aktivität herangezogen. Insgesamt werden hierbei sieben verschiedene Motivationen unterschieden – also Gründe, aus denen man einer Partei beitritt: *Selektive, ergebnisbezogene Anreize* verschaffen dem Mitglied direkt einen Nutzen als Ergebnis seiner Tätigkeit, beispielsweise durch die Übernahme von Parteiämtern oder Mandaten. Bei den *selektiven, prozessbezogenen Anreizen* erlangt das Mitglied Vorteile durch den Prozess der

11. Warum treten Mitglieder aus Parteien aus?

Tätigkeit selbst, etwa weil es Spaß an der Parteiarbeit hat oder dadurch den eigenen politischen Sachverstand weiterentwickeln kann. Beide Anreize setzen jedoch voraus, dass man innerhalb der Partei aktiv wird. Für die weiteren Motivationen ist dagegen nur die bloße Mitgliedschaft von Bedeutung: Nutzen wird dabei beispielsweise dadurch gestiftet, dass mit Hilfe der Partei politische Ziele durchgesetzt werden (*kollektive, politische Anreize*). Von *normativen Anreizen* wird gesprochen, wenn durch die Parteimitgliedschaft Erwartungen des persönlichen Umfelds erfüllt werden. Ebenso kann der Nutzen einer Mitgliedschaft darin bestehen, seinen wahrgenommenen Bürgerpflichten in einer Demokratie nachzukommen – hierbei handelt es sich um *altruistische Anreize*. Unter *ideologischen Anreizen* ist beispielsweise der Ausdruck der eigenen politischen Überzeugung zu fassen. Schließlich gibt es auch *expressive Gründe*, einer Partei beizutreten, indem man mit Hilfe der Mitgliedschaft seine Sympathie für die Partei ausdrückt. Mit einer Parteimitgliedschaft sind natürlich nicht nur die beschriebenen Vorteile, sondern auch *Kosten* verbunden: Neben den finanziellen Aufwendungen in Form des Mitgliedsbeitrags spielen hier zudem Faktoren wie Zeit und Arbeitsleid eine Rolle.

Abbildung 11.10: Mittelwerte der Mitgliedschaftsmotive nach aktuellen und ehemaligen Mitgliedern

	Aktuelle Mitglieder	Ehemalige Mitglieder
Selektive, ergebnisbezogene Anreize	1,7	1,0
Selektive, prozessbezogene Anreize	2,4	1,5
Kollektive, politische Anreize	2,8	2,2
Normative Anreize	1,6	1,1
Altruistische Anreize	3,2	2,6
Ideologische Anreize	3,3	2,9
Expressive Anreize	2,0	1,3
Kosten	1,0	0,3

Quelle: Deutsche Parteimitgliederstudie 2009.

Im Folgenden sollen die verschiedenen Motivationen in Hinblick auf ihre Bedeutung für den Parteiaustritt untersucht werden. Wie schon bei den sozialpsychologischen Faktoren, können wir auch hier annehmen, dass sich die Bewertung der einzelnen Motive aufgrund der Mitgliedschaftserfahrungen verändert haben könnte. Sehen wir uns die Unterschiede zwischen aktuellen und ehemaligen Mitgliedern an (Abbildung 11.10), so zeigen sich erste Indizien dafür: Allen

Anreizen wird von den aktuellen Parteimitgliedern ein höherer Nutzen[4] zugeschrieben. Ehemalige Mitglieder bewerten somit die Folgen einer Parteimitgliedschaft weniger positiv. Im Einklang damit werden auch die Kosten der Parteimitgliedschaft von den ehemaligen Mitgliedern höher eingeschätzt als von den aktuellen Mitgliedern.

Mit Hilfe von statistischen Analyseverfahren können nun wieder alle Anreizkategorien gleichzeitig als Erklärungsfaktoren des Austritts untersucht werden (Abbildung 11.11). Wer ambitionierte Ziele innerhalb der Partei verfolgt und die Übernahme von Ämtern oder Mandaten anstrebt, tritt mit einer geringeren Wahrscheinlichkeit aus. Wie oben schon beschrieben, können selektive, ergebnisbezogene Motivationen nur erfüllt werden, wenn man sich aktiv an der Parteiarbeit beteiligt – die Mitgliedschaft ist also eine notwendige Voraussetzung, wenn man derartige Ziele verfolgt. Dasselbe gilt für die selektiven, prozessbezogenen Anreize: Personen, die der Tätigkeit in der Partei selbst einen hohen Nutzen zuschreiben, zählen mit einer geringeren Wahrscheinlichkeit zu den ehemaligen Mitgliedern.

Abbildung 11.11: Einfluss der Motivationen auf den Parteiaustritt

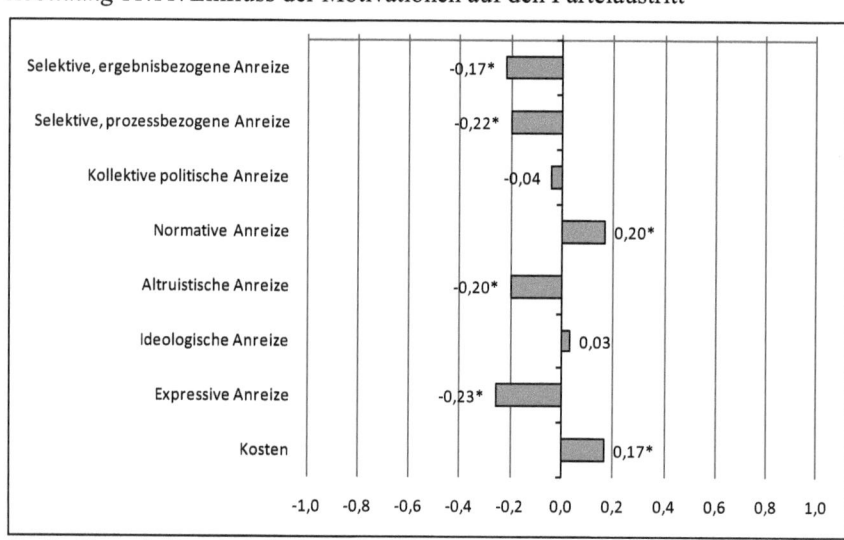

Quelle: Deutsche Parteimitgliederstudie 2009.

---

[4] Die Nutzen wurden anhand von 22 Items gemessen und dann zu Anreizkategorien mit einem Wertebereich von -5 bis +5 zusammengefasst (Mittelwertindices). Vgl. dazu auch Kapitel 5 und 6.

11. Warum treten Mitglieder aus Parteien aus?

Kollektive, politische Motive eignen sich nicht für die Prognose des Austritts – Auslöser für die Beendigung der Mitgliedschaft ist also nicht unbedingt eine Veränderung der politisch-ideologischen Überzeugung. Hingegen haben die normativen Anreize einen signifikanten positiven Einfluss auf die Austrittswahrscheinlichkeit. Wer auf der Suche nach Wertschätzung aus dem sozialen Umfeld ist, tritt mit einer höheren Wahrscheinlichkeit aus als Personen, bei denen diese normativen Anreize keine große Rolle spielen. Wer hingegen seiner Bürgerpflicht nachkommen will und damit die altruistischen Motivationen positiv beurteilt, ist weniger austrittsgefährdet. Anhand der Bewertung ideologischer Aspekte einer Mitgliedschaft kann nicht prognostiziert werden, ob es sich um ein ehemaliges oder ein aktuelles Mitglied handelt, da sich hier kein signifikanter Effekt zeigt. Bei einer Person, die mit der Mitgliedschaft ihre Sympathie gegenüber der Partei zeigen möchte, für die also expressive Motivationen von größerer Bedeutung sind, ist es unwahrscheinlich, dass es sich um ein ehemaliges Mitglied handelt. Werden die Kosten einer Mitgliedschaft[5] als hoch empfunden, liegt es nahe, dass der Austritt wahrscheinlicher wird – diese Annahme bestätigt sich auch anhand unserer Daten.

Insgesamt wurden drei verschiedene Ansätze, die ursprünglich dafür entwickelt wurden, politische Partizipation zu erklären, auf die Erklärung des Parteiaustritts angewendet. Sehen wir uns nun in Abbildung 11.12 an, in welchem Ausmaß die einzelnen Modelle in der Lage sind, den Parteiaustritt zu erklären[6], stellen wir fest, dass sich sozialstrukturelle Merkmale am wenigsten hierzu eignen. Es ist nicht anzunehmen, dass sich die partizipationsrelevanten Ressourcen eines Mitglieds – wie beispielsweise das Bildungsniveau – im Laufe der Parteimitgliedschaft in größerem Ausmaß reduzieren und somit einen Austritt bedingen. Die Ergebnisse sprechen auch nicht dafür, dass besonders gut mit Ressourcen ausgestattete Mitglieder deshalb zu einem Austritt tendieren, weil ihre damit zusammenhängenden hohen Erwartungen sich nicht mit der in der Partei vorgefundenen Realität decken.

Als mit Abstand beste Erklärung des Austritts erweist sich der sozialpsychologische Ansatz, bei dem das Politikinteresse auf verschiedenen Ebenen sowie internal und external Efficacy als Austrittsdeterminanten einfließen – mit 12,7 Prozent wird hier die größte Erklärungskraft erzielt. Insbesondere das Gefühl, dass mit dem eigenen Engagement etwas erreicht werden kann, senkt die Wahrscheinlichkeit für einen Austritt beträchtlich. In Kapitel 6 wurde bereits

---

[5] Die Kosten-Skala wurde für die multivariate Analyse zum Zweck der besseren Interpretierbarkeit umgepolt.
[6] Dargestellt sind die Pseudo-R^2-Werte nach McFadden; höhere Werte bedeuten eine größere Erklärungskraft. Nimmt man die Erklärungsfaktoren aller Ansätze auf, so ergibt sich im Gesamtmodell ein Pseudo-R^2 von 17,0 Prozent.

gezeigt, dass hohe internal und external Efficacy den Beitritt zu einer Partei begünstigen – nun stellt sich heraus, dass diejenigen, die ihre politische Eigenkompetenz bzw. die Reaktionsfähigkeit der Partei als niedrig einstufen, eher einem Austritt zugeneigt sind. Dies könnte ein Hinweis darauf sein, dass sich das Ausmaß der internal und external Efficacy während der Zeit als Mitglied verändert hat, manche Mitglieder aufgrund ihrer Erfahrungen also weniger Vertrauen in ihre eigene politische Kompetenz bzw. in ihre Einflusschancen haben. Insofern könnte die Desillusionierung ein möglicher Grund für ihren Austritt sein. Darüber hinaus könnte der Befund dadurch zu erklären sein, dass diejenigen Mitglieder, die bereits ohne großes politisches Interesse oder mit einer wenig ausgeprägten political Efficacy einer Partei beigetreten sind, auch am ehesten wieder austreten.

Abbildung 11.12: Erklärungskraft der Modelle (McFaddens Pseudo-R^2)

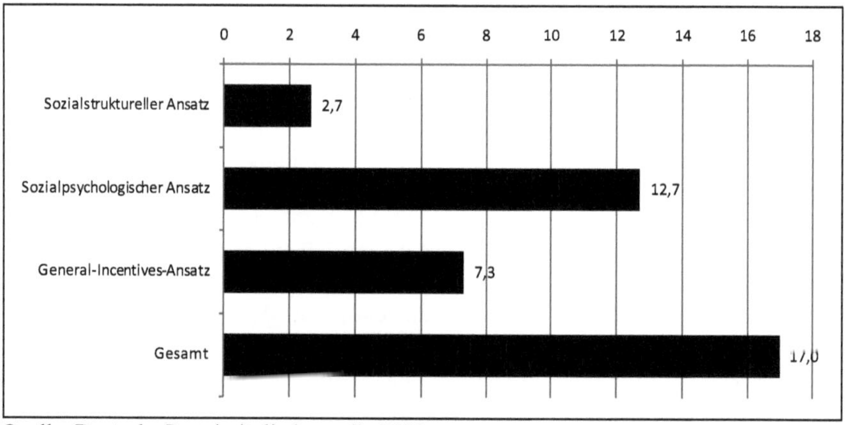

Sozialstruktureller Ansatz	2,7
Sozialpsychologischer Ansatz	12,7
General-Incentives-Ansatz	7,3
Gesamt	17,0

Quelle: Deutsche Parteimitgliederstudie 2009.

Das General-Incentives-Modell, das ursprünglich besagt, dass Personen sich dann für einen Parteibeitritt entscheiden, wenn der Nutzen höher eingeschätzt wird als die Kosten, kann auch zur Erklärung des Parteiaustritts herangezogen werden: Die Erklärungskraft des Modells liegt bei 7,3 Prozent. Analog zur vorherigen Begründung kann auch hier argumentiert werden, dass sich die Bewertung der verschiedenen Motive über die Dauer der Mitgliedschaft hinweg verändern kann bzw. dass das einzelne Mitglied eine Verschiebung der Stellenwerte vornimmt. Je geringer ein Mitglied den Nutzen der Anreize einschätzt bzw. durch die Mitgliedschaft diesen tatsächlich „am eigenen Leibe" erfährt, desto wahrscheinlicher wird ein Austritt. Entweder treten Mitglieder also aus, weil der

11. Warum treten Mitglieder aus Parteien aus?

Nutzen, den sie sich von ihrer Mitgliedschaft erhofft hatten, nicht eingetreten ist, oder aber es entscheiden sich diejenigen zu einem Austritt, deren Erwartungen an die Mitgliedschaft von Anfang an nicht sehr groß waren und deren Schwelle für den Austritt entsprechend niedrig ist.

Nachdem verschiedene theoretische Ansätze als Prädiktoren für den Parteiaustritt untersucht wurden, kommen nun die ehemaligen Mitglieder selbst zu Wort, um eine weitere entscheidende Frage zum Thema Austritt zu klären: Welche Gründe führen sie selbst explizit für ihren Austritt an? In der im Rahmen der Deutschen Parteimitgliederstudie 2009 durchgeführten Telefonbefragung wurden die Austrittsgründe der ehemaligen Parteimitglieder wiederum offen erhoben. Da die Gruppe ausgetretener Mitglieder erstmals genauer empirisch untersucht wird, konnte nicht auf Vorwissen zurückgegriffen werden, um standardisierte Antwortvorgaben zu generieren. In diesem Sinne hat die Erforschung der Austrittsgründe explorativen Charakter.

Abbildung 11.13: Austrittsgründe

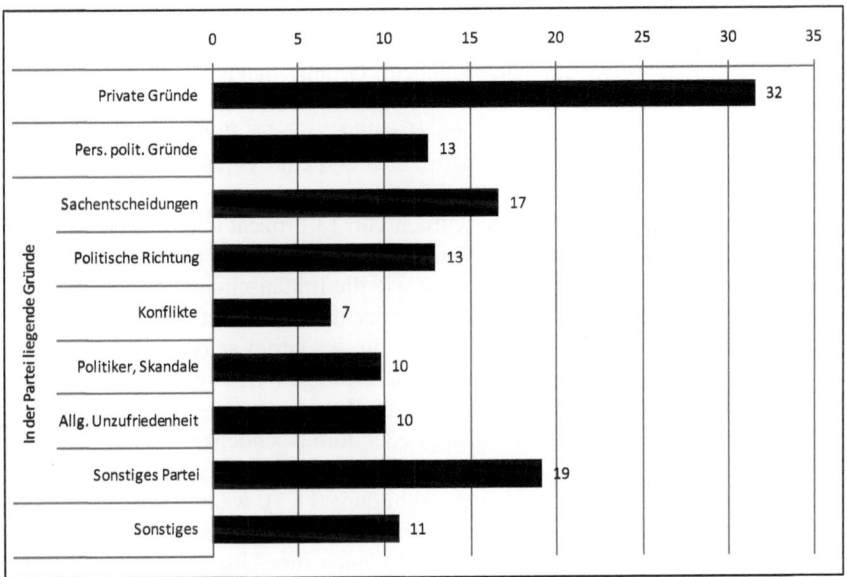

Quelle: Deutsche Parteimitgliederstudie 2009

In Abbildung 11.13[7] fällt zunächst auf, dass mit 32 Prozent private Gründe am häufigsten für den Austritt verantwortlich gemacht werden. Die Befragten geben in dieser Kategorie beispielweise an, wegen eines Umzugs, aus finanziellen Gründen bzw. weil der Mitgliedsbeitrag zu teuer ist (jeweils 6 Prozent) und aus beruflichen Gründen (4 Prozent) die Partei verlassen zu haben. All diese Angaben haben gemein, dass sie mit den originären Zielen der Partei nicht viel zu tun haben und daher, bis auf die Gestaltung der Höhe der Mitgliedsbeiträge, außerhalb des Einflusses der Parteien liegen. Es ist nicht auszuschließen, dass die hohe Zahl der Nennungen in dieser Kategorie durch die Befragungssituation selbst zu erklären ist: Die Befragten müssen sich gegebenenfalls an eine relativ lange zurückliegende Entscheidung erinnern und die damals ausschlaggebenden Gründe rekonstruieren. Eventuell bieten sich in diesem Zusammenhang private Gründe als naheliegender Anker an, an dem der Austritt im Nachhinein festgemacht wird. Dieses methodische Problem hätte sich dann aber ebenso bei der Frage nach den Anlässen, die zum Nachdenken über einen Austritt anregten, ergeben müssen, denn auch hier mussten sich die Befragten ggf. Situationen aus der Vergangenheit ins Gedächtnis rufen – hier nannten jedoch nur 2 Prozent der Befragten private Gründe. Weiterhin könnte vermutet werden, dass es sich bei den hier angegebenen Antworten um vorgeschobene Gründe handelt bzw. äußere Umstände, die den Entschluss, die Partei zu verlassen, noch begünstigten. Das hieße, dass eine gewisse Unzufriedenheit im Hinblick auf die Partei bereits bestand, den Ausschlag zum tatsächlichen Austritt aber erst eine Veränderung im privaten Bereich gab.

Persönliche politische Gründe wurden von 13 Prozent aller Parteimitglieder genannt: Hierunter fallen z. B. die Veränderung der eigenen politischen Einstellung (3 Prozent), Politikverdrossenheit sowie die Enttäuschung über das Verfehlen eigener politischer Ziele (jeweils 2 Prozent). Die meisten Austrittsgründe sind mit insgesamt 76 Prozent immer noch in der Partei selbst zu suchen: Hier werden mit 17 Prozent vor allem Sachentscheidungen kritisiert, dabei am meisten die Sozialpolitik. Erstaunlich ist in diesem Zusammenhang die Diskrepanz zu den Gründen, welche die aktuellen Mitglieder zum Nachdenken über einen Austritt anregten: Als größter Quell der Unzufriedenheit wurden hier mit 53 Prozent Sachentscheidungen ausgemacht (vgl. Abbildung 11.5), während diesen für den tatsächlichen Vollzug des Austritts eine deutlich geringere Bedeutung zukommt. Oft formulierten die ehemaligen Mitglieder auch ihre Unzufriedenheit mit der politischen Richtung ihrer Partei (13 Prozent). Konflikte innerhalb der Partei

---

[7] Die hier dargestellten Prozentwerte basieren auf Mehrfachantworten, d. h., die Befragten waren in der Anzahl der Nennungen nicht eingeschränkt. Allerdings gab kein ehemaliges Mitglied mehr als vier inhaltlich verschiedene Austrittsgründe an.

spielen eine eher nachrangige Rolle – 7 Prozent aller ehemaligen Mitglieder machen parteiinterne Auseinandersetzungen für ihren Austritt verantwortlich. Einzelne Politiker bzw. Skandale um spezielle Politiker waren für ein Zehntel der Befragten Auslöser für den Austritt. Interessante politische Persönlichkeiten spielen eine große Rolle, wenn es darum geht, Wählerstimmen zu gewinnen, und werden im Wahlkampf daher auch immer professioneller vermarktet. Andererseits können dieselben Politiker, denen dann eine prominente Stellung in der Partei zukommt, auch genauso zum Austrittsgrund für Parteimitglieder werden.

Eine nicht genauer spezifizierte allgemeine Unzufriedenheit mit ihrer Partei bewog 10 Prozent der Mitglieder zum Austritt. Sonstige Gründe, die mit der Partei in Zusammenhang zu bringen sind, umfassen beispielsweise Personalentscheidungen und die innerparteiliche Willensbildung sowie die Unzufriedenheit mit anderen Parteimitgliedern (jeweils 5 Prozent). Insgesamt sind die Antworten von 19 Prozent der Befragten dieser Kategorie zuzuordnen. Schließlich beinhaltet die Kategorie „Sonstiges" sehr allgemeine Nennungen, wie z. B. die Angabe „Politische Gründe" (5 Prozent) oder die Veränderung der politischen Einstellung allgemein (3 Prozent).

4 Fazit

Dieses Kapitel hat sich zur Aufgabe gemacht, die Frage zu beantworten, warum einige Parteimitglieder ihre Partei verlassen. Nachdem dieses Thema in der Parteienforschung bisher eher stiefmütterlich behandelt wurde, haben wir uns dem „unbekannten" ehemaligen Mitglied in kleinen Schritten genähert. So sollte sichergestellt werden, dass zum Schluss ein möglichst umfassendes und genaues Bild des ausgetretenen Mitglieds entsteht.

In einem ersten Schritt haben wir uns zunächst mit dem Gegenpart des ehemaligen Mitglieds beschäftigt, dem sogenannten *Stammmitglied*, das einen Austritt prinzipiell ausschließt. Dabei hat sich gezeigt, dass insgesamt erstaunlich viele Mitglieder – immerhin über 40 Prozent – fest an ihre Partei gebunden sind, ein auf den ersten Blick erfreulicher Befund für die Parteien. Auf den zweiten Blick wurde dann aber deutlich, dass es sich bei den loyalen Mitgliedern vor allem um ältere Semester handelt, die allein aufgrund der begrenzten Lebenserwartung nicht ewig eine verlässliche Stammmitgliedschaft stellen können. Unter den jüngeren Mitgliedern – den Parteimitgliedern von morgen – ist die feste Mitgliederbasis lange nicht mehr so groß. Entscheidend für eine feste Parteibindung ist der Grad der Aktivität – Mitglieder, die sich innerparteilich engagieren, schließen zu einem sehr hohen Anteil einen Austritt prinzipiell aus.

In einem zweiten Schritt wurde der Blick auf die *Austrittsgefährdeten* unter den aktuellen Mitgliedern gerichtet. Im Gegensatz zu den Stammmitgliedern sind vor allem jüngere Mitglieder austrittsgefährdet sowie Mitglieder, die sich am Parteileben in keiner Form beteiligen. Gefragt nach Anlässen, die zum Nachdenken über einen Austritt führten, wurden an erster Stelle die Unzufriedenheit mit Sachentscheidungen und andere, in der Partei liegende Gründe angeführt.

Abschließend standen die *ehemaligen Mitglieder* im Fokus dieses Kapitels: Ausgehend von verschiedenen theoretischen Ansätzen, die wir bereits zur Erklärung des Parteibeitritts herangezogen haben, wurde überprüft, inwiefern sich aktuelle und ehemalige Mitglieder unterscheiden. Mit Hilfe fortgeschrittener statistischer Analysen konnte gezeigt werden, dass von sozialstrukturellen Merkmalen keine theoretisch bedeutsamen Effekte auf die Austrittsentscheidung ausgehen und sich der Ressourcenansatz somit nicht besonders gut als Prädiktor für den Austritt eignet. Als deutlich besser erwies sich der sozialpsychologische Ansatz, bei dem es um Einstellungen geht, die für einen Parteibeitritt förderlich sind. Vor allem das Ausmaß der subjektiv empfundenen Einflusschancen in der Partei wirkt sich darauf aus, ob sich ein Mitglied für oder gegen einen Austritt entscheidet: Je stärker das Gefühl, dass man in der Partei etwas erreichen kann, desto unwahrscheinlicher ist der Parteiaustritt. Weiterhin kam das General-Incentives-Modell, das sich mit dem Nutzen der Parteimitgliedschaft in Relation zu den Kosten beschäftigt, zur Anwendung. Um sich für den Beitritt in eine Partei zu entschließen, sollte der Theorie nach der Nutzen die möglichen Kosten übersteigen. Bezüglich des Austritts hat sich gezeigt, dass sich ehemalige und aktuelle Mitglieder in der Wahrnehmung der Anreize unterscheiden: Vor allem normative Motive, also Erwartungen aus dem sozialen Umfeld, sowie die Höhe der perzipierten Kosten einer Mitgliedschaft erhöhen die Austrittswahrscheinlichkeit.

Zu guter Letzt ließen wir die ehemaligen Mitglieder noch einmal selbst zu Wort kommen: Zu ihren konkreten Austrittsgründen befragt, führen die Ehemaligen erstaunlich oft private Motive wie Umzug oder finanzielle Gründe an. Am häufigsten werden dennoch in der Partei liegende Gründe für den Austritt verantwortlich gemacht, jedoch spielten insbesondere Sachentscheidungen bei den aktuellen Mitgliedern, die über einen Austritt nachdenken oder -dachten, eine ungleich größere Rolle. Dies spricht dafür, dass die Verhaltensabsichten nicht unbedingt auf denselben Gründen basieren wie das tatsächliche Verhalten.

Anhand dieser ersten Analysen zum Thema Austritt kann noch kein Maßnahmenkatalog abgeleitet werden, wie der Mitgliederschwund aufgehalten werden kann. Allerdings lassen sich doch zwei Implikationen für die Parteien aus den Befunden ableiten: Zum einen kann die Stammmitgliedschaft gefestigt bzw. das Austrittspotenzial gesenkt werden, indem man die Mitglieder zum „Mitmachen" animiert und sie in die Parteiarbeit einbindet. Zum anderen ist es von großer Bedeutung, den Mitgliedern – sofern sie sich beteiligen – das Gefühl zu geben, dass sie gehört werden und ihr Input von der Partei aufgenommen und umgesetzt wird. Einer in diesem Sinne responsiven Partei sollte es deutlich besser gelingen, ihre Mitglieder dauerhaft an sich zu binden.

Literatur

Brady, Henry E./Verba, Sidney/Schlozman, Kay L. (1995): Beyond SES. A Resource Model of Political Participation. In: American Political Science Review, Bd. 89, H. 2, S. 271-294

Fishbein, Martin/Ajzen, Icek (1972): Beliefs, Attitudes, Intentions and Behaviour. An Introduction to Theory and Research. Reading (Mass.)

Gabriel, Oscar/Niedermayer, Oskar (2001): Parteimitgliedschaften. Entwicklung und Sozialstruktur. In: Gabriel, Oscar W./Niedermayer, Oskar/Stöss, Richard (Hrsg.): Parteiendemokratie in Deutschland. Bonn, S. 274-295

Geißel, Brigitte/Thillmann, Katja (2006): Partizipation in Neuen Sozialen Bewegungen. In: Hoecker, Beate (Hrsg.): Politische Partizipation zwischen Konvention und Protest. Eine studienorientierte Einführung. Opladen, S. 159-183

Niedermayer, Oskar (2010): Die Entwicklung der Parteimitgliedschaften von 1990 bis 2009. In: Zeitschrift für Parlamentsfragen, Bd. 41, H. 2, S. 421-437

Seyd, Patrick/Whiteley, Paul (1992): Labour's Grass Roots. The Politics of Party Membership. Oxford

Wiesendahl, Elmar (2005): Das Ende der Mitgliederpartei. Die Parteiendemokratie auf dem Prüfstand. In: Dettling, Daniel (Hrsg.): Parteien in der Bürgergesellschaft. Zum Verhältnis von Macht und Beteiligung. Wiesbaden, S. 23-42

Wiesendahl, Elmar (2006): Mitgliederparteien am Ende? Eine Kritik der Niedergangsdiskussion. Wiesbaden

12. Welche Zukunft hat das innerparteiliche Engagement der Bürger?

Markus Klein/Tim Spier

In den vorangegangenen Kapiteln wurde ein erster Überblick über zentrale empirische Befunde der Deutschen Parteimitgliederstudie 2009 gegeben. Auch wenn das Analysepotenzial der erhobenen Daten damit bei weitem noch nicht ausgereizt ist, scheint uns die Zahl und Vielfalt der in diesem Band präsentierten Ergebnisse groß genug, um nach einer zusammenfassenden Bilanzierung zu verlangen. Dabei ist es hilfreich, sich zunächst an die übergeordnete Leitfrage unseres Buchs zu erinnern, die in Kapitel 1 herausgearbeitet wurde: Inwieweit gelingt es den politischen Parteien in Deutschland auch unter sich verändernden gesellschaftlichen Rahmenbedingungen, die Aufgabe zu erfüllen, eine lebendige Verbindung zwischen der Gesellschaft und dem Staat herzustellen? In Kapitel 2 haben wir gezeigt, dass in der bundesdeutschen Verfassungsordnung diese lebendige Verbindung zwischen Gesellschaft und Staat in erster Linie durch die Mitgliederbasis der Parteien hergestellt wird. Diese sollte hinreichend breit und aktiv sein, um die den Parteien zugeschriebene Bindeglied-Funktion wirksam gewährleisten zu können. Aus dieser Feststellung lassen sich eine Reihe konkreter Teilfragen ableiten, die wir im Folgenden vor dem Hintergrund unserer empirischen Befunde beantworten wollen: Weisen die politischen Parteien in Deutschland eine ausreichende gesellschaftliche Verwurzelung auf? Gefährdet der Mitgliederrückgang der deutschen Parteien ihre Funktionsfähigkeit? Und: Was können die deutschen Parteien tun, um für Mitglieder (wieder) attraktiv zu sein?

1. Weisen die politischen Parteien in Deutschland eine ausreichende gesellschaftliche Verwurzelung auf?

Parteien vertreten die Interessen bestimmter Bevölkerungsgruppen. Jede Partei für sich genommen repräsentiert daher auch nicht die Gesellschaft als Ganze, sondern nur einen bestimmten Teil von ihr. Die Frage, inwieweit die politischen Parteien in Deutschland eine ausreichende gesellschaftliche Verwurzelung aufweisen, kann sich daher auch nur auf die deutschen Parteimitglieder insgesamt beziehen. In Kapitel 4 haben wir aufgezeigt, dass sich die deutschen Parteimitglieder in ihrer sozialstrukturellen Zusammensetzung systematisch von der Gesamtbevölkerung unterscheiden: Unter den deutschen Parteimitgliedern überrepräsentiert sind Männer, Menschen mittleren und gehobenen Alters, Hochgebildete, Mitarbeiter des öffentlichen Dienstes sowie Menschen aus der mittleren und gehobenen Mittelschicht. An dieser Stelle soll nun diskutiert werden, ob diese Abweichungen so weit gehen, dass von einer Gefährdung der gesellschaftlichen Verwurzelung der deutschen Parteien gesprochen werden kann.

Die gravierende Unterrepräsentation von Frauen in den deutschen Parteien ist dabei sicherlich als problematisch zu kennzeichnen. Der Frauenanteil liegt unter den deutschen Parteimitgliedern im Jahr 2009 nur halb so hoch wie in der Bevölkerung insgesamt. In den letzten elf Jahren haben sich diesbezüglich außerdem nur marginale Verbesserungen ergeben. Etwas weniger problematisch erscheinen uns die Verzerrungen beim Alter. Zwar sind junge Menschen unter den Mitgliedern der deutschen Parteien erkennbar unterrepräsentiert. Dies reflektiert aber in erster Linie die Folgen der Beitrittswelle der 1970er Jahre sowie das typische lebenszyklische Muster politischer Beteiligung. Problematischer scheint uns die Tatsache, dass Hochgebildete und Personen mit einem gehobenen sozialen Hintergrund in den deutschen Parteien deutlich überrepräsentiert sind. Dies lässt sich zwar durch die Ressourcentheorie politischer Beteiligung leicht erklären, deutet aber auf die Gefahr hin, dass sich die unteren sozialen Schichten dieser Gesellschaft durch das etablierte System der politischen Interessenvertretung nicht angemessen vertreten fühlen könnten. Abgemildert wird dieses Problem teilweise dadurch, dass sich in den letzten Jahren mit der Linken eine Partei im Parteiensystem der Bundesrepublik Deutschland etablieren konnte, der die Mobilisierung von Arbeitern, Arbeitslosen, Personen aus einfachen sozialen Schichten und Niedriggebildeten deutlich besser gelingt, als den anderen Parteien. Dies ist für die gesellschaftliche Verwurzelung des deutschen Parteiensystems insgesamt positiv zu beurteilen. Potenziell problematisch erscheint uns schließlich die deutliche Überrepräsentation von Beschäftigten des öffentlichen Dienstes. Dies könnte die Gefahr in sich bergen, dass die Interessen des die deutsche Volkswirtschaft maßgeblich tragenden privaten Wirtschaftssektors im System der politischen Willensbildung keine angemessene Berücksichtigung finden.

An letztgenanntem Punkt lassen sich gleichzeitig aber auch die Grenzen des bisher implizit zugrunde gelegten sozialstrukturellen Repräsentationsbegriffs aufzeigen. Dieser geht – etwas holzschnittartig formuliert – davon aus, dass das Sein das Bewusstsein bestimmt und die Interessen der verschiedenen sozialen Gruppen auch nur von Angehörigen dieser Gruppen vertreten werden können. Man kann dagegen einwenden, dass natürlich auch Angehörige des öffentlichen Dienstes um die Funktionserfordernisse der sozialen Marktwirtschaft wissen und

12. Welche Zukunft hat das innerparteiliche Engagement der Bürger?

die Interessen der privaten Wirtschaft berücksichtigen können. Immerhin sind Angehörige des öffentlichen Dienstes ja auch unter den Mitgliedern der in besonderer Weise für die Marktfreiheit einstehenden FDP überrepräsentiert. Und die Parteiführung von Bündnis 90/Die Grünen würde sich sicher gegen den Vorwurf verwahren, sie könnte die Interessen der Frauen nicht angemessen im politischen Raum vertreten, weil unter ihren Mitgliedern keine Geschlechterparität hergestellt ist. Für die Einschätzung der gesellschaftlichen Verwurzelung der deutschen Parteien möglicherweise wichtiger als die sozialstrukturelle Repräsentation ist also die Meinungsrepräsentation, d. h. die Frage, ob die politischen Einstellungen und Ziele der verschiedenen Bevölkerungsgruppen im Parteiensystem angemessen widergespiegelt werden. Dem sind wir in Kapitel 8 nachgegangen.

Bezüglich der Meinungsrepräsentation zeigt sich insgesamt ein eher undramatisches Bild: Die deutschen Parteimitglieder repräsentieren in ihrer Gesamtheit die politischen Einstellungen der Bevölkerung sehr gut. Auch wenn man die politischen Einstellungen der Mitglieder der verschiedenen Parteien mit denen ihrer jeweiligen Wählerschaft vergleicht, zeigt sich eine recht gute Passung: Die Mitglieder weisen allerdings durchgängig etwas pointiertere politische Positionen auf als die Wähler. Diese Unterschiede sind zwischen 1998 und 2009 aber geringer geworden. Auch sind diese Abweichungen nicht unbedingt problematisch, da es durchaus naheliegend ist, dass Bürger, die ihre politischen Ziele und Überzeugungen mit besonderem Nachdruck verfolgen, eher Mitglied einer Partei werden, als politisch leidenschaftslose Zeitgenossen. Zudem kann man nicht davon sprechen, dass die Parteien ununterscheidbar geworden seien – zumindest was die Einstellungen ihrer Mitglieder angeht. Trotz eines durchaus erkennbaren Trends der Parteimitglieder, sich in ihren Positionen der politischen Mitte anzunähern, gibt es noch deutliche Unterschiede zwischen den Parteien, die eine Auswahl der Bürger zwischen substanziellen politischen Alternativen ermöglicht.

Als Zwischenfazit bleibt an dieser Stelle folglich festzuhalten, dass man die Qualität der gesellschaftlichen Verwurzelung der deutschen Parteien möglicherweise unterschätzt, wenn man sie – wie dies häufig geschieht – ausschließlich an einem aus dem sozialstrukturellen Repräsentationsbegriff abgeleiteten Maßstab misst. Legt man nämlich den Maßstab der Meinungsrepräsentation zugrunde, schneiden die deutschen Parteien deutlich besser ab. Dessen ungeachtet bleibt es misslich, dass Frauen, Niedriggebildete und Menschen mit einfachem sozialem Hintergrund unter den deutschen Parteimitgliedern unterrepräsentiert sind. Allerdings haben die in Kapitel 6 berichteten Analysen gezeigt, dass die Entscheidung zum Parteibeitritt weniger durch sozialstrukturelle als durch sozialpsychologische Variablen beeinflusst wird. An einem konkreten Beispiel bedeutet dies, dass Frauen nicht deshalb seltener politischen Parteien beitreten, weil sie Frauen sind, sondern weil sie im Durchschnitt ein geringeres politisches Interesse und eine geringere politische Wirksamkeitseinschätzung aufweisen. Analog ließe sich auch für die anderen in den Parteien unterrepräsentierten Sozialgruppen argumentieren. Da diese grundlegenden Mechanismen außerhalb des unmittelbaren Einflussbereichs der politischen Parteien liegen und in einer freien Gesellschaft auch niemand gegen seinen Willen und seine Interessen zu einer Parteimitgliedschaft und entsprechendem politischen Engagement gezwungen werden kann, bleibt zunächst nicht sehr viel mehr übrig, als diese Tatsachen zur Kenntnis zu nehmen. Für die Gesamtgesellschaft ließen sich dann die Forderungen nach einer Überwindung traditioneller Geschlechterrollenstereotype, nach einer möglichst umfassenden Bildung aller Gesellschaftsmitglieder sowie nach ausreichenden Angeboten der politischen Bildung ableiten. In Bezug auf die Parteien könnte man die Forderung aufstellen, ihre innerparteilichen Abläufe und Routinen so zu verändern, dass sie von den Bürgern als weniger komplex, weniger anspruchsvoll und weniger zeitraubend empfunden werden. Letzteres mag dann aber durchaus mit der Aufgabe der Parteien in Widerspruch treten, politischen Führungsnachwuchs heranzubilden, der zur Bewältigung komplexer politischer Aufgaben bereit und in der Lage ist.

2. Gefährdet der Mitgliederrückgang der deutschen Parteien ihre Funktionsfähigkeit?

Ihre rückläufigen Mitgliederzahlen werden in der öffentlichen und wissenschaftlichen Diskussion häufig als Ausdruck einer tiefgreifenden Krise der bundesdeutschen Parteien interpretiert. Der schwindende Rückhalt in der Bevölkerung gefährde dabei sowohl die Funktionsfähigkeit der Parteien als Freiwilligenorganisationen als auch die Erfüllung ihrer Funktionen für das politische System insgesamt. Eine solche Deutung ist aber keineswegs zwingend. Wie bereits zu Beginn dieses Buches ausgeführt, kann der Mitgliederrückgang der Parteien durchaus auch als Prozess der Normalisierung gedeutet werden: Immerhin liegt die Zahl der Parteimitglieder in Deutschland immer noch auf dem Niveau der 1950er Jahre – und damals funktionierte die bundesdeutsche Demokratie doch auch. Darüber hinaus ist nicht klar, ab welchen absoluten Mitgliederzahlen der Bestand und die Funktionserfüllung der deutschen Parteien tatsächlich ernsthaft gefährdet sind.

Auch die empirischen Befunde der Deutschen Parteimitgliederstudie 2009 geben Anlass zu einer durchaus differenzierten Antwort auf die im Titel dieses Abschnitts gestellte Frage. Rückläufige Mitgliederzahlen sollten nämlich vor allem dann ein Problem für die politischen Parteien sein, wenn ihnen nicht mehr

12. Welche Zukunft hat das innerparteiliche Engagement der Bürger?

hinreichend viele aktive Mitglieder zur Verfügung stehen, die die Parteiarbeit bestreiten sowie Ämter und Mandate übernehmen. Die in Kapitel 7 berichteten Befunde bezüglich des Aktivitätsniveaus zeigen allerdings, dass knapp die Hälfte der im Rahmen der Deutschen Parteimitgliederstudie 2009 befragten Mitglieder keinerlei Aktivität innerhalb ihrer jeweiligen Partei entfalten. Angesichts der Tatsache, dass sich gut zwei Fünftel der von uns angeschriebenen Parteimitglieder an der Umfrage gar nicht erst beteiligt haben, kann man vermuten, dass der Anteil dieser Inaktiven an den Mitgliedschaften der Parteien in Wirklichkeit sogar noch deutlich größer ist. Die Parteiarbeit im engeren Sinne wird letztlich von nur 22 Prozent der von uns befragten Parteimitglieder getragen. Dies ist ein Typus von Parteimitglied, den wir als *ämterorientierten Aktiven* bezeichnen. Dieser Anteil unterscheidet sich dabei zwischen den Parteien, insbesondere aber zwischen den Volksparteien und den kleineren Parteien kaum. Nur die FDP als die Partei mit der kleinsten Mitgliederbasis fällt hier mit einem Anteil Ämterorientierter von 27 Prozent etwas aus dem Rahmen.

Würde die viel beklagte Erosion der Mitgliederbasis der Parteien nun aber darin bestehen, dass die Inaktiven durch Austritt oder Tod in großer Zahl aus den Mitgliedschaften ausscheiden, so wäre dies zwar im Hinblick auf die Beitragseinnahmen und die Außendarstellung der Parteien bedauerlich, ihre Funktionsfähigkeit wäre dadurch aber noch lange nicht grundsätzlich beeinträchtigt. Wie der Mitgliederrückgang hinsichtlich der Funktionsfähigkeit der deutschen Parteien zu bewerten ist, hängt also maßgeblich davon ab, wer aus den Parteien ausscheidet, und welche Motive und welche Aktivitätsbereitschaft die neu eintretenden Mitglieder aufweisen. Dass der Mitgliederrückgang der deutschen Parteien nicht notwendigerweise krisenhafte Wirkungen zeitigen muss, zeigt in diesem Zusammenhang allein schon die Tatsache, dass der Aktivitätsgrad der Parteimitglieder zwischen 1998 und 2009 leicht gestiegen ist: So ist insbesondere der Anteil der die Parteiarbeit maßgeblich tragenden ämterorientierten Aktiven in diesen elf Jahren um 5 Prozentpunkte auf 22 Prozent angewachsen. Dieser Zuwachs des Anteils der politisch Aktiven betrifft dabei alle Parteien, insbesondere auch die Volksparteien. Nur bei Bündnis 90/Die Grünen fällt der Zuwachs mit nur einem Prozentpunkt eher marginal aus.

Diese Veränderung des Aktivitätspotenzials kommt dabei mit großer Wahrscheinlichkeit nicht durch eine veränderte Aktivitätsbereitschaft des einzelnen Mitglieds zustande, sondern durch eine veränderte Zusammensetzung der Mitgliedschaft insgesamt. Dabei deuten die hier berichteten Befunde darauf hin, dass die Abgänge, die die Parteien zu verzeichnen haben, in erster Linie Mitglieder mit einer eher geringen innerparteilichen Aktivität betreffen: Stellt man in Rechnung, dass ältere Parteimitglieder ein deutlich geringeres Aktivitätsniveau besitzen als Mitglieder jüngeren und mittleren Alters, dann sollte der durch den Tod von älteren Parteimitgliedern verursachte Mitgliederrückgang mit einem höheren durchschnittlichen Aktivitätsniveau der innerhalb der Parteien verbliebenen Mitglieder einhergehen. Angesichts der Tatsache, dass alte bis sehr alte Menschen unter den deutschen Parteimitgliedern insgesamt – aber auch in fast jeder einzelnen der hier untersuchten Parteien – deutlich überrepräsentiert sind, sollte allein schon der „demographische Wandel" innerhalb der Parteien dazu führen, dass die verbleibenden Mitglieder im Durchschnitt aktiver sind.

Aber auch freiwillige Parteiaustritte betreffen in der Regel Mitglieder, die innerhalb ihrer jeweiligen Partei nicht (mehr) besonders aktiv sind. In Kapitel 11 wurde gezeigt, dass sich unter den inaktiven Parteimitgliedern besonders viele Austrittsgefährdete befinden. Auf der Grundlage der in Kapitel 9 berichteten Ergebnisse lässt sich hinzufügen, dass unter den inaktiven Mitgliedern die Unzufriedenheit mit der Parteimitgliedschaft besonders groß ist, was ebenfalls auf eine erhöhte Austrittsbereitschaft Inaktiver schließen lässt. Dies schließt nicht aus, dass Menschen, die aus Parteien austreten, zu einem früheren Zeitpunkt aktiv gewesen sind oder aber zumindest aktiv sein wollten. Zum Zeitpunkt des Austritts haben sie ihre Aktivitäten aber häufig bereits so weit eingeschränkt, dass Parteiaustritte das Aktivitätsniveau innerhalb der Parteien tendenziell eher heben.

Besonders interessant für die den Titel dieses Kapitels bildende Frage nach der Zukunft des innerparteilichen Engagements der Bürger sind allerdings die den Parteien neu beitretenden Mitglieder. An ihren Motiven und ihrer Aktivitätsbereitschaft lässt sich ablesen, in welche Richtung sich die Mitgliederpartei in Deutschland in Zukunft aller Wahrscheinlichkeit nach entwickeln wird. In Kapitel 5 konnte in Bezug auf diese Neumitglieder gezeigt werden, dass sie häufiger als die bereits in den Parteien befindlichen Mitglieder selektive prozess- und ergebnisbezogene Motive als Grund für ihren Parteibeitritt nennen. In der Folge werden auch von den deutschen Parteimitgliedern insgesamt selektive Anreize in der Befragung des Jahres 2009 deutlich häufiger als Beitrittsmotive genannt als noch in der Befragung des Jahres 1998.

In Kapitel 7 konnte gezeigt werden, dass Art und Umfang der innerparteilichen Aktivität am besten durch die Orientierung an diesen selektiven Anreizen erklärt werden können: Wer nach Ämtern und Mandaten strebt und wer aus der politischen Arbeit für sich einen eigenständigen Nutzen zieht, der ist auch häufiger innerparteilich aktiv und zwar in einer ämterorientierten Art und Weise. Wenn sich die Orientierung an selektiven Anreizen aber nun in der Mitgliedschaft ausbreitet, dann sollte dies auch ein steigendes Aktivitätsniveau innerhalb der Mitgliedschaft nach sich ziehen. Insbesondere sollten jüngere, den Parteien erst vor kurzem beigetretene Mitglieder aktiver sein als ältere Mitglieder. Diese beiden Erwartungen stehen dabei in Einklang mit den tatsächlichen empirischen

12. Welche Zukunft hat das innerparteiliche Engagement der Bürger?

Befunden aus Kapitel 7. Das gestiegene Aktivitätsniveau innerhalb der deutschen Parteien ist daher folglich auch nicht ausschließlich auf die Tatsache zurückzuführen, dass durch Tod oder Austritt ausscheidende Mitglieder ein nur noch geringes Aktivitätsniveau aufweisen. Es gilt außerdem, dass die neu eintretenden Mitglieder eine besonders ausgeprägte Aktivitätsbereitschaft mitbringen.

Fassen wir kurz zusammen: Dass der Mitgliederrückgang der deutschen Parteien deren Funktionsfähigkeit bedroht, ist keineswegs ausgemacht. Parallel zu den rückläufigen Mitgliederzahlen steigt nach unseren Ergebnissen der Anteil der aktiven Mitglieder innerhalb der Parteien an: Die ausscheidenden Mitglieder sind tendenziell eher weniger aktiv, während die neu eintretenden Mitglieder eine höhere Aktivitätsbereitschaft aufweisen. Möglicherweise werden wir folglich gegenwärtig Zeuge eines Prozesses, in dessen Verlauf die Mitgliederbasis der deutschen Parteien auf einen harten, aktiven Kern zusammenschmilzt. Die absolute Zahl der aktiven Parteimitglieder kann dabei ungeachtet der sinkenden Zahl nomineller Parteimitglieder durchaus konstant bleiben.

3. Was können die deutschen Parteien tun, um für Mitglieder (wieder) attraktiv zu sein?

Im vorangegangenen Abschnitt haben wir die Frage nach der zukünftigen Funktionsfähigkeit der deutschen Parteien fast ausschließlich daran festgemacht, ob sie dauerhaft genug aktive Mitglieder werden aufweisen können, die die Arbeit innerhalb der Parteien und in den Parlamenten tragen. Dies ist aber sicherlich nur ein Aspekt ihrer Funktionsfähigkeit. Wie wir in Kapitel 1 herausgearbeitet haben, erfüllen politische Parteien auch eine Integrations- und eine Legitimationsfunktion: Sie sollen eine möglichst große Zahl von Bürgern in den politischen Prozess einbinden und dadurch zur Anerkennung der demokratischen Qualität des politischen Systems in der Bevölkerung beitragen. In Bezug auf diese beiden Funktionen kann aber durchaus argumentiert werden, dass der Grad der Funktionserfüllung umso höher ist, je größer die Zahl der Mitglieder der Parteien ausfällt. Selbst wenn die deutschen Parteien künftig also trotz sinkender Mitgliederzahlen eine konstante Zahl politisch Aktiver für sich mobilisieren können sollten, wären sie dadurch nicht der Verantwortung enthoben, sich Gedanken darüber zu machen, wie sie ihre Attraktivität für die Bürger steigern können. Dies gilt umso mehr, als vor allem die kleineren Parteien bereits heute Schwierigkeiten haben, auf der lokalen Ebene genügend Kandidaten für lokale Ämter und Mandate zu finden. Hinzu kommt ein sehr pragmatisches Argument: Da die sogenannte relative Obergrenze der Parteienfinanzierung in Deutschland vorsieht, dass die staatlichen Zuwendungen an eine politische Partei nicht höher sein dürfen als ihre durch Mitgliedsbeiträge und Spenden selbst erwirtschafteten Mittel, gefährden sinkende Mitgliederzahlen auch die finanzielle Basis der Parteien.

Vor diesem Hintergrund ist es sinnvoll, abschließend die Frage zu stellen, was die deutschen Parteien tun können, um neue Mitglieder zu gewinnen und ihre bereits vorhandenden Mitglieder zu halten. Bei der Beantwortung dieser Frage werden wir in mehreren Schritten vorgehen. Zunächst werden wir kurz die Befunde der Deutschen Parteimitgliederstudie 2009 bezüglich der Gründe für den Eintritt in eine Partei zusammenfassen (Kapitel 5 und 6). In einem zweiten Schritt werden wir dann der Frage nachgehen, warum Parteimitglieder unzufrieden mit ihrer Mitgliedschaft sind (Kapitel 9) und welche Reformen sie von ihren Parteien erwarten (Kapitel 10). In einem dritten Schritt werden wir die empirischen Befunde bezüglich der Ursachen des Parteiaustritts diskutieren (Kapitel 11). Im vierten und letzten Schritt werden wir schließlich aus der Gesamtheit dieser Befunde Empfehlungen ableiten, mit welchen Maßnahmen die Parteien ihre Attraktivität für alte und neue Mitglieder steigern können.

Das von den Mitgliedern der Parteien am häufigsten genannte Motiv für den Parteibeitritt ist der Wunsch nach der Durchsetzung bestimmter politischer Inhalte und Ziele. Am zweithäufigsten genannt werden Motive, die in der Parteimitgliedschaft einen Beitrag zum Funktionieren der Demokratie insgesamt sehen. Parteimitglieder sind also in erster Linie politisch motiviert. Dass mit dem Beitritt in die Partei dem Wunsch und den Erwartungen des engeren sozialen Umfelds entsprochen wurde, wird im Vergleich dazu deutlich seltener angegeben. Wie oben bereits erwähnt, lässt sich gleichzeitig beobachten, dass Parteimitglieder, die erst in den letzten Jahren in ihre jeweilige Partei eingetreten sind, etwas häufiger einen eigenständigen Nutzen aus der Parteiarbeit ziehen sowie den Wunsch nach Ämtern und Mandaten als Beitrittsgrund angeben. Fragt man deutsche Parteimitglieder offen nach dem konkreten Anlass ihres Parteibeitritts, dann wird am häufigsten allgemeines politisches Interesse und der Wunsch nach Einfluss auf die Politik genannt. Beide Gründe sind dabei aber eigentlich keine „Anlässe" im Sinne der Frage. Dies deutet darauf hin, dass die Beitrittsentscheidung häufig nicht situativ durch konkrete Ereignisse hervorgerufen wird, sondern vielmehr einen grundlegenden Beteiligungswunsch reflektiert.

Sehr klare Befunde liefern auch die multivariaten Analysen der Determinanten des Parteibeitritts in Kapitel 6. Demnach sind das politische Interesse sowie die interne und externe Wirksamkeitseinschätzung die wichtigsten Einflussfaktoren der Beitrittsentscheidung. Bürger werden demnach also Mitglied in Parteien, weil sie sich für Politik interessieren, sich selbst für kompetent halten und glauben, in der Politik etwas bewegen zu können. Eine besondere Rolle spielt dabei das Interesse an der Kommunalpolitik. Parteien gewinnen Menschen

12. Welche Zukunft hat das innerparteiliche Engagement der Bürger? 211

nicht zuletzt deshalb für eine Mitarbeit, weil sie ihnen Möglichkeiten bieten, auf ihr unmittelbares Umfeld vor Ort gestaltend Einfluss zu nehmen.

In Kapitel 9 wurde gezeigt, dass die Ursachen für Unzufriedenheit mit der Parteimitgliedschaft in der Regel in konkreten politischen Sachentscheidungen zu suchen sind, die in den Augen der Mitglieder im Widerspruch zu den politischen Grundsätzen ihrer jeweiligen Partei stehen. Dabei werden in erster Linie Entscheidungen der Parteispitze auf der Bundesebene kritisiert. Wenn man gleichzeitig bedenkt, dass vor allem diejenigen unzufrieden sind, die bereits seit längerem Mitglied der jeweiligen Partei sind, so deutet sich eine Erklärung für dieses Phänomen an: Zum Zeitpunkt des Beitritts stehen die meisten Mitglieder in weitgehendem Einklang mit den politischen Positionen und dem Handeln ihrer Parteien. Die Parteien reagieren unter Umständen aber flexibel auf gesellschaftliche Rahmenbedingungen und verändern ihre Positionen und Grundsätze. Nicht jedes Parteimitglied vollzieht diesen Wechsel nach, was vollkommen legitim ist. Gleichzeitig steigert die Inkongruenz zwischen den Positionen der Partei und denen des Mitglieds aber die Unzufriedenheit. Nichtsdestotrotz gehen die Mitglieder in aller Regel sehr konstruktiv mit ihrer Unzufriedenheit um: Für gewöhnlich thematisieren die mit konkreten Sachentscheidungen unzufriedenen Mitglieder ihre Probleme innerhalb der Partei und ihren Gremien. Die Parteien haben also in diesen Fällen die Gelegenheit, auf Kritik von Seiten der Mitglieder einzugehen und gegebenenfalls Abhilfe zu schaffen.

Aufschlussreich ist auch die Bewertung verschiedener möglicher innerparteilicher Reformmaßnahmen durch die Mitglieder der Parteien. Die in Kapitel 10 berichteten Befunde aus der Deutschen Parteimitgliederstudie 2009 zeigen relativ klar, dass die Parteimitglieder vor allem solche Reformen begrüßen, die den Einfluss der Basis gegenüber den Parteieliten stärken und mehr direkte Einflussmöglichkeiten schaffen. So wird der Vorschlag einer Urwahl des Bundesvorsitzenden sowie der Bundestagskandidaten in den Wahlkreisen in allen Parteien von einer Mehrheit der Mitglieder unterstützt. Gleiches gilt für die Forderung nach einer Begrenzung der Zahl der Parteiämter, die ein Funktionär haben kann sowie – zumindest bei den Volksparteien – die Forderung nach einer Begrenzung der Amtszeiten. Wenig aufgeschlossen stehen die Parteimitglieder Bestrebungen gegenüber, Nicht-Mitglieder stärker in die Parteiarbeit einzubinden. Dies ist aus Sicht der Parteimitglieder verständlich: Eine Erweiterung der Mitwirkungsmöglichkeit von Nicht-Mitgliedern stellt regelmäßig eine Entprivilegierung der Mitglieder dar. Dies scheinen die deutschen Parteimitglieder eher vermeiden zu wollen.

Betrachtet man die Ursachen für einen Parteiaustritt, dann zeigt sich zunächst, dass als konkreter Anlass für das Nachdenken über einen Parteiaustritt erneut die Unzufriedenheit mit konkreten Sachentscheidungen der Partei genannt wird. In der multivariaten Analyse der Determinanten des eigentlichen Parteiaustritts erweisen sich dann die externen Wirksamkeitseinschätzungen sowie das Interesse an Kommunalpolitik als besonders wichtig: Wer sich als Parteimitglied stark für Kommunalpolitik interessiert und außerdem das Gefühl hat, in seiner Partei etwas bewegen zu können, der tritt seltener aus. Umgekehrt bedeutet dies, dass Parteimitglieder, die das Gefühl haben, innerhalb ihrer Partei kein Gehör zu finden, sich häufiger für den Parteiaustritt entscheiden.

Was bedeutet dies alles aber nun für die Parteien? Aus unserer Sicht sind drei Punkte hervorzuheben: Der Wunsch der Mitglieder nach politischer Einflussnahme, die herausgehobene Bedeutung der Kommunalpolitik sowie der Wunsch nach mehr innerparteilicher Demokratie. Beginnen wir von vorne: Menschen, die sich heute entscheiden, einer politischen Partei beizutreten, tun dies in der Regel, weil sie aktiv Einfluss ausüben und ihre politischen Ziele umsetzen wollen. Eine rein formelle Mitgliedschaft, die möglicherweise nur deshalb eingegangen wird, um den Erwartungen des engeren sozialen Umfelds zu genügen oder Unterstützung für die Partei zu bekunden, ist heute deutlich unwahrscheinlicher als noch zu Zeiten intakter sozialmoralischer Milieus mit klaren Verhaltenserwartungen an ihre jeweiligen Mitglieder. Dies bedeutet aber auch, dass die neuen Mitglieder sehr leicht enttäuscht werden können. Werden die Erwartungen, die sie mit ihrer Mitarbeit verbinden, nicht erfüllt, so treten sie auch sehr schnell aus den Parteien wieder aus.

Das politische Interesse – und damit verbunden vermutlich auch der politische Gestaltungswille – der Parteimitglieder richten sich dabei in erster Linie auf den Bereich der Kommunalpolitik. Parteimitglieder wollen – gemeinsam mit anderen – ihre konkrete Lebenswelt vor Ort gestalten und verbessern. Wenn dem aber so ist, dann können Parteien nicht auf funktionierende Ortsgruppen mit einem aktiven Parteileben verzichten. Vor diesem Hintergrund ist der Befund der Ortsvereinsbefragung der SPD aus dem Jahr 2010, dass in knapp 30 Prozent aller Ortsvereine neben der Jahreshauptversammlung maximal noch eine weitere politische Veranstaltung pro Jahr stattfindet (polis + sinus 2010), in seiner Dramatik kaum zu überschätzen. Die deutschen Parteien drohen in zunehmendem Maße ihre lokale Verankerung und Präsenz vor Ort zu verlieren. Sie sind aufgefordert, dem durch geeignete Maßnahmen aktiv entgegenzusteuern. „Virtuelle" Ortsvereine, gemäß der Idee, die politische Kommunikation innerhalb der Partei auf Online-Kommunikation umzustellen, können die Verankerung vor Ort dabei sicherlich nicht ersetzen.

Die größte Bedeutung für die Zukunft der Parteien kommt ausgehend von den hier berichteten empirischen Befunden aber einer gelebten innerparteilichen Demokratie zu: Parteiaustritte resultieren nach unseren Ergebnissen häufig daraus, dass das betreffende Mitglied das Gefühl entwickelt hat, in der Partei mit seinen Anliegen und Wünschen kein angemessenes Gehör zu finden. Gleichzeitig ist die Überzeugung, innerhalb politischer Parteien etwas bewegen zu können, einer der wichtigsten Gründe für den Parteibeitritt. Es ist daher von zentraler strategischer Bedeutung, Parteimitgliedern mehr Möglichkeiten der innerparteilichen Einflussnahme zu gewähren. Dies wünschen sich die Mitglieder auch explizit: Quer durch alle Parteien befürworten sie mehrheitlich Urabstimmungen und Mitgliederentscheide. Auch die Unzufriedenheit der Parteimitglieder, die häufig aus konkreten Sachentscheidungen resultiert, kann möglicherweise eingedämmt werden, wenn Parteimitglieder frühzeitig und systematisch in den Prozess der innerparteilichen Politikformulierung eingebunden werden. Die Agenda-Politik Gerhard Schröders mag in diesem Zusammenhang als ein besonders eindrucksvolles Beispiel dafür dienen, welche innerparteilichen Verwerfungen entstehen können, wenn weitreichende politische Entscheidungen, die an den „Markenkern" einer Partei rühren, ohne angemessene Beteiligung der Mitglieder von oben herab durchgesetzt werden. Die sogenannte „partizipatorische Revolution", die häufig als Ursache für den Niedergang der Parteien angeführt wird, könnte aus unserer Sicht auch ihre Rettung sein – wenn sie denn innerhalb der Parteien selbst stattfände.

Literatur

polis + sinus (2010): Ergebnisse einer bundesweiten Befragung der SPD-Ortsvereine. Unveröffentlichtes Manuskript. München

Verzeichnis der Autoren

Dr. Ulrich von Alemann ist Professor für Politikwissenschaft an der Heinrich-Heine-Universität Düsseldorf. Seine Forschungsschwerpunkte sind die Parteien-, Verbände- und Demokratieforschung.

Dipl.-Soz. Hanna Hoffmann ist wissenschaftliche Mitarbeiterin am Institut für Sozialwissenschaften an der Heinrich-Heine-Universität Düsseldorf. Ihre Forschungsschwerpunkte sind die Methoden der empirischen Sozialforschung sowie die Wahl- und Wahlkampfforschung.

Dr. Markus Klein ist Professor für Politische Soziologie an der Leibniz Universität Hannover. Seine Forschungsschwerpunkte sind die empirische Wahl-, Werte- und Parteimitgliederforschung.

Annika Laux, M.A., ist wissenschaftliche Mitarbeiterin am Institut für Sozialwissenschaften an der Heinrich-Heine-Universität Düsseldorf. Ihr Forschungsschwerpunkt ist die Politische Partizipationsforschung.

Dr. Alexandra Nonnenmacher vertritt derzeit eine Professur für Empirische Sozialforschung an der Universität Kassel. Ihre Forschungsschwerpunkte sind Methoden und Methodologie der Sozialwissenschaften, Stadtsoziologie und soziale Ungleichheit.

Dipl.-Soz. Katharina Rohrbach ist wissenschaftliche Mitarbeiterin am Institut für Politische Wissenschaft der Leibniz Universität Hannover. Ihre Forschungsschwerpunkte sind die Parteimitgliederforschung und die Methoden der empirischen Sozialforschung.

Dr. Tim Spier ist Akademischer Rat am Lehrstuhl Politikwissenschaft II an der Heinrich-Heine-Universität Düsseldorf. Seine Forschungsschwerpunkte sind die empirische Wahl- und Parteienforschung.

Neu im Programm Politikwissenschaft

Andreas Kost /
Hans-Georg Wehling (Hrsg.)
Kommunalpolitik in den deutschen Ländern
Eine Einführung
2., akt. u. überarb. Aufl. 2010. 413 S. Br.
EUR 34,95
ISBN 978-3-531-17007-7

Dieser Band behandelt systematisch die Kommunalpolitik und -verfassung in allen deutschen Bundesländern. Neben den Einzeldarstellungen zu den Ländern werden auch allgemeine Aspekte wie kommunale Finanzen in Deutschland, Formen direkter Demokratie und die Kommunalpolitik im politischen System der Bundesrepublik Deutschland behandelt. Damit ist der Band ein unentbehrliches Hilfsmittel für Studium, Beruf und politische Bildung.

Hans-Joachim Lauth (Hrsg.)
Vergleichende Regierungslehre
Eine Einführung
3., akt. u. erw. Aufl. 2010. 437 S. Br.
EUR 29,95
ISBN 978-3-531-17309-2

Dieser Band gibt einen umfassenden Überblick über die methodischen und theoretischen Grundlagen der Subdisziplin und erläutert die zentralen Begriffe und Konzepte. In 16 Beiträgen werden hierbei nicht nur die klassischen Ansätze behandelt, sondern gleichfalls neuere innovative Konzeptionen vorgestellt, die den aktuellen Forschungsstand repräsentieren. Darüber hinaus informiert der Band über gegenwärtige Diskussionen, Probleme und Kontroversen und skizziert Perspektiven der politikwissenschaftlichen Komparatistik.

Wolfgang Schroeder /
Bernhard Weßels (Hrsg.)
Handbuch Arbeitgeber- und Wirtschaftsverbände in Deutschland
2010. 552 S. Geb. EUR 59,95
ISBN 978-3-531-14195-4

Arbeitgeber- und Wirtschaftsverbände organisieren kollektives Handeln von wirtschaftlichen Konkurrenten, indem sie versuchen, gemeinsame Interessen gegenüber dem Staat, den Gewerkschaften und der Wirtschaft selbst zu artikulieren, zu repräsentieren und durchzusetzen. Dieses Handbuch stellt Geschichte, Funktionen, Strukturen und Perspektiven der Arbeitgeber- und Wirtschaftsverbände in den Mittelpunkt. Hierbei werden die Reaktionen dieser Verbände auf die veränderten Umweltbedingungen aufgezeigt sowie der Frage nachgegangen, inwieweit zu konstatierende Veränderungsprozesse bei den Arbeitgeber- und Wirtschaftsverbänden zu einer weitgehenden Transformation des deutschen Modells insgesamt beitragen.

Erhältlich im Buchhandel oder beim Verlag.
Änderungen vorbehalten. Stand: Juli 2010.

www.vs-verlag.de

VS VERLAG

Abraham-Lincoln-Straße 46
65189 Wiesbaden
Tel. 0611.7878-722
Fax 0611.7878-400

Neu im Programm Politikwissenschaft

Carlo Masala / Frank Sauer / Andreas Wilhelm (Hrsg.)
Handbuch der Internationalen Politik
Unter Mitarbeit von Konstantinos Tsetsos
2010. ca. 510 S. Br. EUR 49,95
ISBN 978-3-531-14352-1

Das Handbuch der Internationalen Politik vermittelt theoretische und methodische Grundlagen der Forschungsdisziplin Internationale Beziehungen. Die Einzelbeiträge geben einen Überblick über Akteure, Strukturen und Prozesse sowie Handlungsfelder der internationalen Politik und dienen darüber hinaus der Vermittlung von aktuellen Erkenntnissen der Forschung. Der Sammelband richtet sich sowohl an Studierende und Wissenschaftler als auch die interessierte Öffentlichkeit.

Thomas Meyer
Was ist Politik?
3., akt. u. erg. Aufl. 2010. 274 S. Br.
EUR 19,95
ISBN 978-3-531-16467-0

Das Buch bietet allen politisch Interessierten und all denen, die genauer verstehen möchten, wie Politik funktioniert, eine fundierte und leicht verständliche Einführung. Es hat zwei besondere Schwerpunkte: die neuen politischen Fragen (Identitätspolitik, Zivilgesellschaft, Biopolitik und Globalisierung) und die neuesten Entwicklungen der Mediendemokratie.

Gerhard Naegele (Hrsg.)
Soziale Lebenslaufpolitik
Unter Mitarbeit von Britta Bertermann
2010. 775 S. (Sozialpolitik und Sozialstaat) Br. EUR 69,95
ISBN 978-3-531-16410-6

Die demographische Entwicklung in Deutschland hat uns bewusst gemacht, dass sich Gesellschaft, Politik und Wirtschaft auf die Einbindung von älteren Menschen in die Arbeitswelt einstellen müssen. Damit gewinnt aus durchaus praktischen Gründen die wissenschaftliche Erforschung des sozialen Lebenslaufs und seine politische Gestaltung insgesamt eine zentrale Bedeutung: Die schnelle und fundamentale Änderung von modernen Lebensverläufen erfordert eine bewusste Politik in zahlreichen Bereichen. Dieser Band bietet einerseits die wissenschaftlichen Grundlagen der Lebenslaufforschung, andererseits untersucht er die Politikbereiche, in denen Lebenslaufpolitik verstärkt betrieben werden muss.

Erhältlich im Buchhandel oder beim Verlag.
Änderungen vorbehalten. Stand: Juli 2010.

www.vs-verlag.de

VS VERLAG

Abraham-Lincoln-Straße 46
65189 Wiesbaden
Tel. 0611.7878-722
Fax 0611.7878-400

MIX
Papier aus verantwortungsvollen Quellen
Paper from responsible sources
FSC® C105338

If you have any concerns about our products,
you can contact us on
ProductSafety@springernature.com

In case Publisher is established outside the EU,
the EU authorized representative is:
**Springer Nature Customer Service Center GmbH
Europaplatz 3, 69115 Heidelberg, Germany**

Printed by Libri Plureos GmbH
in Hamburg, Germany